大学生诚信文化

理论与实践 修订版

陈云涛 等 ■ 编著

浙江工商大学出版社

图书在版编目（CIP）数据

大学生诚信文化理论与实践／陈云涛等编著. 一修
订本. 一杭州：浙江工商大学出版社，2014.9(2015.8 重印)
ISBN 978-7-5178-0567-0

Ⅰ. ①大… Ⅱ. ①陈… Ⅲ. ①大学生－社会公德教育
Ⅳ. ①G641.6

中国版本图书馆 CIP 数据核字(2014)第 144671 号

大学生诚信文化理论与实践（修订版）

陈云涛 等 编著

责任编辑	刘 韵	
封面设计	王妤驰	
责任校对	邹接义	
责任印制	包建辉	
出版发行	浙江工商大学出版社	
	（杭州市教工路 198 号　邮政编码 310012）	
	（E-mail：zjgsupress@163.com）	
	（网址：http://www.zjgsupress.com）	
	电话：0571 - 88904980,88831806（传真）	
排　　版	杭州朝曦图文设计有限公司	
印　　刷	杭州恒力通印务有限公司	
开　　本	787mm×1092mm　1/16	
印　　张	11.25	
字　　数	227 千	
版 印 次	2014 年 9 月第 1 版　2015 年 8 月第 2 次印刷	
书　　号	ISBN 978-7-5178-0567-0	
定　　价	23.00 元	

编 委 会

　　中国素称礼义之邦,而诚信正是礼义的最重要的内涵之一,"人而无信,不知其可也"。在源远流长、丰富多彩的华夏文明长河中,诚信精神日积月累,形成深厚的文化蕴藏。而现代社会,在市场经济条件下,诚信更是一个合格公民的立身之本、生存之道、谋事之基、发展之源。

　　中共中央在《公民道德建设实施纲要》中明确提出诚信是全社会大力倡导的基本道德规范之一。这是因为公民道德建设的最终着力点是人类社会生活的三个主要领域中的道德建设,即社会公德、职业道德、家庭美德的建设,诚信在这三个特殊领域的道德建设中具有重要的价值和意义。因此,要加强以诚实守信为重点的公民道德建设,使其在构建和谐社会进程中发挥更大的促进作用。

　　中共中央、国务院《关于进一步加强和改进大学生思想政治教育的意见》指出:"学校教育要坚持育人为本、德育为先,把人才培养作为根本任务,把思想政治教育摆在首要位置",要从历史高度把握大学生的思想政治素质,"以为人民服务为核心、以集体主义为原则、以诚实守信为重点,广泛开展社会公德、职业道德和家庭美德教育",确保中国特色社会主义事业兴旺发达、后继有人。

　　2013 年 12 月,中共中央办公厅印发《关于培育和践行社会主义核心价值观的意见》,明确社会主义核心价值观的内容为"富强、民主、文明、和谐,自由、平等、公正、法治,爱国、敬业、诚信、友善"二十四字。其中,"诚信"是公民个人层面的重要价值准则。诚信待人,既彰显中华民族的传统美德,也是当代社会主义核心价值的基本要求和市场经济伦理的内在呼唤。加强大学生的诚信教育，弘扬诚信文化，建立诚信机制，对于培育现代化的合格公民，提高全民族的公信力，在全社会倡导和弘扬诚实守信的良好风气，促进社会文明程度的提升，都具有十分重要的意义。

诚信建设不可一蹴而就，只有通过全社会长期而共同的努力，才能构成一个较为完善的社会诚信体系。校园诚信作为整个社会诚信体系的一个支系，是一个极具教育性、发展性、示范性的阵地，当前已受到空前、广泛的关注。本书紧紧围绕大学生诚信文化建设，系统地阐述了诚信的道德本质和道德功能，详细分析了诚信的内涵与外延，精选了有关诚信的经典故事、名人名言，并佐以浙江金融职业学院等院校诚信文化建设的实例，旁征博引，内容十分丰富。全书分为三大部分，每部分体现出不一样的风格，力求用形象的语言、鲜活的事例来代替单纯、抽象的说教，寓教于乐、寓教于思，使诚信教育真正入耳、入脑、入心。我们编写此书，旨在对我国高等院校正在开展的社会主义核心价值观教育，以及诚信文化的推进能有所裨益；同时，结合职业特点和行业的特殊要求，对经济类高职院校的诚信教育有一些针对性的帮助。

本书在 2008 年初版的基础上修订完成，由浙江金融职业学院陈云涛教授制定纲目并组织编写。其中，上篇第 1—3 章由李杰撰写；中篇第 4—7 章由蒋赟编写；下篇第 8 章由王懂礼、吴德银撰写，第 9 章由鲁明川撰写，第 10 章由陈云涛、陈承利、陈书彬合作撰写。陈云涛负责统稿，蒋赟、沈建锋对全书做了文字校改。

本书的编写和修订受益于诸多诚信文化研究者的精辟思想，无法在参考文献中一一注明出处，在此深表谢意和歉意。本书作为浙江金融职业学院的校本教材，在编写过程中得到了浙江金融职业学院党委宣传部、人文社科部、团委的大力支持，分享了有关学院系、部诚信文化建设的经验和心得，学院党委书记周建松教授审定了全书的体例，院长盛健教授向编写组提供了许多重要的意见与建议，对于他们的辛勤劳动和无私帮助深表谢意！

培育讲诚信的当代大学生、建立一个讲诚信的社会，这是我们的共同理想与共同期待！时值社会主义核心价值观教育蓬勃开展之际，我们通过几个月的辛苦努力修订完成此书，既是为大学生的诚信教育奉献绵薄之力，也是与广大读者分享我们对诚信问题的探索和思考。由于力量有限、学识尚浅，本书还存在诸多不尽如人意之处，恳请专家学者和读者批评指正。

编著者
2014 年 6 月

CONTENTS | 目　录

Daxuesheng Chengxin Wenhua
Liiun yu Shijian

上 篇 | 义理之间：诚信论

Daxuesheng Chengxin Wenhua Lilun yu Shijian

诚信作为中华民族的传统美德，在中国传统文化中占有重要地位。从为人处世的视角看，诚信强调"人无信不立"；从政府信用的视角看，强调"取信于民"；从人际交往关系看，强调"与朋友交言而有信"；从经济活动看，强调"诚信为本"。现代语境下，诚信是社会主义市场经济的基本要求，体现了公民和法人之间的一种契约精神、理性精神和公正公平精神。

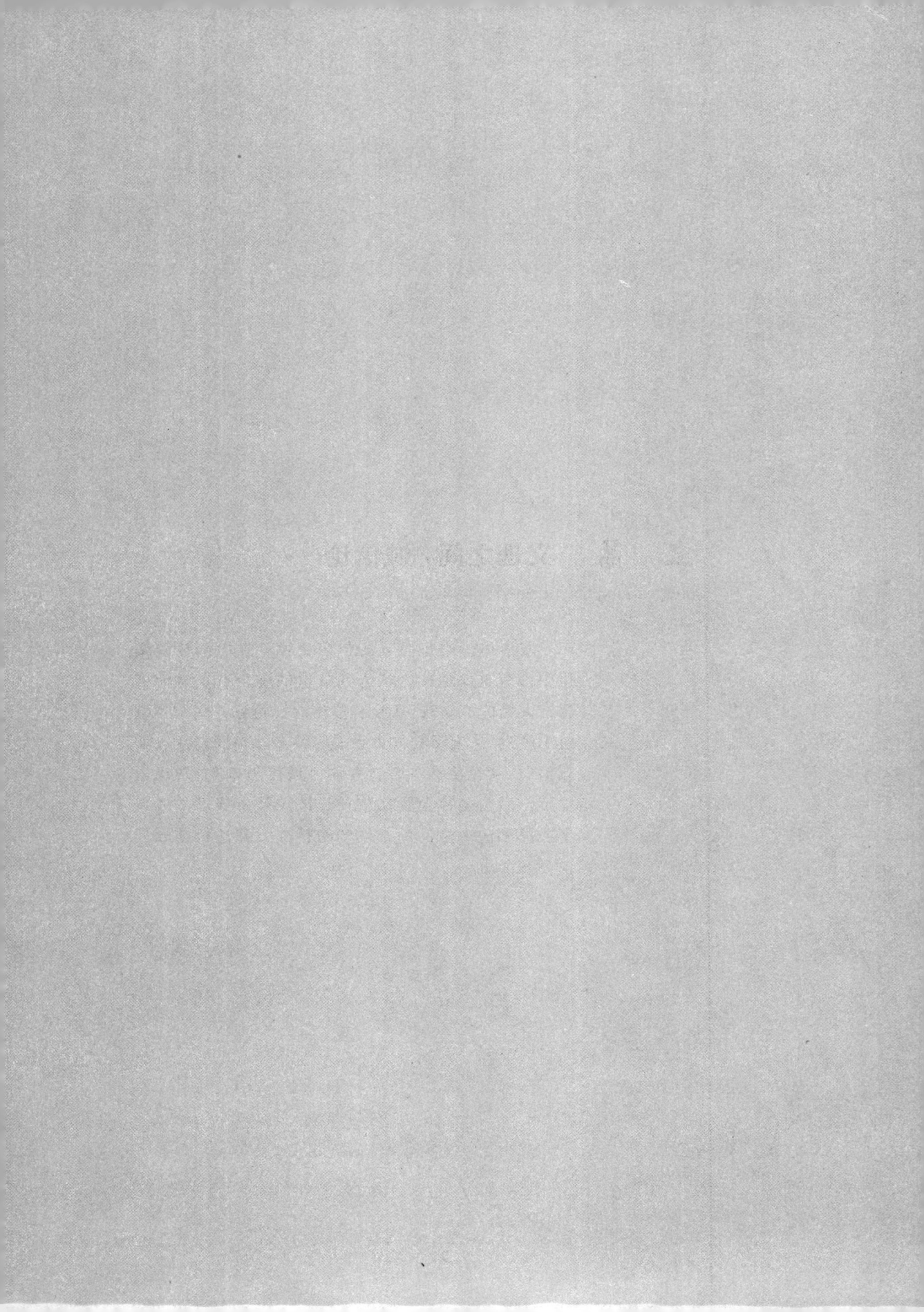

第一章　诚信基础理论

提高大学生诚信品质，解决大学生诚信缺失问题，健全大学生诚信道德人格，应从基础理论作为切入点。

一、诚信的内涵

什么是"诚"？"诚"是儒家为人之道的中心思想，我们立身处世，当以诚信为本。南宋理学家朱熹认为"诚者，真实无妄之谓"，肯定"诚"是一种真实不欺的美德，要求人们修德做事，必须效法天道，做到真实可信，说真话，做实事，反对欺诈、虚伪。

什么是"信"？《说文解字》认为"人言为信"，北宋教育家程颐认为"以实之谓信"。可见，"信"不仅要求人们说话诚实可靠，切忌说大话、空话、假话，而且要求做事也要诚实可靠。"信"的基本内涵也是信守诺言、言行一致、诚实不欺。

"诚"主要是从天道而言，"信"主要是从人道而言。孟子曰："诚者，天之道也；思诚者，人之道也。""诚"本是自然固有之，效法天道、追求诚信，这是做人的道理、规律。两者在哲学上虽有区别，但从道德角度看，"诚"与"信"则是同义等值的概念，故许慎在《说文解字》中云："诚，信也。""信，诚也。"基本含义都是诚实无欺，信守诺言，言行相符，表里如一，这是做人的基本要求。"诚信"在政治、经济、文化、伦理诸领域都有应用。但不同国家、不同民族、不同时代人们对诚信的具体要求不完全一致，以至于诚信的含义总是随着时代、随着社会需要不断变化、演绎。

（一）中国古代的诚信思想

早在《易传·系辞上》就有"人之所助者，信也"的记载。《易传·乾·文言》也说："君子进德修业，忠信，所以进德也。修辞立其诚，所以居业也。"《诗经·卫风·氓》中提到了"信誓旦旦"，《诗经·郑风·扬之水》提出了"无信人之言，人实不信"。孔子的学生曾参是我国著名的思想家，有一次，他的妻子去集市，年幼的儿子也吵着要去。曾参的妻子便对儿子说，只要你在家好好玩，待会就把家里的猪杀了煮肉给你吃。这话本是哄儿子说着玩的，不料，曾参为示诚信，却真的把猪杀了。可见，早在 2000 多年前，我们的祖先就认识到了什么是诚信、言行一致。古语"人而无信，不知其可也""君子一言，驷马难追""一言九鼎"等等，说的都是有关诚信、言行一致的道理。在中国古代思想中，诚信具有十分丰富的含义。

　　中国古代哲人强调"戒欺",也就是不自欺亦不欺人,要求言行一致。《礼记·大学》说:"所谓诚其意者,毋自欺也。"其意谓真诚实意就是不自欺。宋代哲学家陆九渊也说:"慎独即不自欺。"即使在闲居独处时,自己的行为仍能谨慎不苟且,不会自欺。可见,戒欺是诚信的重要准则之一。儒家圣贤认为,一个人只有达到内诚于己,才能开诚布公,勇敢面对自己的优缺点,才有可能完善自己。反之,如果自我欺骗,那么很难清醒地认识到自己的优缺点,也很难正确修养身心,培养其他方面的品质。一个人如果没有诚信的基础性品德,那么仁义、正直、勇敢等其他品质则失去光泽,难有外现的机会。《礼记·中庸》曰:"言顾行,行顾言",切不可"自食其言""面诺背违""阳是阴非"。所以,朱熹认为"信是言行相顾之谓",要求"口能言之,身能行之",这才是"国宝";如果"口言美,身行恶",那是"国妖",是君子所不取的。孔子说过:"始吾于人也,听其言而信其行;今吾于人也,听其言而观其行。"这意思是说,从前孔子对于人,只要听了他讲的话,就会相信他的行为;现在孔子对于人,当听了他讲的话后,还要观察他的实际行为。在这里,孔子肯定道德实践是评价诚信品格的标准。

　　中国古代哲人也强调知过即改,这是诚实的一种表现。《左传·宣公二年》曰:"人谁无过?过而能改,善莫大焉。"孔子曰:"过而不改,是谓过矣。"韩愈曰:"告我以吾过者,吾之师也。"陆九渊曰:"闻过则喜,知过不讳,改过不惮。"申居郧曰:"小人全是饰非,君子惟能改过。"由此可见,中国古代哲贤认为如何对待过错,是君子与小人的重要区别之一。《孟子·滕文公下》载有一则寓言:有一个人每天都偷邻居家的鸡,有人劝告他说:"这不是有道德者的行为。"那人回答说:"那么,我打算减少一些,一个月只偷一只鸡,等到明年,然后停止偷鸡。"对此,孟子认为如果已经知道这样做是不道德的,就应立即改正,何必等到明年!所以,人对于过错应该"迁善如风之迅,改过如雷之烈",一定要与过错一刀两断,彻底改正。

　　诚信是人的修身之本,是事业成功的保证。《二程遗书》卷二十五云:"学者不可以不诚,不诚无以为善,不诚无以为君子。修学不以诚,则学杂;为事不以诚,则事败;自谋不以诚,则是欺其心而自弃其志;与人不以诚,则是丧其德而增人之怨。"这说明"诚"对于"做人""做事"是何等的重要!儒家学派的代表人物孔子认为"诚信"就是忠诚、诚实,讲信用、守诺言。孔子曰:"人而无信,不知其可也。大车无輗,小车无軏,其何以行之哉?"孔子的这句话说明了对待朋友要讲信用,否则在社会中将寸步难行。孔子对不诚信的人感到很失望:只有诚实,才能得到别人的信任;只有守信,办事才能顺利。孟子发扬了孔子的诚信精神,又进一步把"诚"与"信"区别开来。他认为诚是忠诚、诚实、真诚的意思。在《孟子·滕文公上》中,孟子把人伦关系概括为五种,即"父子有亲,君臣有义,夫妇有别,长幼有序,朋友有信"。他把信作为与人交往的根本社会道德规则和评价标准。

（二）西方伦理学中的诚信思想

西方的诚信思想也有悠久的历史。西方的诚信思想从善恶论开始，把诚信作为善的一项重要内容，认为诚信就是至善，就是符合社会正义的行为，一个人只有至善才能快乐。古罗马法归纳出三条基本伦理精神，即第一是做诚实的人，第二为不要伤害别人，第三是每个人得到应得的东西。诚信原则从古罗马法开始在法律中具有重要的地位和作用，被认为是一种"帝王规则"。德谟克利特的伦理学说可以分为至善说和美德说，他认为人只有保持美德，包括诚信，才能保持灵魂的安宁，灵魂安宁"是人生活的基本目的和动因"①。亚里士多德认为人类一切活动所追求的最后目的是所有目的都必须服从的最高目的，而这一目的就是至善，"至善就是幸福，就是极乐"②。极乐就是善的活动中符合最好的德性的活动，道德高尚的行为本身就是最大的快乐。他把道德和德性分为十种，其中就有诚实。伊壁鸠鲁认为人应该获得内心安宁和平静的幸福。他还提出了契约思想，认为人不该做违背至善的事情，否则难以获得心灵安宁，会受到惩罚。卢梭在《论人类不平等的起源和基础》一书中论述了人类社会发展过程中存在的一系列问题，并在《社会契约论》中合理建构了人类社会从自然状态向社会状态过渡的最合理形式，要求人们在任何时候都不要对任何人做恶事，要求人们的行为要真诚、实在，符合自己的良心。长期契约经济的发展影响了西方人生活的众多方面。西方文化中的诚信强调个体诚实的品质，要求个体对事件、信息做完全和真实的披露；此外还有信守承诺的意思，要求契约关系的当事人信守承诺。

通过对西方诚信概念的理解，可以把西方历史上诚信思想梳理成以下几方面：

1. 西方诚信思想派生于"自私的人性论"

西方伦理思想中关于人性的争论比较复杂，他们一般不直接谈论人性的善恶问题，而是讨论人性中的利己和利他的关系问题。一般看来，近代西方思想家大多认为人性是自私的，是利己的，为了约束个人的这种自私、利己的天性，就需要契约的约束、社会组织的约束和个人品德的约束。霍布斯认为："任何人的欲望的对象就他本人来说，他全都称为善，而憎恶或嫌弃的对象则称为恶。"③在他看来，最大的善是保存生命，最大的恶则是死亡。由此，霍布斯得出一个重要的结论：自我保存是人的普遍的绝对本性，是人类活动的根本法则，利己主义是一切行为的唯一准绳。斯宾诺莎从考察人的本性出发，把爱人、利己说成是人的本性，并且提

---

① 转引自［苏］A. 古谢伊诺夫、P. 伊尔利特茨：《西方伦理学简史》，刘献洲等译，中国人民大学出版社 1992 年版，第 22 页。

② 田海平：《西方伦理精神》，东南大学出版社 1998 年版，第 112 页。

③ 转引自郝晓敏：《诚信内涵解析》，载《经济师》2006 年第 4 期，第 25 页。

高到"普遍规律""永恒发展"的高度。休谟也认为，人性是自私的，并由此得出结论：原始的人性中并不是没有道德动机，人们只是出于利己的动机，鉴定并遵守着各种社会契约罢了。由此可见，西方关于人性的认识是以人的自私为其本性的，西方文化中的诚信观念是派生的，是第二性的。

2.西方诚信思想的核心是契约思想

西方诚信思想的一个重要特征，就是它始终与契约观念联系在一起，这一点从西方诚信理念产生的历史背景中就表现得非常明显。在西方，血缘关系在古希腊城邦制度中已经解体：希腊人很早就跨海迁移，原有的血缘关系被打乱了。在这种背景下，人们的交往就更需要外在的强制约束来规范其行为。到了近代的西欧，社会契约思想不断发展，西方诚信观念也日益确立。社会契约论的先行者格劳秀斯就指出：守约是人的本性，人们订立契约就产生民法，"有约必践、有害必偿、有罪必罚"。在这里，诚信实际上成为自然法的一个基本原则，即人类必须履行诺言和契约。英国哲学家霍布斯也谈道：守约为正义之源，无契约即无所谓正义，有约而背约即为不义。这里契约就定下了正义与非正义的标准。其后，资产阶级思想家洛克不仅从正面阐述了守信履约的问题，还从问题的反面进行了思考：如果按照契约受人民信托而存在的统治集团背信弃义，人民可以通过革命将其推翻。这里社会契约思想一方面成为一种国家学说，另一方面也成为构建市场经济组织秩序的一种方式。

3.西方的诚信思想更多体现于经济伦理

由于商品经济发育较早，西方人把合同当作立身处世的基本方式。中国传统文化把诚信的约束力置于人们的道德生活领域，而西方人则把诚信的约束力置于商业文明的形成过程中。从古代西方伦理思想的奠基人亚里士多德到近代古典政治经济学家亚当·斯密以及现代著名的社会学家马克斯·韦伯等，都提出过关于经济活动、经济运行中的信用问题。对西方近代资本主义的形成和发展起着"至关重要和决定性的影响"的新教伦理，也要求清教徒把诚实守信作为市场交易活动的一条重要准则。马克思在论及商品交换时写道："商品不能自己到市场去，不能自己去交换。因此，我们必须找寻它的监护人，商品占有者。"[①]商品发生交换，商品监护人必须有自己的意志。每一次商品交换的实现，都是商品监护人履行了对义务的承诺，并获得了某种权利，这就是诚实守信行为的形成和诚实信用关系的实现。马克思虽然没有明确提出商品交换是诚实信用关系和诚信行为，但他已经涉及诚信的本质——诚信关系是经济关系的反映。

---

① 《马克思恩格斯全集》第44卷，人民出版社2001年版，第103页。

4.西方诚信思想建构在制度基础之上

西方诚信观念在近代已经成为自然法的一个基本原则，由来自自然、社会生活的观念演变成具有道德内涵的强制规范。其后，资产阶级思想家洛克、卢梭等人，进一步发展了自然法，均坚持了信守诺言、履行契约的规定性。这样，以罗马帝国万民法为基础，法律意义上的诚信原则最终得到确立和发展，它主要是用以规范人们的商品交换行为。由此，诚信成为法律行为基本准则之一，成为调整民事行为的基本原则。此后，这一准则又逐步演变成一套制度和法律准则，具体体现为可操作的信用制度和法律范畴内权利与义务的统一。其中有个人信用制度、企业信用制度、金融信用制度乃至国家信用制度，这些制度真正使人感到"人无信不立"。西方的这种诚信观念和诚信制度与资本主义的社会制度一脉相承，相得益彰，维护了西方社会诚信体系的正常运行。

（三）现代意义上的"诚信"

诚信，是人类一种具有普遍意义的美德，也是我们中华民族的优良传统。千百年来，人们讲求诚信，推崇诚信。随着我国社会主义现代化的发展，市场经济体制的确立，和谐社会的构建，诚信这一传统美德也被赋予了更丰富的内涵和更高的价值。

现代意义上的诚信含义除了涉及公民个体道德领域，还向更多的领域扩展，如经济领域、法律领域、教育领域、新闻传播领域，其含义在不同领域更加细化、专业化。在《现代汉语词典》中，"诚信"的含义是"诚实，守信用"。诚信两字的字面意思是：言成即诚，人言为信。诚实就是真实无欺，既不自欺，也不欺人；守信就是重诺言，讲信誉，守信用。诚实和守信是统一的，做人应诚实为本，言行一致。诚信是立身之本，诚信是立业之本，诚信是立国之本。

联想集团总裁杨元庆先生认为：诚信是一个人乃至一家企业生存的根本。正泰集团董事长南存辉先生也认为：诚信，就是对承诺负责。北京金色世纪网络订房公司董事长李梓正先生认为：诚信乃做人之原则，做企业之必需，也是社会文明程度的一个标志。不讲诚信的人，无人愿与其打交道。

在现代社会，就个人而言，诚信，是人格高尚、素养优良的具体体现，对于职业人士来讲，诚信更是一种资源。据媒体报道，一位留学生在国外乘地铁逃票，当时并没有被罚款，他洋洋得意，谁料毕业找工作时屡屡碰壁，才发现是因为这个逃票的"案底"，此时他追悔不及。如今在信用体系健全的国家，诚信早已成为每个公民在社会立足的生存要素。

从现代市场经济体制看，诚信已不同于传统意义上的诚信了，它具备以下几个基本特性：

1. 诚信具有普遍性

诚信作为道德的一个基本范畴,是社会历史的产物,它也必然随着社会历史条件的变化而处在不断地变化之中。普遍主义诚信就是伴随着市场经济的兴起而形成的。在市场经济社会,交易方式已不同于传统社会,它打破了民族和地域的限制,超越了时间的限制,而且其交易活动的主体是自由、平等的,这就要求必须尊重双方彼此的权利和利益。正是由市场经济交易关系的特殊性,决定了普遍主义诚信就是要求对不同的人采取同样的交易规则,即一视同仁。在经济活动中,它体现为打破亲缘关系或地缘关系的限制,体现为基本上不带个人感情色彩的非人格交换关系,体现为对交易双方的利益和基本权利的相互尊重。只有建立起这样的诚信观念,才能建立和维护良好的交易秩序,实现市场经济的持续发展。

2. 诚信发生的主要依据是人的理性

市场经济趋向成熟的表现就是转变为信用经济形态,以信用交易为主导,这时人们判断对方是否值得信任的依据主要是理性。所谓理性诚信,即人们能够根据对事实的掌握、分析和判断而决定是否信任对方。以人品信任和能力信任为例。现代意义上的人品信任已不仅仅局限于传统意义上的因熟悉得到的信任,而往往从行为的可预测性、可依靠性来判断人品是否可信,即通过个人的信用记录来表明他是否值得信任。能力信任是指相信一个人有足够的才能来办好一件事。一个人的能力是否值得信任只能是通过外在的东西得以证明,如他的经验、学历、资格证书等。这些都充分表明了诚信发生的主要依据是理性,而且随着信用体系的建立和不断完善,这种理性诚信的实现就会变得更为简单易行。

3. 诚信具有功利性

对于诚信是否具有功利性,我们先从道德的功利性来分析。在人类以往的伦理思想中,对道德是否具有功利性有着不同的认识。"道义论"强调道德作为一种义务的纯粹性,对利益具有优先性,其特点就是它的超功利性。与之相反,"功利论"则明确地把道德的义和经济的利结合起来,强调利益对道德的优先性和决定性,使道德为利益服务。它们代表了道德与利益关系的两极,两者各有所长也各有所短。马克思、恩格斯在历史唯物主义的基础上,深刻地分析了道德的经济根源,揭示了道德实质上是对一定社会利益关系的一种反映,道德与利益有着不可分割的内在联系。由道德与利益的联系中必然逻辑地得出诚信具有功利性。从现实看,现代社会是市场经济社会,在市场中,每一个参与者都是具有自主权利的主体,人们之间的关系是自由平等的,因此,彼此间有着对等的权利和义务,在诚信方面则应当相互信任,共同履行契约,既要实现自己的权利也要尊重他人的权利,并履行自己的义务。现代意义上的诚信具有道义和功利的双重性。传统社会中对诚信的理解与现代市场经济所要求的诚信是有差异的。传统社会的诚信主要是一种囿于特定圈子的准则,一旦超过了这个圈子，人与人之间的交易就有可能成为无诚信可言的"一锤子买卖"。而对应市场经济社会的诚信则主张陌生人之间也要讲诚信。传统社会诚信发生的主要依据是情感，主体自身能否做到诚信往往是凭自己的道德良心，主体是否信任他人则取决于主体对其人格、品德的判断，这完全不同于现代社会的诚信。传统观念只注重诚信的道义性，而忽视诚信的功利性，认为"信"随"义"走，讲诚信的人必定是君子，讲利的人必定是背信弃义的小人，"信"总是游离于"利"之外。现代社会则强调诚信的功利性。当前，我国选择了市场经济的道路，特别需要现代意义上的诚信道德的支持，这就迫切需要人们转变传统的诚信观念，形成适应市场经济的现代诚信观念。

二、诚信的功能

所谓诚信的功能，是指它作为一个有着特殊结构的系统，同它的外部环境，即同作为其载体的人和社会的相互联系与相互作用的过程中的能力。诚信的功能是多种多样的，主要有调节功能、导向功能、教育功能、约束功能和凝聚功能。

调节功能。诚信的调节功能是指它具有通过评价等方式，来指导和纠正人们的行为和实际活动，以协调人与人之间、个人同社会群体之间的关系的能力。诚信的调节功能与法律等其他调节方式相比，属于"软调控"的范畴，具有经常性、自觉性、正面性等特点，因而它能广泛地影响人们的交往和行为，并对人们的利益关系和社会活动起到巨大的调控作用。

导向功能。诚信的导向功能是指它对社会公众的引导和指引方向的作用。这种导向功能主要表现在三个方面：一是引导社会公众行为的诚信价值取向，二是给出社会公众的诚信行为目标，三是确立社会公众的诚信规章制度。诚信的导向功能是在调节个人同他人、社会群体之间的矛盾中，实现人们对社会倡导的诚信价值观念的认同，自觉把自己的思想和行为纳入社会所需要的秩序轨道。

教育功能。诚信的教育功能是指诚信能够通过评价等方式，造成社会舆论，形成社会风尚，树立诚信榜样，以感化和培养人们的诚信观念、诚信行为和诚信品质。当诚信深入到社会舆论中，形成一种社会风气时，它就会对人们的诚信行为和品质产生重大影响。诚信的教育功能是诚信的调节功能和导向功能发挥作用的基础，但诚信的教育功能的发挥又只能在诚信的调节功能和导向功能中才能实现，否则，诚信教育只能是空洞抽象的说教。

约束功能。诚信的约束功能主要是通过制度、道德发生作用的。一方面，关于诚信的各项规章制度，其功能就是约束社会公众的信用行为。这种制度的约束作用比较明显，并且是硬性的，也就是说，人们必须在也只能在允许的范围内从事信用活动，否则将违约、违章甚至违法，而这些都需要支付相应的成本。另一方面，诚信既是一种职业道德,更是一种社会公德,违犯了职业道德和社会公德,不仅要受到行政制裁,还要受到社会公众舆论的谴责,无论是行政制裁还是舆论谴责,同样要支付成本,比如对逃废债企业的公示,就会导致所有金融机构都不会与被公示企业打交道。如果这些企业需要重塑信用形象,其代价与过程是相当昂贵而漫长的!

凝聚功能。诚信的凝聚功能是指它把具有一定地缘、血缘关系的社会公众紧紧地联系在一起,使他们同心协力,恪守一种共同承诺的诚信观念,以创造经济的辉煌和推动社会的进步。诚信是处理人与人之间、人与社会之间关系的最起码的要求,人际关系的和谐,社会组织的正常运转和目标的实现,必须依靠人们之间的信任与合作。诚信作为一种共同的价值观念或群体意识,能够把群体中的每一个成员联系在一起,从而使他们获得"同生死""共命运"的使命感和责任感,激励他们团结起来为共同的目标而奋斗。如果社会组织缺乏诚信这一为大家公认的价值观念,人与人之间、人与集体之间的矛盾和冲突就难以化解,人们就会各行其是,甚至各奔东西,致使组织的"合力"削弱,最终导致社会组织的瓦解。

由于诚信功能结构的统一和作用方向的一致,从而形成诚信的整体功能,这表现在个体和社会两个方面,即诚信的个体功能和社会功能。诚信的个体功能和社会功能是通过上述调节功能、导向功能、教育功能、约束功能和凝聚功能相互联系、相互作用而实现的。

三、诚信的伦理价值

(一)诚信是个人成就事业的人格魅力

"人格"是人区别于动物的为人资格和人的尊严,人格从道德价值的维度来看是人的独立存在的主体地位、稳定性的完整特征和存在状态,表现为个体或群体在社会生活中形成的调节、适应、改造周围环境的精神素质,是人的"社会自我"。诚信,自古以来就是人类共同的法则、共同的渴望和永恒的追求。诚信在个人道德品质中具有极其重要的作用,它是人的一种最重要的品德之一。个人诚信是个人在立身处世、社会交往、家庭伦理方面应遵守的有关诚信的原则和规范的总和。诚信是做人的基本要求,是一个人必备的道德素质。一个人如果没有诚信的品德和素质,不仅难以形成统一、完备的自我,而且很难取得成功。

关于诚信在人类个体生活中的价值,历史上的思想家们有过许多论述。孔子曾经多次谈到诚信的极端重要性,说:"人而无信,不知其可也。""言忠信,行笃敬,虽蛮貊之邦行矣。言不忠信,行不笃敬,虽州里行乎哉?"他认为一个不讲信用的人,丧失了做人的起码的资格,是不能在社会中立足的。被后人视为儒家亚圣的孟子,特重仁、义、礼、智四德,这与《荀子·非十二子》中所记述的思孟学派崇尚"五行"的特点不甚相符。据郭沫若先生的研究,与其自然观上的五行思想相配合,思孟学派的道德观上除了仁、义、礼、智四德之外还应有一个更核心的德,这就是诚或信。诚或信在其道德系统中的地位,就像土在五行中的地位一样。思孟学派的名著《中庸》正好大大地发挥了"诚"的思想,提出"不诚无物"的命题,把诚看成是一切道德的根基。人之于诚信,如同鱼之于水,不可须臾而离。北宋的周敦颐在《通书·诚》中也表达过同样的意思:"诚,五常之本,百行之源也。"

诚信是行事通达的凭证,人无诚信则行事不通达。孔子认为,人不讲信用是不可行的。好比车子没有安横木,是不能行走的。孟子把诚信看作是做人应走的正道,认为思诚者是"人之道"。个人是社会的细胞,没有个人就不会有社会与人类,离开了个人的社会和人类只能是一种抽象的存在。个人诚信建设对于整体社会诚信素质的提高具有重要的意义,成为社会诚信建设的支点。

诚信是实现自我价值的重要保障。人是一种社会动物,每一个人都要与人交往,总要面对诸多关系。关系是多种多样、千变万化的,但有一种关系即诚信关系必须保持稳定不变。诚信是人际交往的基础,是处理人与人、人与社会关系的最起码的要求。现代社会人际关系已成为事业成功的一种重要资源,只有诚实守信才会有持久的人际关系和良好的人际交往,只有诚信才能赢得别人的信赖,得到别人的理解和支持,易于与他人合作,增加获取成功的机会。一个人如果没有诚信的品德和素质,不仅难以形成统一的完备的自我,而且很难发挥自己的潜能并取得成功。2002年美国出版了《百万富翁的智慧》一书,书中问及受访的1300位美国百万富翁"为什么能成功"时,最普遍的一个回答是:成功的秘诀在于诚实、有自我约束力、善于与人相处、勤奋和有贤内助,竟没有一位归结于"才华"。诚实,在这里被摆在了第一位。因此,一个人的事业成功往往与他的信誉联系在一起。尤其在今天的信息化时代,科技的发展一日千里,社会的分工越来越细,仅凭个人的能力是很难取得事业的成功的。精诚合作,具有团队精神已被认为是现代社会人才的必备素质。美国心理学教授乔治·赫华斯根据多年的研究认为,一个人事业的成败在于人品的优劣,他把"与同事真诚合作"列为成功的九大要素之首。从这个意义上而言,诚信是实现自我价值的重要保障。不讲诚信、目光短浅、只顾眼前利益的人最终将会受到惩罚而一事无成。聪明人往往懂得诚信是提高自身竞争力的源泉。日本大企业家小池曾说过:做人和做生意都一样,第一要诀就是诚实。诚实就像树木的根,如果没有根,那么树木也就没有生命了。

小池出身贫寒,20岁时在一家机器公司当推销员。有一个时期,他推销机器非常顺利,半个月内就与33位客户做成了生意。之后,他突然发现他现在所卖的这种机器比别家公司生产的同样性能的机器贵一些。他想:如果客户知道了,一定以为我在欺骗他们,会对自己的信用产生怀疑。于是,深感不安的小池立即带着合约书和订单,花了整整三天的时间,逐个户拜访客户,如实向客户说明情况,并请客户重新考虑选择。这种诚实的做法使每个客户都很受感动。结果,33人中没有一个解除合约,反而成了更加忠实的客户。古希腊一位哲人曾经说过:你若失去了财富,你只失去了一点儿;你若失去了荣誉,你就失去了很多;你若失去了信用,你就失去了一切。

诚信是事业大厦的基石,只有站在这块基石上,职业人士才能取得成功。反过来,如果你在一件小事上骗了别人一次,那么别人就会在其他事情上怀疑你,甚至会对你整个人产生不信任。很多成大事者靠的就是获得他人的信任,在职场生涯中没有信任就会失去相互交往的前提,就会失去携手合作的基础。但时至今日,仍有许多职业人士对此不以为然,不肯把精力和重点放在做一个恪守诚信者上。金诺克·伍德是加拿大著名的企业家,退休后依然关心着企业,关心着作为继承人的儿子。有一次,儿子为签署一份重要的契约而花费了大量心血,可惜最后的结果是受骗了。儿子为对方的缺乏商业道德非常愤慨,伍德知道后专门写信给他:

"我知道你对这份契约的期待和努力。也许你会为了这个原因,记恨对方。但是,你千万不可以因此而丧失你平时的乐观和真诚!其实,在社会上待个两三年,你马上可以懂得这样一个道理,这个世界能完全信赖的人真是有限。所以,在你面对其他人的时候,心中多多少少要有所戒备。不过,无论如何,这种失败不该伤害你的品格。你知道吗?你具有诚实的人格,而对方却没有。这种人在企业界是不可能长期存在的。企业界是个相当狭窄的世界,骗了这个人后,还能再骗那个人吗?况且,欠缺诚实的行为必定会招致不良后果。所以你必须注意的是你自己的品格,这才是最重要的。""在你想发泄这股怨气之时,务必三思,其实,你并未损失什么,因为那契约原本就是不存在的。如果只为了契约失败而生气,甚至采取冲动的报复手段,那你不就损失更多了吗?事实上,如果这个契约成立了,你会有更大的问题,能跟这种品格低下的人断绝任何往来,不是件好事吗?这么看来,这个没有签订的契约并不是个失败,反而是幸运呢!"

金诺克·伍德给儿子的信给我们讲了这样一个道理:一个讲诚信的人,必定是一个道德高尚的人。诚信是做人做事的根本,只有依赖诚信,才能取得大多数人的谅解,赢得合作伙伴的信任。不能切实履行诺言的人,也许能获得即时的眼前利益,但却为其未来的发展埋下了深深的隐患;从长远来看,没有诚信的人,不能获得他人信任的人是不能取得事业的成功的。

一个人如果说谎、欺骗别人,会受到良心的折磨,让人的心境处在一种灰暗、忐忑不安、时刻紧张的状态中。这种折磨是不诚实的必然结果。

波斯诗人萨迪说:"讲假话犹如用刀伤人,尽管伤口可以愈合,但伤疤永远不会消失。"生活中,说假话往往被一些人视为"聪明"的处世之道,但谎言就是谎言,迟早会被真相戳穿。一旦谎言被识破,那么他的信誉将面临崩溃。一个人如果想通过谎言、投机取巧获得成功,也许在短期内他能蒙混过关,能获得短暂的成功和利益。但是由于缺乏诚信,内心充满了谎言,其人格必定是不健全的。随着时间的推移,他必将招致人们的唾弃,遭遇职场的抛弃,这也是基于收获法则之上的自然规律。因此,一个人的人品直接决定了这个人对于社会的价值,而诚信恰恰是人品中最重要的一点。微软公司在用人时非常强调诚信:"我们只雇用那些值得信赖的人。"微软公司列出的对员工期望的"核心价值观",诚信被列为第一位。作为第一的"核心价值",诚信是微软公司对员工最基本的要求。微软公司不会去雇用没有诚信的人,如果一个员工发生了严重的诚信问题,他会被立刻解雇。

为什么一个公司要关注员工的道德问题呢?一位微软公司的高级经理这样答道:"这是为了公司自己的利益。例如,一位应聘者在面试时曾对我说,如果他能加入微软公司,他就可以把他在前一家公司所做的发明成果带过来。对这样的人,无论他的技术水平如何,我都不会雇用他。他既然可以在加入微软时损害前公司的利益,那他也一定会在加入微软后损害微软公司的利益。"

如果一个公司这么重视诚信,那么员工一定更值得信赖。因此,公司对员工也能够完全信任,让他们尽情发挥自己的才能。在微软,公司的各级管理者都会给员工较大的自由和空间发展他们的事业,并在工作和生活上充分信任、支持和帮助员工。只要是微软录用的人,微软就会百分之百地信任他。和一些软件公司对员工处处提防的做法不同,微软公司的员工可以看到许多源代码,接触到很多技术或商业方面的机密。正因为得到公司如此的信任,微软的员工对公司才有更强的责任心和更高的工作热情。可见,在职场生涯中,如果缺乏诚信,不用说取得成功,甚至连取得成功的机会都不存在。

个人诚信建设一靠诚信教育,诚信教育以培养完整的诚信人格为目标,使个人树立牢固的诚信意识;二靠个人信用制度的建立与完善,个人信用制度作为一种外在的强制力量,可以起到规范约束个人社会行为的作用。当前,上海、济南在这方面都做了积极的尝试。上海资信有限公司征集个人信用资料主要是通过采集上海68万个银行消费信贷用户和透支信息,借以制定个人信用状况,为银行提供个人贷款发放的依据。而中国建设银行济南市分行则通过出台《个人信用等级评定方法》,通过对借款申请人的年龄、学历、职业、家庭收入和家庭资产等信息资料汇集起来形成十大指标体系,对借款申请人的还款能力、资信状况进行综合评价,划分信用等级。"有诚信者将畅通无阻,无诚信者将寸步难行。"完整的诚信记录将使个人不敢越违信的雷池半步。一旦失信,将被详细记录在案,失信者的失信经历不仅让其荣誉受损,更重要的是将丧失掉预期的诚信收益。个人信用制度的完备为个人诚信建设提供了强有力的约束机制。

(二)诚信是大学生做人之本

大学生的诚信意识、诚信行为、诚信品质,关系到良好社会风尚的形成,关系到社会主义和谐社会的构建,在一定意义上关系到中华民族的未来。大学生要肩负起全面建设小康社会和社会主义现代化建设的历史使命,就必须自觉加强诚信道德建设,把诚信作为高尚的人生追求、优良的行为品质、立身处世的根本准则。

第一,诚信是大学生树立理想信念的基础。一个没有良好诚信品德的人,不可能有坚定的理想信念。一个在平时不讲诚信的人,在关键时刻不可能为崇高的理想信念做出牺牲。大学生只有养成诚实守信的道德品质,才能真正忠诚于国家和民族的事业,牢固确立在中国共产党领导下走中国特色社会主义道路、为实现中华民族伟大复兴而终生奋斗的理想信念。

第二,诚信是大学生全面发展的前提。大学生只有以诚实守信为重点,加强思想道德修养,讲诚信、讲道德,言必信、行必果,诚心做事、诚实做人,言行一致、表里如一,自觉端正态度,坚守道德规范,才能不断提高思想道德素质、科学文化素质和健康素质,实现全面发展。

第三,诚信是大学生进入社会的"通行证"。大学生只有树立诚信为本、操守为重的信用意识和道德观念,"以诚实守信为荣、以见利忘义为耻",努力培养诚实守信的优良品质,奠定立足现代社会的道德基石,才能成为高素质的各类人才,承担起社会责任和历史使命。所以,诚信是大学生奠定做人基本品质以及在社会交往中获得成功的基本条件。大学生的诚信度对其进入社会有直接影响。如今大学毕业生的就业形势不容乐观,而虚假失信的行为会严重影响大学生的形象,必然会造成其就业与进入社会困难,对其进一步成长、成才带来不利影响,甚至会使大学生产生严重的挫折感,得不到社会的认可。而诚信使大学生具备了做人处世的基本内在品质,为其顺利进入社会,从而为国家、为社会建功立业奠定了良好的基础。

诚信使大学生具备了立身处世的基本内在品质,增强了外在人际吸引力,为其取得成功创造了重要条件。诚信为人是走向成功之路的必要条件,新时代的大学生无论在思想和行动方面都应该走在前列,去思索,去感悟。一个人的成功必须具备天时、地利、人和三个因素,而人和是最关键的。一个人的成功离不开良好的人际关系和团结一致的团队精神。大学生在走向成功的道路上必然要协调上下级及周围或者单位外的人际关系,在人际关系中任何一环出现问题,获得成功都变得不易。诚信无疑是一张有效的通行证,使大学生获得各种成功的机遇。

(三)诚信是企业的无形资产

企业诚信是企业在经营过程中所遵循的有关诚信的原则和规范的总和。其实质是对社会、对客户、对员工的责任心。它是企业与其他主体之间建立信任、实现交往的基础。对于企业来说,良好的信誉是提高效率与获得效益的基础。在市场经济中,企业之间的竞争,已逐渐由产品竞争、技术竞争向企业信誉竞争转变。诚信是提高企业竞争力的源泉。众所周知,GE(通用电器)是全球最伟大的公司之一,它也是把诚信作为第一传统的一家公司。100多年来,GE赖以成功的基础和最大的无形资产,就是对诚信的承诺——"它使我们的产品和服务胜人一筹,使我们与客户和供应商能够坦诚相待,并在业务上保持常胜纪录"。诚信永远比业务成果重要,这是 GE 的信条。

随着市场经济的深入发展,企业诚信问题越来越受到社会各界的关注,企业诚信不仅对企业自身的发展有益处,而且对市场经济的发展也起着促进作用。著名学者弗朗西斯·福山在其著作《信任:社会美德与创造经济繁荣》中谈道:"在一个时代当社会资源和物质资源同等重要时,只有那些拥有高度信任的社会才能构建一个稳定、规模巨大的组织,以应对全球经济的竞争。"这句话深刻地揭示了企业诚信在市场经济的发展中所处的重要地位。

诚信有利于企业自身的发展。在中国古代有许多商人把"诚信"奉为经商的信条,从而取得了成功,也留下了美名。历史上有名的徽商以"信以服人"使"营谋渐裕"。由于他们"以忠诚立质,长厚摄心,以礼接人,以义应事,故人乐与之游,而业日隆隆起也",在明代已发展到"商贾之称雄者,江南则称徽州"的辉煌地位,至清代前期,其事业达到高峰,活动范围竟远涉外洋。创建于清康熙八年(1669)的同仁堂药店是一个有着 300 多年历史的老店,创始者岳显扬及后人始终秉承"修合无人见,存心有天知"的宗旨。以仁义诚信经商,是其长盛不衰的奥妙所在。诚信是企业的立业之本。

诚信有利于提高企业的竞争力。企业诚信不仅使社会主义市场经济有序化,更重要的是能提高企业自身持续发展的竞争力。一般来讲,企业的核心竞争力分为"表层的竞争力——产品层""深层的竞争力——制度层""核心的竞争力——文化层"这三个方面。作为文化层的企业诚信,这种核心价值观一旦为企业全体员工共同追求,企业的发展就会有源源不断的动力源泉。考察"惠普之道"的施政纲领,其理论精髓在于"信任和尊重员工"这一核心诚信价值观念。惠普的创始人比尔·休莱特曾说过:"这是由一种信念衍生出来的政策和行动。这种信念是:相信任何人都愿努力工作,并能创造性地工作,只要给予他们适宜的环境,他们一定能成功。"[1]正是这种真诚对待员工的诚信价值观的形成与运行,造就了惠普的传奇。经济学家张维迎认为,企业最重要的竞争力表现在两方面:一是企业内部积累的互补知识,二是企业信誉。从短期来看,决定企业竞争力的因素是多种多样的,如产品开发、技术创新、流程管理等;但从长远来看,决定企业竞争力的基础是诚信。企业如果没有诚信,即使其管理效率再高,技术再先进,产品再好,也无法在市场上实现其价值。波特在《竞争战略》一书中说道,企业最终的竞争力取决于它在一系列价值中如何进行选择,而诚信的理念,才是企业竞争力的动力源。诚信是企业宝贵的无形资产,从短期利益来看,企业以诚信经营,则能形成产品优势,管理和谐,从而提高竞争力。从

---

① 转引自包晓闻:《企业核心竞争力经典案例》,经济管理出版社 2005 年版,第 92 页。

企业长期利益来说,诚信经营,可以使企业拥有良好的信誉、持久的品牌、忠实的顾客、稳定的市场份额,从而持续提高竞争力。

(四)诚信是建设服务型政府的根本

政府诚信是指政府部门在公共事务中应遵守的有关诚信的原则和规范的总和。政府诚信是政府对于广大民众的责任。诚信是为政根基和执政之本。在当前服务型政府理念的引导下,政府更应将诚信作为其运作的核心理念。各级公务员运用自己手中的权力时,应遵纪守法、严格执法,运用好人民赋予的权力,积极倾听人民群众的呼声,关心人民群众的生活,成为人民信得过的好政府,打造诚信政府的良好形象。政府诚信不仅是人民对于政府的信任,也包括政府对人民的信任。比如,加拿大政府对纳税问题,首先相信每个人的申报,退税款很快就会寄达每个人,但如果几十年后查到问题,会一起清算。政府这种"信任"态度使每个公民心里舒畅。而欺骗之人则会始终心中不安,曾有一个千万富翁因为多年偷税,20年后追缴的罚款超过了他的总资产。

政府诚信是政府存在的根本,也是社会诚信的定心盘。政府诚信动摇,社会诚信也就会随之动摇,乃至崩溃。因此,我们必须确立政府诚信原则,重塑诚信政府。诚信政府的建立,是自律和他律的统一。从自律的角度看,政府诚信应突出强化政府官员的诚信道德修养,强化政府服务意识。从他律的角度看,政府诚信的建构需要完善政府诚信制度。

1.强化政府官员的诚信道德修养,确立政府诚信服务意识。诚信不仅是人立身处世之本,更是人所应尽的一种责任,一种做人最基本的要求。在这一基本要求的基础上加上官员的特殊使命,政府官员更有义务诚信行政。市场经济条件下,政府的主要职能是为经济发展创造良好的市场竞争环境,维护社会的公正,保证良好的社会秩序。因此,政府需要积极转变行政职能,向服务型政府转化。政府代表着最广大人民群众的根本利益,政府要敢于负责,善于服务。对于自己所做的政治承诺要言而有信,保持政策的稳定性。政府需增强自己的服务意识,不断提高服务质量和效率,自觉高效地为社会大众服务。

2.完善政府诚信制度。政府诚信的建构需要完善政府诚信制度。政府的诚信机制必须由恰当的制度来保障,以提供其良性运行的法律实施空间。我们目前发生的许多政府诚信问题,如腐败问题、滥用权力问题等,其根本原因之一即是权力缺乏制约。而行政权力的不断膨胀和行政职能的不断扩张,是法律缺乏对各级政府及其工作部门职权、职责的严格规范,导致政府诚信失去了制度的刚性约束所致。因此,我国必须加快行政程序立法、行政组织立法和行政法制监督的建设步伐,将政府的权力运行纳入法制轨道,特别是将行政责任固定下来,以确保政府取信于民。同时,我们还必须加快健全和完善我国公务员法。公务员作为政府行为的实施主体,他们的素质对一个国家的政治文明有重要的影响,关系着诚信于民理念的贯彻和执行。

（五）诚信是良好的国际形象

诚信是我国市场经济与国际接轨以及提高我国企业国际竞争力的必备前提。我国已加入 WTO,这就要求我们遵守 WTO 的基本原则,并积极履行自己的承诺。WTO 的所有规则,如非歧视原则、互惠待遇原则、市场开放原则、公平贸易原则、权利与义务平衡原则、争端协商解决原则等,无一不是诚信原则的体现。与一般的诚信要求不同,WTO 中的诚信具有更多的国际意义,它涉及的是国与国之间的交往关系,其社会影响力远非个人交往中的诚信可以比拟。社会信誉环境的好坏,是我国国际形象的最重要组成部分,也是国际投资者衡量我国投资环境的重要尺度。我国有巨大的市场潜力,这是我们参与国际竞争的优势所在,但如果诚信缺失,我们就会丧失这种优势,甚至无法获得参与国际经济竞争的通行证。加入 WTO 也对我国的企业提出了更为严格的诚信要求。经济全球化使得企业合作交流增多,竞争也随之激烈起来。国际贸易合作的原则就是公平、公开,遵守规则。面对激烈的国际竞争,要使自己的产品立于不败之地,必须提供更好的服务和更好的质量给消费者,否则,必将被淘汰出局。因此,对于广大中国公民来说,要在世界范围内参与竞争,赢得世界各国的普遍信任与尊敬,就必须遵守市场经济的规则,尤其是诚信原则。要使诚信原则作为社会共同遵守的准则,就必须以制度来保证。制度是秩序形成的重要基础和约束的主要途径。

第二章　不同视域中的诚信

随着时代的进步,诚信的内涵也在不断延伸。不同的视域,有着不同的诚信的思想,从当前经济社会发展角度看,诚信大致可以分为道德诚信、法律诚信、经济诚信和政治诚信等。

一、道德诚信

道德诚信,是指作为道德准则的诚信。道德诚信要求人们言语真实、恪守诺言、无虚假、不欺诈。道德诚信并不是人们所追求的最终目标,它只是调整人与人之间的合作关系的准则,它要求人们做到两点:一是言语要真实,即向他人发出的信息要真实,以保证相对人能够根据真实的信息做出正确的、符合自己利益的选择,是对人的内在品质的要求;二是要恪守诺言、履行义务,以实现相对人的利益,是对人的外在行为的规范。

内在的诚实与外在的信言在诚信这一范畴中达到了高度的统一,才能使个体的心性修炼与交往活动中的处世为人有机地结合起来。诚信这一概念的特殊意义,就存在于这种"统一""结合"之中。按照诚信的要求,人们不能满足于闭门修身,而应将内在的诚德外显为面对他人的信言。信言即是可以落实、说话算数之言,是"言行一致"中的言。信言出自诚意,诚的要求贯彻到底,则是不仅要真诚地说,而且要按照所说的去做。只有将内在的诚与外在的信结合起来,才能产生真正自由、自为、自觉的道德行为,才能使诚德通过守信用的交往活动惠及他人,从而实现其应有的价值。

诚信的行为是基于诚的守信行为,是以重诺为前提的履行诺言的行为。并非所有守信行为都可以被判定为诚信行为,只有那些以诚为基础的守信行为才可以冠以诚信的美名。如果守信完全是迫于外在压力,则这样的守信行为与诚并无关系,因而不属于真正意义上的诚信行为。诚是道德的支点,以诚作为守信的基础,其实也表明了真正的诚信行为其自身就是具有道德性的行为。因此,诚信范围内的守信行为,必须以道德作为衡量标准。如果守信而又违背道德,则此种守信实际上脱离了诚的基础。这就是说,信的约束力不是无限的,一旦信不合义,则不必守信。诚是义的根本,因而其约束力强于信。只有依诚而信,才是具有道德意义的守信行为。信的约束力只有在与诚的要求相一致时,才能获得诚的支持,才能够得到道德辩护。

二、法律诚信

除了道德意义上的诚信之外，还有所谓法律诚信的问题。法律诚信，是指作为法律原则的诚信。法律诚信作为一项法律原则，是指当代各国在法律上尤其是在私法上普遍规定的诚实信用原则。我国《民法通则》第四条规定："民事活动应当遵循自愿、公平、等价有偿、诚实信用的原则。"《合同法》第六条规定："当事人行使权利、履行义务应当遵循诚实信用原则。"这是我国法律关于诚实信用原则的规定。诚信早就被引入法律文献。例如，"诚信"一词的使用，在东罗马帝国优士丁尼的《法学阶梯》中有 38 处；在《拿破仑法典》中约有 117 处；在罗马法民法大全《学说汇纂》中约有462 处。法律诚信主要表现为贯穿于民事法律关系中的诚信原则。"诚信原则就是要求民事主体在民事活动中维持双方利益的平衡，以及当事人利益与社会利益平衡的立法者意志。""三方利益平衡是这一原则实现的结果，当事人以诚实、善意的心理和行为行使权利、履行义务；法官根据公平正义进行创造性的司法活动是达到这一结果的手段。"①

道德诚信与法律诚信具有密切的联系。首先，从渊源上看，法律诚信源于道德诚信，是道德诚信的法律化。其次，两者具有相辅相成、相互维系的关系：法律诚信必须有相应的道德诚信作为基础和依托，否则就会成为无根之木；而道德诚信也必须有相应的法律诚信作为保障，否则就会柔弱无力。其具体体现在：

1. 我国的法律诚信源于西方文化中的道德诚信。因而，我们在对其进行解释和适用时，必须考虑其在西方法律体系中的本来含义，而不能仅从中国传统的道德诚信出发对其进行望文生义式的理解。中国传统的道德诚信为引入西方的法律诚信奠定了一定的伦理基础，但要想使之成为法律诚信所依托的道德准则，绝不可忽视改造其不适应的一面。中国传统的道德诚信与西方文化中的道德诚信具有基本相同的内涵和要求，但也有实质性的区别。西方文化中的道德诚信具有普适性，因此成为西方资本主义全面展开的道德基础；而中国传统的道德诚信是自然经济和宗法社会的产物，是主要适用于封闭的、以血缘和地缘为纽带的朋友和熟人之间的伦理准则，因此中国传统上缺乏与市场经济相适应的、能够支撑市场经济发展的社会化的道德诚信。这是中国在由传统经济向社会主义市场经济体制转轨过程中出现一些诚信缺失问题的重要文化原因。

2. 法律诚信脱胎于道德诚信，但是法律诚信在继承道德诚信的遗传基因的同时，也发生了一些变异，具有了法律上的特殊的宗旨和功能。事实上，准确界定法律诚信的含义是一件很困难的事情，因为该原则除了具有"诚实守信"的字面含义外，

---

① 徐国栋：《民法基本原则解释》，中国政法大学出版社 2001 年版，第 79 页。

还含有附加的、引申的其他含义。汉语中的"诚信"一词与西方相应术语的字面意思相近,但不具备其特定的法律含义。按照我国学者的一般理解,法律诚信体现的是要求民事主体在民事活动中维持双方的利益平衡以及当事人利益与社会利益平衡的立法者意志,其目标在于实现三方的利益平衡,保持社会的稳定和社会的和谐发展。实现这一目标的手段有两个:一是要求当事人以善意、诚实守信的态度行使权利、履行义务。"善意"要求人们在进行有关民事活动时尊重他人的利益,主观上不能有损人利己的心理,并且要以应有的注意程度防止损害他人利益;"诚实守信"要求人们在进行民事活动时实事求是,对他人以诚相待,不得有欺诈行为。二是授予法官自由裁量权,使法官可以根据公平正义的要求进行创造性的司法活动,以弥补立法的缺陷与不足,努力实现个案处理中的具体公正。

3.法律诚信没有清晰的内涵和确定的外延,其适用范围极为广泛,当立法者在具体立法中未能穷尽难以预料的情形或设定出恶法条款时,法官可本着公平正义及良知行使自由裁量权,能动地裁判案件。因此,它能够协调法律规定的有限性与社会关系的无限性的矛盾、法律的相对稳定性与社会生活的变动不居性的矛盾、法律的正义性与法律的具体规定在某些情况下适用的非正义性的矛盾。在这里,我们看到了法律诚信所具有的独特宗旨和强大功能:保持各方利益平衡。

4.道德诚信就躲在法律诚信的背后,它无时无刻不在通过法律诚信发挥着作用;而法律诚信在骨子里也恰恰体现着道德诚信的要求,它也无时无刻不在实现着道德诚信的使命。何以见得? 还得回到最简单的问题:我们为什么需要道德诚信? 答案很简单:人是社会性的动物,人们需要互相合作以增进彼此的福利;人们合作的基础是道德诚信,道德诚信是当事人从合作中公平地获利的保证,如果没有道德诚信,当事人在合作中的利益关系就会失去平衡,从而影响、危及一方当事人的生存或其生存的物质基础。道德诚信要求人们做到两点:一是言语要真实;二是要恪守诺言、履行义务。一般来说,在当事人都能做到这两点的情况下,双方的合作(包括交易)就是公平的,双方的利益关系就是平衡的。可见,道德诚信的基本作用就在于要求当事人尊重相对人的利益,维护相对人的利益,保证当事人都能通过合作实现自己应得的利益。但是,在有些情况下,当事人都做到了道德诚信,却并不能实现双方的利益平衡,比如出现了情势变更,这时候就需要重新调整双方之间的利益关系,而不能机械地强调恪守诺言。因此,只强调道德诚信是不够的,道德诚信并不能必然地实现当事人之间的利益平衡,道德诚信只是手段,实现利益平衡才是目的,真正应该强调的是"保持各方利益平衡"。这是法律诚信比道德诚信更"高明"的地方,它抓住了最根本、更关键的东西,因此它已经超越了道德诚信,进入了一个更高的境界。如果道德诚信仅仅由"诚实守信"上升到"保持各方利益平衡",那么它仍然属于道德范畴内的自我升华而没有上升为法律诚信。道德诚信上升为法律诚信这一事实本身已经说明道德的力量不足以维护诚信,它需要借助法律的力量。然而,法律诚信的目标已经定位于"保持各方利益平衡"而不再是"诚实守信"。立法者规定什么是诚实守信相对来说是比较容易的事情,而要确定当事人之间的利益怎样才是平衡的就很不容易了,因为当事人之间的利益关系是千差万别的,立法者根本不可能把各种社会关系的各种可能发生的情况都无一遗漏、明明白白地规定清楚。因此,立法者只有一条路可走:授予法官自由裁量权。这样,法律诚信就诞生了。

在讨论诚信的时候,还应当明确区分道德上的诚信与法律上的诚信。区分法律诚信与道德诚信的主要意义在于:法律诚信和道德诚信并非同一范畴,研究分析诚信问题的时候不可简单地将两者混为一谈;法律诚信和道德诚信具有不同的功能,不能互相替代,但是可以互补;诚信缺失问题的解决,既要依靠法律诚信也要依靠道德诚信,既要依靠法治也要依靠德治;法律对于道德诚信的维护,也并非仅仅依靠诚实信用原则,事实上民法上的许多制度以及经济法、行政法、刑法等许多法律的相关规定都在维护着道德诚信。譬如,我国《消费者权益保护法》第四十九条规定:"经营者提供商品或服务有欺诈行为的,应当按照消费者的要求增加赔偿其受到的损失,增加赔偿的金额为消费者购买商品的价款或者接受服务的费用的一倍。"再比如,我国《刑法》对生产、销售伪劣商品罪以及金融诈骗罪、扰乱市场秩序罪做出了详尽的规定。其实,我国《宪法》的一些规定也直接体现了道德诚信的精神,例如第五十一条规定:"中华人民共和国公民在行使自由和权利的时候,不得损害国家的、社会的、集体的利益和其他公民的合法的自由和权利。"可见,从法治的角度看,维护道德诚信是宪法和各部门法的共同任务,而不仅仅是民法的任务,更不仅仅是民法上的诚实信用原则的任务。明确了这一点之后,我们就可以从法律体系的整体上来分析研究怎样构建一套系统的、完善的维护道德诚信的法律机制。例如,我们可以深入分析民法、经济法、行政法、刑法在维护诚信的法律机制中扮演着什么样的角色,应当发挥什么样的作用。

目前,人们讨论的诚信问题主要是道德诚信的缺失和由此产生的危机。当然,如上文所述,道德诚信与法律有密切关系。一方面,许多违反道德诚信的行为构成违法行为,甚至构成犯罪行为,行为人应当承担法律责任;另一方面,法律诚信与道德诚信也有割不断的联系,恪守道德诚信也是法律诚信的要求。此外,我们可以发现,人们在讨论道德诚信的时候逐渐对其有了更广义的理解,从而超越了道德诚信传统上所具有的"诚实守信"的基本含义而赋予了它更加丰富的内涵。按照这种更广义的理解,道德诚信对人们的要求已经不再局限于不欺诈和恪守诺言的义务,它的本质要求可以更加抽象地表述为:忠实地履行自己的各种道德、法律义务和职责,正当地行使自己的权利、权力,尊重和维护他人的权利和利益。因此,欺诈、不守信属于不诚信的行为,不履行或不认真履行自己的其他道德义务、法律义务、职责以及不正当地行使自己的各种权利、权力也属于不诚信的行为。应当说,这是一种积极的变化,是一种观念的进步,应予肯定。我们可以感受到,道德诚信的内涵正在进一步向法律诚信的宗旨和功能靠近。当然,两者毕竟具有不同的属性,因此永远也不可能合二为一。

三、经济诚信

经济领域是公共生活领域的另一个十分重要的方面。经济诚信是存在于经济领域中的诚信关系和现象。经济活动是在生产者和消费者、卖者和买者的关系中进行的。经济活动的双方能否建立诚信的关系,对于社会的经济发展有着至关重要的影响。中国古代虽有"无商不奸"的说法,但历代不乏讲求诚信、买卖公平、货真价实、童叟无欺的"儒商"。"儒商"以诚信为经商的原则,以义求利,大都能够立于不败之地,取得日益丰厚的利润。那些以次充好、缺斤少两、坑蒙拐骗、巧取豪夺的奸商,虽能暴发于一时,但都难以持久,大都最终落个人财两空的命运。

市场经济是市场对资源实行优化配置的一种经济运行方式。市场经济是契约经济,一切经济主体的经济活动都建立在契约之上。从这个意义上讲,市场经济又是信用经济。在现代市场经济中,信用形式繁多,从信用主体角度区分,主要有银行信用、商业信用、合作信用、私人信用、国家信用、国际信用等。社会信用是现代市场经济良好运行的重要保证。因为市场经济的目标是实现经济利益最大化,利益就成为影响经济主体经济行为和资源流向的主要因素。如果歪曲了对经济利益最大化的理解,则在利益的追求上就会出现偏差,资源就会流向那些能够获取暴利的非法领域,比如说制假贩假等,这样利益的分配就体现不出效率优先、兼顾公平的原则。而经济诚信则可避免企业主体这种偏激经济行为的发生,用正当的方式获取合法利益,使资源实现真正的优化配置,体现市场经济的"效率优先、兼顾公平"的原则,保证市场经济的持续、健康、快速的发展,所以说经济领域的诚信是市场经济运行的内在要求。

在建设社会主义现代化的过程中,我们借鉴了西方的市场经济模式。毋庸讳言,在市场活动中,谋利是人们的重要目的。有些人认为,市场活动就是要讲赚钱第一,诚信能值几个钱?在他们看来,黑心才能赚钱,诚信只能赔本。在这种思想观念的指导下,一些人急功近利,无所不为,从而使社会的诚信水平急剧下降。人与人之间互不信任,彼此提防,从而无形之中提高了市场交易和人际交往的成本。由于人们包括外商在内对于某些经济政策的不信任,对于预期回报没有信心,从而在投资过程中畏首畏尾;由于社会信用的缺失,金融业陷入了日渐困难的境地;由于人们对于假冒伪劣产品的恐惧,使得某些商品难以销售,从而造成了财富的极大浪费;由于某些商品制造商的不诚信,以次充好,使得劣质产品出口到国外,严重地影响了中国商品的信誉,给中国商品的出口、国外市场的开拓造成了难以弥补的恶劣影响;由于企业管理者和职员之间的互不信任，造成了某些企业生产效率和产品质量的低下，使企业日渐萎缩、滑向倒闭的边缘。诸如此类的现象是相当普遍的。现实中大量的事实说明，经济领域中诚信的缺失已经给我国的经济建设造成了巨大的不良影响，这是一种损失不可估量的社会灾难。

诚信是社会主义市场经济的道德本质。现在许多经营者已经充分认识到诚信对于市场经济活动的重要性，向社会和消费者承诺自己的产品质量和服务质量，像爱护眼睛一样爱护自己的商品品牌。市场经济活动实践告诉人们，具体的商品是有价的财产，而诚信的声誉则是无价的财富、是未来的财富。规范的市场经济一定是以诚信为基础、以法律为准绳的市场经济。

四、政治诚信

在公共生活领域，诚信具有更重要的价值。公共生活领域的伦理关系不仅比私人生活领域的伦理关系宽广，而且更为复杂。家庭内部的关系，是靠亲情来维系的，而社会上的种种关系，是靠信义来维系的。社会政治生活是公共生活领域最重要的方面。政治诚信是适用于政治领域的诚信。其具体要求有三个方面：实事求是的行为品格、言行一致的行为准则和忠于人民事业的信念。政治诚信主要是调节政府和民众的关系，其核心是服务于人民。

人类为了自己的生存和发展结成社会，为了特殊的利益和信仰建立国家，形成了不同于私人领域的社会政治关系。一个国家和一种政治秩序的维系，一般来说要靠两个方面，一是道德，一是法律。前者是软的方面，后者是硬的方面。在这两者的背后还有一个更基础性的东西，这就是诚信。孔子与其高足子贡谈论政治时曾经说："自古皆有死，民无信不立。"这是就社会的统治者和政府而言的。一个不讲信用的统治者，一个没有信用的政府，是不可能很好地治理民众的，更不可能长久地存在下去。如果一个国家的制度形同虚设，有法不依，朝令夕改，老百姓就无所适从。因此，孔子认为，民众对于统治阶层和政府的信任，比强大的军备和充足的食粮都更为重要。如果一个政府没有起码的诚信和信用，它所颁布的每一项政令、所设立的每一项制度都将没有任何的权威性。一个没有信用的政府是不可能获得民众的拥戴的，而不受民众拥戴的政府也是难以长久地存在下去的。先秦时期，商鞅为了变法，而"立木取信"。三国时诸葛亮为了让众将士相信军法的权威，真正做到令行禁止，虽在用人之际，主观上极不情愿，但还是要"挥泪斩马谡"。

诚信是治理国家的基本道德准则。古人说得好："信，国之宝也，民之所庇也。""德礼诚信，国之大纲。"诚信之德，对于国家稳定和庇护民众所具有的重要价值是不可低估的。孔子在与子贡的一段对话中，也强调了诚信对于治国的重要性。子贡问孔子如何治理政事，孔子答曰："足食，足兵，民信之矣。"子贡再问："必不得已而去，于斯三者何先?"孔子曰:"去兵。"子贡又问:"必不得已而去,于斯二者何先?"孔子回答:"去食,自古皆有死,民无信不立。"可见,在孔子看来,就治国而言,诚信是至关重要的。诚信作为为政之则,对于现代社会的政治生活仍然具有重要的伦理价值。现代社会是建立在民主与法制的基础上的,人民对政府的真诚度、公信力的要求更高。政府官员只有秉持诚信原则,诚心诚意地为老百姓办实事,才能赢得民众的信任。而那些伪善做假的政府官员,必然为广大群众所唾弃;朝令夕改的失信行为,必然引起百姓的反感。政府机构中不讲诚信的官员多了,就会极大地影响政府的诚信形象,甚至造成政令不通、社会失控的严重局面。

我们的国家是中国共产党领导的社会主义国家,是人民的国家。作为国家领导者和管理者的中国共产党,只有忠诚地代表人民群众的利益,相信群众,依靠群众,建立和保持党和群众、党和其他社会团体的互相信赖的关系,中国才能安定和繁荣。如果广大人民不相信国家公职人员的政治品德,觉得他们都是为谋私才当官的,觉得他们所说和所做的都不是实事求是的,那么就绝对不会自觉地听从他们的领导和指挥。如果大部分人民不相信国家的法律是保护人民正当利益的,那么就不会心甘情愿地接受这种法律的约束。总之,如果失信于民,将造成人民群众的离心离德,就会危及人民政权。因此,我们可以说,那些弄虚作假、欺骗上级和群众、以权谋私的干部,是我们社会主义国家的最大敌人,是败坏人民政权、破坏社会主义政治秩序的罪魁祸首。

社会主义社会是靠国家管理者的诚信和国家制度政令的信用运转的。私人领域的人际交往,彼此诚信相待的主动权在我。我以诚信待人,人将以诚信待我。公共领域的诚信状况,特别是一个国家的诚信状况,主动权在上层管理者。上层管理者不以诚信对待公民,公民也将不以诚信对待上层管理者。因此,上层管理者应该慎言敏行,言出必践,有功必赏,有过必罚,有法必依,执法必严,违法必究,使制度有信,使法规有信,使讲话有信,总之要取信于民。民信则立,民无信则不立;民信则安,民无信则危;民信则昌,民无信则亡。这是历史和现实生活实践告诉我们的真理。

以上对诚信的这几种划分并不是绝对的,它们紧密相连,构成了社会的诚信体系。它们在社会诚信体系中的地位和作用各不相同。

第三章　诚信建设与社会主义核心价值观

一、诚信是社会主义核心价值观的基本要素

培育和践行社会主义核心价值观，是时代赋予我们的一项伟大而光荣的使命，同时也是一项艰巨复杂的系统工程。培育和践行社会主义核心价值观是坚持和发展中国特色社会主义的内在要求，是凝聚社会共识、实现团结和谐的基本途径，是树立国家良好形象、提升国家文化软实力的迫切需要。诚信是培育和践行社会主义核心价值观的重要内容，推进诚信建设，对于培育和践行社会主义核心价值观有着十分重要的意义。

（一）社会主义核心价值观的内涵

党的十八大首次提出社会主义核心价值观这一概念，强调"深入开展社会主义核心价值体系学习教育，用社会主义核心价值体系引领社会思潮、凝聚社会共识"，"倡导富强、民主、文明、和谐，倡导自由、平等、公正、法治，倡导爱国、敬业、诚信、友善，积极培育和践行社会主义核心价值观"。富强、民主、文明、和谐是国家层面的价值目标，自由、平等、公平、法治是社会层面的价值取向，爱国、敬业、诚信、友善是公民个人层面的价值准则，这 24 个字是社会主义核心价值观的基本内容，为培育和践行社会主义核心价值观提供了基本遵循。"三个倡导"对于实现"两个一百年"的奋斗目标和中华民族伟大复兴的中国梦具有重要的意义。

党的十八届三中全会进一步强调："建设社会主义文化强国，增强国家文化软实力，必须坚持社会主义先进文化前进方向，坚持中国特色社会主义文化发展道路，培育和践行社会主义核心价值观，巩固马克思主义在意识形态领域的指导地位，巩固全党全国各族人民团结奋斗的共同思想基础。"

中共中央办公厅印发的《关于培育和践行社会主义核心价值观的意见》提出，社会主义核心价值观是社会主义核心价值体系的内核，体现社会主义核心价值体系的根本性质和基本特征，反映社会主义核心价值体系的丰富内涵和实践要求，是社会主义核心价值体系的高度凝练和集中表达。《意见》从多方面部署了培育和践行社会主义核心价值观的路径。

富强、民主、文明、和谐体现了社会主义初级阶段我国最广大人民群众的价值意愿和价值选择，反映了中国特色社会主义在精神和价值层面的本质规定性和社会主义核心价值体系的精髓。实现富强、民主、文明、和谐，反映了近代以来中国历史发

展的根本要求,是改革开放新时期以来我们党的基本主张。党的十七大以来的历次中央全会上,我们都明确强调了这一奋斗目标。在当代中国,实现国家昌盛、人民幸福和民族复兴,始终是一个鼓舞人心、振奋精神的价值理想,是一个能够凝聚起亿万人民智慧和力量的宏伟目标。

自由、平等、公正、法治,反映了社会主义社会的基本属性,始终是我们党和国家奉行的核心价值观念。我们党是马克思主义政党,马克思主义追求的终极目标是人的自由而全面的发展,我们党从成立之初就将其写在自己的旗帜上,并为之做出不懈奋斗,在实践上极大发展了人民的自由和平等,极大发展了社会的公正和法治。相对于资本主义社会虚假的自由平等而言,我们倡导的是真正的自由、平等、公正。可以说,我们党坚持科学发展,坚持以人为本,坚持执政为民,坚持依法治国,最终目标都是服务人民,促进人的全面发展,践行自由、平等、公正、法治的崇高理念。

爱国、敬业、诚信、友善,是中国这个社会主义国家的公民应当树立的基本价值追求和应当遵循的根本道德准则,是公民基本道德规范的核心要求,体现了社会主义价值追求和公民道德行为的本质属性。自党中央印发《公民道德建设实施纲要》以来,中央在多次重要会议和重要文件中论及公民道德规范方面的内容。爱国、敬业、诚信、友善,涵盖了社会主义公民道德行为各个环节,贯穿了社会公德、职业道德、家庭美德、个人品德各个方面,集成了中华民族传统美德、中国共产党人革命道德和社会主义新时期道德的精华,具有很强的全面性和系统性。

"三个倡导"中,富强、民主、文明、和谐体现了社会主义核心价值观在国家层面的价值目标,自由、平等、公正、法治体现了社会主义核心价值观在社会层面的价值取向,爱国、敬业、诚信、友善体现了社会主义核心价值观在个人道德准则上的价值准则。社会主义核心价值观彰显了中国的国家形象,体现了社会主义制度精神,规范了社会成员的行为,凝聚了全民族的价值共识,体现了国家、社会、个人三者价值追求的内在统一。

(二)诚信是社会主义核心价值观的基本要素

"所谓诚信,就是诚实守信,表现为公民在说话、做事和做人方面真诚不欺、信守诺言,也体现为公民实事求是、言行一致的行为方式。诚信要求人们内诚于心、外信于行,是一切道德的基础和根本,是人类社会普遍倡导的为人处世的道德规范,具有重要的伦理价值。"①只有尊重和遵守诚信准则,人们的创造活动才能得到维护,创造才能得到发挥,社会才会充满活力;没有诚信和法治做保障,社会秩序就会出现混

---

① 徐涌金:《试析中国特色社会主义核心价值观的语言表述》,《社会科学战线》2013年第6期,第165页。

乱，人民的权益就无法得到保障，公平正义就难以实现，安定有序也就成为一句空话。唯有在诚信的基础上，人与人之间才能坦然相处，才能建立起良好和谐的人际关系，整个社会才能正常运转。诚信在任何时代、任何社会都维系着社会秩序，成为社会良性运行的基石，具有重要的社会价值。人无信不立，家无信不和，业无信不兴，国无信不稳，世无信不宁。诚信既是中华民族的传统美德，更是社会主义和谐社会的根本准则。

大学生正处于立学、立德、立志的重要阶段，在这个时期形成的价值观念对他们的一生影响很大。"三个倡导"引领大学生树立正确的世界观、人生观、价值观，我们要紧密结合大学生的思想实际和接受习惯，把"三个倡导"融入他们学习、生活的各个方面，体现到高校规章制度和行为规范中；要引导大学生树立爱国主义精神和改革创新精神，强化法制纪律观念，增强艰苦创业、勤俭节约意识，把社会主义核心价值观植根于每个学生的思想和行动中；要加强诚实守信教育，引导大学生形成守信光荣、失信可耻的道德观念；要积极组织大学生参加爱党爱国的理想信念教育活动、力所能及的生产劳动、形式多样的勤工俭学活动、助人为乐的爱心公益活动、奉献社会的志愿服务活动、益德益智的科学发明活动等，在社会实践中深刻体会社会主义核心价值观的精神要义，不断体验崇高、增进认同，争做中华民族伟大复兴中国梦的坚定支持者和践行者。

二、诚信是社会和谐的基石

诚信是构建社会主义和谐社会的重要基础和前提条件。胡锦涛同志明确指出："我们所要建设的社会主义和谐社会，应该是民主法治、公平正义、诚信友爱、充满活力、安定有序、人与自然和谐相处的社会。"而上述每一个目标的实现都必须建立在社会诚信的基础之上，因为民主必须在取信于民的基础上才能得到充分发扬，法治的推行必须以社会诚信为前提。诚实守信本是中华民族的不可遗忘的传统美德，然而，不知从何时起，"诚信危机""信用危机""失信旋风"却已悄悄地向我们袭来，且有愈演愈烈之势。诸如政府失信、司法失信、企业失信、行业失信、个人失信之类的事时有发生。著名经济学家厉以宁认为，一个国家诚信体系的崩溃，不仅仅会造成经济上的损害，还将对整个社会体系带来深远的影响。一个社会诚信瓦解的后果，不仅增加了教育成本，降低了社会效益，还会使社会资源极大浪费，使交易者丧失信心；在非交易领域里，会造成运营规则的极度混乱；在社会领域里，还会形成普遍的虚伪，使整个社会道德沦丧。总之，诚信是一切道德的基础和根本，是人之所以为人的最起码的要求。诚信是社会主义和谐社会的基石，没有诚信，社会主义和谐社会将成为空中楼阁、水中之月。

诚信是社会主义和谐社会的内在本质要求和具体体现。在人类的道德规范体

兰生幽宫，不为莫服而不芳；舟在江海，不为莫乘而不浮；君子行义，不为莫知而止休。
——《淮南子·说山训》

系中,诚信对社会的和谐发展最有价值,因为诚信可以最大限度地减少社会生活中的各种内耗和摩擦,减少社会生活的风险和代价,使社会的运行成本大大降低;还有助于构筑良好的人际环境,消除矛盾激化的潜在因素。和谐社会主要体现在三个方面:人与人之间的和谐、人与社会之间的和谐以及人与自然之间的和谐,而所有这些和谐都必须以人的诚信为基础和条件。所以,诚信是社会主义和谐社会的客观要求和本质反映,是构建社会主义和谐社会的重要基石。

(一)诚信是构建和谐社会的精神动力

诚信为构建和谐社会提供强大的精神凝聚力。我国是一个由56个民族组成的多民族大家庭,历经磨难而又奋发有为,使五千年的文明不仅世代延续,而且发扬光大。究其原因,最根本的一条就是中华民族有着巨大的民族凝聚力和向心力,就像一根巨大绳索把中华民族紧紧地系在一起。今天在改革开放的新时期,构建社会主义和谐社会是一项伟大的系统工程,它需要亿万中国人的同心协力,需要继续发扬中华民族的传统美德,仍然需要这一巨大的精神动力,它是我们事业取得成功的关键所在。一个没有凝聚力的民族是一个没有希望的民族。诚信是一切道德的基础,道德对人们行为的规范作用是通过每个人的义务感和责任感来实现的,因此,只有坚持诚信原则,提高全民族的民族振兴责任感,和谐社会的构建才能实现。同时,诚信还为和谐社会的构建铸造共同的理想和精神支柱。我们党和国家发展的历史证明,如果没有革命的理想和坚定的信念,没有强大的精神支柱作支撑,中国的社会主义革命和建设就不能取得胜利,改革开放的新局面就不能开创。当前构建社会主义和谐社会更需要全国人民齐心协力、坚定信念、共同奋斗,而诚信则是维护团结、坚定信念的强大的精神支柱。

诚信是保证我国政治、经济、文化和社会建设协调发展的精神支撑。诚信道德建设,不仅是道德建设的重点,而且对构建社会主义和谐社会进程中其他各方面的建设,也是不可或缺的。胡锦涛同志指出,和谐社会几个特征是相互联系、相互作用的,需要在全面建设小康社会的进程中全面把握和体现。这一深刻阐述,是马克思主义世界观和方法论在和谐社会构建方面的具体运用,它揭示了社会主义和谐社会各个要素之间的辩证关系,说明和谐社会建设是一个伟大的系统工程。其中,民主法治是政治方面的明确要求,公平正义首先是经济方面的价值目标,安定有序是社会组织和管理方面的任务,充满活力是社会建设多方面努力的综合成果,和谐相处是对处理人与人、人与自然关系的具体要求。这些目标的实现,都离不开诚信道德的规范、支持和维护。如果一个社会不能在公民中普遍地培育起诚信的道德素养,其政治、经济、文化等各方面的关系就不可能协调,人与人之间就不能做到平等友爱、融洽相处,社会生活就不能充满活力、安定有序。从这个意义上说,诚信道德状况直接关系到和谐社会的建设。

(二)诚信是建立新型人际关系的准则

构建社会主义和谐社会,最突出的任务,是要建立诚信友爱的人际关系。胡锦涛总书记在看望出席全国政协十届四次会议的委员时指出,在我们的社会主义社会里,要引导广大干部群众特别是青少年树立以"八荣八耻"为主要内容的社会主义荣辱观。其中提到要"以诚实守信为荣、以见利忘义为耻"。诚信友爱,就是全社会互帮互助、诚实守信,全体人民平等友爱、融洽相处。但在社会主义市场经济条件下,诚信这一传统美德却遇到了前所未有的挑战。市场经济在带来经济效率的同时,也加剧了社会利益阶层的分化,使新时期人际关系出现了许多新的特点。此外,经济生活中的诚信缺失,潜规则作用力的日益扩张,逐步蔓延到政治生活、社会生活和人际关系领域,社会上出现的弄虚作假、言而无信、尔虞我诈,甚至怀疑一切等问题,严重地阻碍了诚信社会的建立。一个社会要和谐发展,仅仅依靠法律和制度规范是远远不够的,还必须借助道德的力量。而在人类的道德规范体系中,诚信对社会的和谐发展最有价值。这是因为,诚信可以最大限度地减少社会生活中的各种内摩擦,减少社会生活的风险和代价,使社会运行成本大大降低。从而有利于个体的身心健康和事业的成功,人们只有彼此信任、互相帮助,才能够平等相处、合作共事,在保全个体利益的同时,使社会的整体利益最大化。因此,加强诚信友爱的社会主义人际关系建设,显得尤为重要和迫切。

诚实守信是中华民族的传统美德,在社会主义条件下应当进一步发扬光大。在社会主义条件下,广大人民群众的根本利益是一致的,人与人之间应当是互帮互助、诚实守信、平等友爱、融洽相处的新型关系。这是由社会主义本质所决定的,也是社会主义制度优越性的具体体现。人们之间以诚相待,才能处理好各种人民内部矛盾,使人们各尽其能、各得其所。但在实际生活中,一些人急功近利、弄虚作假、言而无信、尔虞我诈;一些地方存在道德冷漠症,造成人与人之间的隔阂与不信任。因此,以诚信为重点,正确处理义与利、竞争与协作的关系,培育社会主义新型人际关系,是构建和谐社会的一个重要任务。

(三)诚信是建立社会主义市场经济体制的基础

市场经济是一种契约经济。契约要能生效,义务得以履行,必须以忠诚信守为先决条件。离开了诚信,正常交易就无法进行,市场经济就难以维系。契约是市场经济的核心和灵魂,是建立市场经济体制的关键。因此,现代市场经济也被认为是一种契约经济、合同经济。市场是联结生产与消费、供给和需求的中间环节,是商品经过"惊险的跳跃"实现自身价值的场所。经济活动的各种关系,包括供求关系、竞争关系等都隐含在双方的契约伦理之中。市场主体不是随意进出市场的,在市场内活动意味着他对市场基本规范的认可与遵守,也就是说,每一个市场主体对他人、对市场有最起码、最基本的信任。正如富兰克林的形象分析:"以遵守诺言按时付款而著称的人,可以在任何时候、任何情况下筹集到他的朋友们省下的钱。这一点时常大有益处。除了勤劳和节俭,实在没有什么比在交易中的守时和公正更有助于青年人的成长。因此,绝不要违背诺言,把你应当还账的时间拖一小时,否则一次失信,就会使你朋友的钱袋永远向你关闭。"①在市场经济运行过程中,人们之间的交易关系都是通过一定的合同或契约来确定和维护的,契约以交易各方合意为基础,给交易各方确立了明晰的权利和义务关系,这就要求交易各方必须遵守诚实信用的原则去履行其义务、行使其权利,以保证彼此利益的实现。诚信是订立契约的基础,其内容体现为立约各方的利益交换,而这种利益的获得是预期的、非现实的,只有立约各方本着诚实信用的原则来订立契约,并以诚实合作态度来履行契约,才可能保证其利益的实现,否则,契约的目的就无从说起。因此,作为维系市场交易的纽带和维护市场秩序的契约,没有了诚实信用原则的支撑,契约就成了一纸空文,成了散布在市场中的一个个"美丽的陷阱",市场经济的交易就失去了安全保障,从而影响着市场经济的运行。

(四)诚信是政府信用的基础

政府诚信是构建整个社会信用体系的基石。政府信用、企业信用以及个人信用组成一个完整的信用体系,而政府本身所担负的引导、监督、管理社会信用的职责,决定了它是基本社会信用制度建立和维护的主体。政府信用是社会信用的核心,政府信用在整个社会信用体系建设中应当发挥表率作用,所以培植政府的公信度,是建立社会信用体系的关键。政府诚信是政府有效发挥管理社会职能的一个重要前提条件,是弘扬信用文化、建设诚信社会的基础。因此,建立和健全社会信用制度,首先要从政府做起。政府诚信是市场经济体制良好运行的保证,政府在市场经济中扮演了市场制度规则的主要提供者和监督执行者的角色,规则要得到公众的认可并在社会经济活动中真正起作用,必然取决于政府的诚信度。在一个开放的、市场化的社会里,政府诚信已成为决定人力资本和货币资本走向的重要因素。因此,大力提升政府诚信度,是优化投资环境、吸引更多外来投资的关键。政府诚信更是适应加入 WTO 的迫切需要。是否有一个廉洁、勤政、务实、高效、诚信的政府才是在未来的国际竞争中掌握主动权的关键。因此,在大力倡导商业诚信的同时,更要加大力度进行政府诚信建设。

政府的诚信,关系民主法治、公平正义,影响着政府的公信力,决定着和谐社会的建设。《中共中央关于完善社会主义市场经济体制若干问题的决定》强调:"增强

---

① 转引自〔德〕马克斯·韦伯:《新教伦理与资本主义精神》,彭强、黄晓京译,陕西师范大学出版社 2003 年版,第 20 页。

全社会的信用意识,政府、企事业单位和个人都要把诚实守信作为基本行为准则。"
2007年,温家宝总理在《政府工作报告》中提出提高政府公信力的任务。政府的诚信
建设,一是体现在制度的公正性层面;二是表现在政府行为的诚信层面。制度公正
是政府公信度的基础。制度不公就会导致社会权利与义务的不平等,引发社会利益
分配失衡或利益冲突,并为各种不法行为、失信行为提供滋生的土壤。因此,坚持科
学发展观,处理好"五个统筹"的关系,通过加强制度建设解决分配公正、司法公正、
教育公正等群众特别关切的问题,是诚信政府建设的重中之重。但是,符合社会公
正的制度,要通过各级政府及其工作人员去维护和实施,其实施的状况以及由此形
成的政风,决定着政府的公信度和形象。在现实生活中,有的地方不能做到依法行
政、公正执法,缺乏责任意识,致使政策扭曲;有的地方腐败现象损害了党和政府的
形象,影响了政府的公信力。温家宝总理在《政府工作报告》中讲到政府工作中存在
的问题时尖锐地指出:有些关系群众利益的问题还没有得到根本解决;有些政府工
作人员依法行政观念不强;形式主义、官僚主义、弄虚作假和奢侈浪费的问题比较突
出;腐败现象在一些地方、部门和单位比较严重。因此,诚信政府建设,关系到社会
信用体系的建立,关系到社会诚信道德水平的提升。

三、我国诚信缺失的主要表现

我国的诚信建设在人际关系与经济、政治领域取得了很大进步。然而,由于我
国仍处于社会主义初级阶段,社会文明程度还没有达到理想的高度,人们的道德水
平较经济发展呈滞后状态,于是弄虚作假、欺骗等不道德行为大量滋生。这种诚信
缺失的现象不仅充盈于商界,而且还蔓延于家庭与学校,它不仅损害着国家与人民
当前利益,还危及青少年健康成长的未来。当前诚信的缺失主要表现在以下几个
方面。

(一)社会生活领域中的诚信缺失

近代科学技术的发展,在短短数百年的时间里创造了巨大的财富,极大地扩大
了人类空间,提高了人们的生活质量,对人类的文明进步、社会繁荣具有广泛而深刻
的影响,同时也深刻影响了社会的诚信建设。当前,违反公共场所道德的不诚信行
为时有发生,其具体表现为:

1. 不遵守公共秩序

公共秩序作为人们的共同愿望,是维护人们共同利益,确保社会生产与社会生
活正常运作的基本条件。但现实中很多人在电影院、剧院、博物馆、图书馆等明文禁
止大声喧哗的地方起哄尖叫,制造噪音;或是在道路上无视交通法规,尽情开车,横
冲直撞。

2. 不爱惜公共财物

爱护公共财物是公共诚信的一条重要准则。但我们时常可以看到有人破坏公共财物的"杰作"。大街小巷的建筑物上的"乱贴、乱画"屡禁不止。有的人还将公共财物据为己有。以"文明伞"为例,不少人把原本该大家用的文明伞理直气壮地当作自家的常备伞。

3. 网络生活中的不诚信行为

网络对现代人的生活方式产生了巨大的影响。面对网络技术的不断升级,与之相匹配的网上伦理却远不曾建立起来。在填补网络伦理真空的过程中,个人网上失范行为时常会凸现出来,个人网上道德则呈一种弱化趋势。正是网络诚信的缺失,虚假信息陷阱、交易陷阱、交友陷阱、邮件陷阱等网上陷阱便应运而生。

4. 从学校教育层面看,弄虚作假非常普遍

在学生眼中,考试作弊、代考、买假文凭、求职时复印假证书根本不算羞耻,宿舍里、教室里、校园内失盗现象频频发生。在少数教师中,论文的剽窃、买卖也属正常情况;在一些高校中,后勤采购"黑心棉"也成了生财之道;有一些中小学里,为了迎接检查团的到来,学校停课半天搞卫生也成为常有的事;"学雷锋日"结束了,学校要求各班统计做好人好事次数,以致闹出了学生把父亲的手表偷来交给老师的笑话。

(二)经济领域的诚信缺失

目前,我国经济领域的诚信缺失现象主要表现在以下几个方面:

1. 商业信用缺失

在国内,商业信用关系恶化主要表现在:企业间债权债务关系错综复杂,债权债务总额超常增长。

2. 企业信用缺失

一些企业故意拖欠客户的货款、银行的贷款,假破产真逃债等。据有关资料,企业逾期的应收账款占贸易额的比重在完善的市场经济国家中仅仅是 0.25%—0.5%,而我国目前超过 5%,是发达国家的 10 倍到 20 倍。

3. 银行信用缺失

在我国国有商业银行 5 万亿元的信贷资产中,至少有 30% 是不良资产,就算其中 30% 是坏账而肯定不能回收,也达 4500 亿元,远远超过国有商业银行 2500 亿元资本金的数额。"据中国银监会《商业银行主要监管指标情况表(法人)》统计显示,截至 2011 年末,我国商业银行按贷款五级分类的不良贷款余额 4279 亿元,较去年同期减少 57 亿元,不良贷款率 1%,较去年同期下降 0.1 个百分点,不良贷款持续双降。分机构看，大型商业银行和股份制商业银行的不良贷款余额合计在商业银行不良贷款余额中仍占比较高（达 84%）。此外，值得注意的是城市商业银行、农村商业银行不良贷款余额均较 2010 年同期有所增加（分别增加了 13 亿元和 70 亿元）。"[①]

4. 生产信用缺失

在我国的现实经济生活中，失信现象却比比皆是，它像瘟疫一样侵害着经济社会的健康，成为我国市场经济体中的毒瘤，严重制约了社会经济的发展进步。"现实中，企业既是失信行为的制造者也是受害者。多种失信行为长期困扰着企业，主要包括拖欠款项、合同违约、产品侵权、虚假信息、假冒伪劣产品、质量欺诈等。据调查显示，在企业遇到的失信现象中，被拖欠款所困扰的企业占被调查企业总数的 80%，违约的占 71%，侵权的占 47%，虚假信息的占 31%，假冒伪劣产品的占 28%，质量欺诈的占 13%。"[②]

5. 股份信用缺失

我国目前的上市公司的总体诚信水平令人担忧。由于复杂的原因，我国的大多数上市公司不要说接受社会的广泛监督，就是接受小股东的监督也十分有限。更为严重的是，制造虚假利润，骗取上市资格，串通庄家做市，成为一些上市公司心照不宣的"秘密"。更有甚者，一些上市公司的大股东利用手中的权力与法律的漏洞，疯狂占有上市公司的资金、货物，最后导致上市公司亏损，甚至濒临摘牌。

（三）政治诚信的缺失

在当前的失信现象中，政府失信是最具有破坏作用的"病毒"。当前，在我国的社会政治生活中，腐败现象屡禁不绝，腐败案件层出不穷，人民对其深恶痛绝，严重影响着党长期以来在人民群众中树立起来的威信，这已经成为我国政治生活中的一个严重问题。在改革开放和社会主义市场经济的大潮中，一些党员干部的共产主义信念发生动摇，世界观、人生观、价值观严重扭曲，私欲膨胀，崇尚拜金主义、享乐主义和极端个人主义，背离了全心全意为人民服务的宗旨，严重地破坏了党和政府的形象。有些政府机关大搞形式主义，上级来检查，走的是花香路，看的是丰收田，但老百姓吃不起饭上不起学的情况却避而不谈。政绩"掺水"以及热衷于"形象工程"已经成公开的秘密。有的地方政府，数字出官，官出数字，一味追求 GDP，虚报数据，欺上压下，工作缺乏公开性；有的"官本位"思想严重，弱视法定义务，知法犯法，执法犯法，事前信誓旦旦，事后不兑现承诺，严重损害了政府在人民群众的心目中应有的"诚信"，丧失了人民公仆的形象。某些乡镇政府在土地承包上朝令夕改、出尔反尔，

---

① 杨菡：《我国商业银行信用风险管理问题分析》，《西部金融》2012 年第 6 期，第 80 页。
② 朱星文：《论企业信用风险及其控制》，《江西财经大学学报》2012 年第 6 期，第 27 页。

严重损害农民合法权益；一旦出现恶性事故，某些地方政府则意图封锁消息、推卸责任、提供假情况甚至粗暴干预新闻采访等。一些国有企业法人、公职人员利用职权，以权谋私、权钱交易、走私贩私、制假售假、逃税骗汇、逃废银行贷款等等，这些所导致的直接后果就是公众与政府在心理上的疏离，以及政府公信力的下降。当政府的公信力下降到一定限度时，人们就有理由对政府的诚信度及合法性产生怀疑了。

此外，从社会风俗层面看，人们喜欢报喜不报忧，对发生在身边的虚假行为，或事不关己，高高挂起，或敢怒而不敢言，以免惹火上身。从家庭教育层面看，家庭是人们接受道德教育的摇篮。家长理应言传身教，重视孩子良好道德品质的养成。然而，现实却不容乐观，一些家长误认为孩子从小会说谎是聪明有智慧的表现，还有一些人把孩子的诚信教育之重任推给学校与社会，自己却在向孩子展示着不诚信的现实好处，于是，人可以不诚实的烙印就深深地印在孩子幼小的心灵里。

关于目前导致我国诚信缺失的原因是多方面的，既有信用基础薄弱、社会意识不强的因素，也有法制不健全、执法不力的问题。

四、加强诚信建设，构建和谐社会

早在2002年，朱镕基总理在向全国人民代表大会所做的政府报告中就严肃指出："要切实加强社会信用建设，逐步在全社会形成'诚信为本、操守为重'的良好风尚，使不良记录者付出代价，名誉扫地，甚至绳之以法。"在当前构建社会主义和谐社会的历史进程中，诚信建设显得尤为重要，也十分紧迫。

具体来说，应从以下几个方面加强诚信建设：

（一）加强个人诚信建设是重建诚信的基础

"人无诚信不立。"个人是社会最基本的元素，是诚信关系的基本载体。可以说，诚信是个人安身立命之本，是做人的基本道德准则。孔子曰："人而无信，不知其可也。"就是说：一个人不讲诚信，就不能立身处世。"一言九鼎""一诺千金"淋漓尽致地展现了我国传统文化对诚实守信的推崇。令人遗憾的是，华夏民族的诚信美德在今天却被人侧目和漠视，人们在相互交往中普遍存在信任危机：当一个素不相识的人向你求助时，你有可能会怀疑他正在给你设置陷阱；当你面临困难遇热心人相助时，你有可能以为又是某种新骗术，等等。显然，人与人之间的诚信缺失已经直接危及了人们正常的交往和人们自身的安全感。"家无诚信不宁。"人们都说家是人生旅途的港湾，不幸的是，诚信危机同样波及了家庭，使得一些人的港湾不再安宁。通过婚姻建立的家庭如要长久、和谐、稳定，需要夫妻双方以诚相待、精心呵护。假设夫妻双方缺乏诚信、彼此设防、相互猜忌，就会导致感情危机，甚至家庭破裂、婚姻失败。电影《手机》、电视剧《中国式离婚》让我们深切感受到了夫妻失信是致使婚姻死亡的"癌"细胞。大量诚信缺失事件的发生，表面上是经济问题，但究其深层原因，在于中国转型期社会道德秩序上的混乱和道德失范。为此，我们必须在全社会范围内开展诚信教育，强化公民的诚信意识。开展诚信教育，首先，要进一步加强对市场经济基本知识的宣传和教育。要对人民群众进行市场经济基本理论的教育，使人们明白市场经济乃是信用经济的原理，懂得没有诚信就没有秩序，市场经济就不能健康发展的道理。其次，要强化人民群众的信用意识。要以贯彻实施《公民道德建设实施纲要》为契机，采取多种途径和形式开展以诚信为核心的公民道德教育，要充分利用广播、电视、报纸、互联网等各种媒体和渠道进行宣传，大力弘扬中华民族重诺言、守信用的传统美德，使全社会的人们都认识到诚信是一切道德依赖的基础，认识到人无信不立、业无信不旺、国无信不稳、世无信不宁，从而人人恪守信用，形成诚信者受尊重、不诚信者遭鄙视的社会氛围，为完善社会主义市场经济创造先决条件。

(二)加强企业诚信建设是重建诚信的重点

"诚招天下客，誉从信中来。"从一般意义上说，信誉是人类道德文明的果实，是市场经济必备的道德理念；从特殊意义上说，信誉又是一个企业的精神财富和价值资源，甚至能够成为一种特殊的资本。加强企业诚信建设，除了依靠国家进一步建立和完善相关法律体系、加快社会信用体系建设外，也需要企业领导者强化信用观念和道德修养，加强制度建设和内部管理。自觉遵纪守法、担负社会责任是企业诚信建设的前提。企业诚信建设涵盖面很广，其中最基本的原则就是自觉遵纪守法、担负起企业应当担负的社会责任，这是企业诚信建设的前提。企业一切经营的最终目的是实现利益的最大化，这无可厚非，但其经营活动必须处于国家法律法规的准绳之内，符合党和国家的各项方针政策，不钻法律空子，不沾染腐败现象，不欺上瞒下，不弄虚作假，如实申报各种情况，使一切行为光明正大；积极足额纳税和承担社会责任，回报社会、奉献人民。打造良好的品牌形象，是企业诚信建设的关键。创业难，守业更难。守业就是要塑造企业品牌形象，不断为之增光添彩，在业内和人们心目中不会坠落和亏损。打造企业的品牌形象，要以信誉为支持，主要有三方面：一是提供货真价实的产品。企业要建立切实可行的质保体系，严格控制各个质量环节，从源头堵截次品，依靠科技不断提高产品的质量和档次，恪守"质量第一、用户至上"的原则。二是依法严格履行合作合资、技术转让与产品销售、加工等各种经济合同，处理好企业之间的关系，争创"重合同、守信用"单位，提倡资源共享、利益"双赢"的经营思想。三是提供优质服务，兑现服务承诺，增强企业诚信度、美誉度和亲和力，加深消费者对产品的理解和信任。

(三)加强政府诚信建设是重建诚信的前提

政府诚信建设是构建和谐社会能力的重要组成部分，是一项复杂的社会系统工程。因此，当前应该把加强政府诚信建设、提升政府诚信度作为提高政府行政能力的重要内容,并且作为政府管理创新的重要任务和紧迫任务,认真进行研究,并采取有效的措施加以解决。

1. 加强政府诚信道德建设,强化政府官员的宗旨意识

以人为本、执政为民是政府行政的宗旨,是建设诚信政府的思想基础。如果政府缺乏宗旨意识就不可能形成良好的行政作风,也不可能出现良好的政府行为。政府执政为民的宗旨意识强调服务的理念、绩效的理念、公共精神和责任意识,要求行政机关和政府官员处理好权力与权位的关系,在思想、言论、行动、决策上对公众高度负责,忠实履行岗位职责,遵守行政伦理。因此,要在政府部门和公务人员中树立诚信观念和服务意识,加强公务人员行政伦理建设,使其恪尽职守。同时,政府的一切工作,都要以维护好、实现好、发展好人民群众的根本利益为出发点和落脚点;政府官员要脚踏实地,有诺必践,讲究信用,靠自己求真务实的作风,树立良好的公仆形象和良好的政府诚信形象;要完善政绩考核办法,建立健全政府绩效评估体系和经济社会发展综合评价体系,坚决反对搞劳民伤财的"形象工程"和"政绩工程"。

2. 全面履行政府管理职能,提高政府的公共服务水平

各级政府要全面履行职能,努力提供充足优质的公共产品与公共服务,不断满足人民群众日益增长的物质需要与公共服务需求。要注重公共设施建设,健全公共服务系统,不断加大对社会公共领域的财政投入;要加快建立和完善社会保险体系、城乡居民最低生活保障制度、被征地农民基本生活保障制度、新型农村合作医疗制度、公共卫生体系等等。政府对社会的承诺要适度,不能开空头支票,要切切实实为民众谋福利。各级政府要正确处理改革发展稳定的关系,认真解决涉及群众利益的重大经济、社会问题和突出矛盾。要通过制定社会政策和法规,依法管理和规范社会组织、社会事务,协调各种利益关系,维护社会秩序和社会稳定。要积极扩大就业,努力完善社会保障体系,逐步理顺分配关系,加快社会事业发展,切实维护群众利益,促进社会公平和正义。特别要加快建立健全各种突发事件应急机制,提高保障公共安全和处置突发事件的能力。各级领导干部要深入基层,将社会矛盾与纠纷解决在基层,切实解决困难群众生产生活难、就业难、上学难、看病难、行路难、办事难等群众高度关注的问题。

3. 完善政府行政决策机制,推进决策科学化和民主化

要改革和完善行政决策机制,努力提高决策的科学化、民主化水平。要规范决策程序,健全决策制度,优化决策环境,强化决策责任。各级政府及其部门制定涉及全局性、长远性和公众性利益的重大行政事项,都必须依据法律、法规和国家政策措施的要求和规定的权限、程序进行决策。要拓宽人民群众参与决策的渠道,调动各方面的积极性,全面推广重大决策事项公示和听证制度,制定重要经济社会决策事项公示办法,对事关全局的经济社会发展和与群众利益密切相关的重大决策事项,必须广泛征求社会各界意见。要强化行政决策责任制,对因违反决策程序和决策失误给国家和群众利益造成重大损失的,必须追究部门主要领导和当事人的责任。同时,要全面推进政务公开,保障公民的知情权,增加政府工作的透明度,建立政府与公众对政府有关信息的互动回应机制,提高政府的反应能力和社会回应能力。

4. 加强政府诚信法制建设,不断提高依法行政的能力

能不能严格执法、依法办事是衡量政府是否诚信的重要标准,是建立诚信政府的必备条件。各级政府及部门必须带头维护宪法和法律的权威,严格依照宪法和法律规定的权限和程序行使权力、履行职责。要围绕建设法治政府的目标,全面实施依法行政纲要,继续加强行政立法,努力健全行政责任体系,强化政府法律责任机制。要按照《行政许可法》的规定,进一步清理、取消妨碍市场开放和公平竞争以及实际上难以发挥有效作用的审批事项,继续推进审批方式改革,减少审批环节,提高审批效率。要切实加强和改进行政执法,做到严格执法、公正执法和文明执法,加大行政综合执法改革力度,加快推进相对集中行政处罚权的改革工作,切实解决层次过多、职能交叉、机构臃肿和多重多头执法的问题。

诚信机制的建立需要有一个良好的社会环境,良好社会环境的形成有待于公民道德修养的提高。为此,首先要从基础做起,加强教育,提高全民的文化水准,培养人们高尚的道德情操。其次,要认真贯彻执行《公民道德建设实施纲要》,营造有利于公民道德建设的社会氛围,重视大众媒体、文学作品、舆论宣传对公民道德建设的作用,在全社会进行诚实守信的道德教育。再次,以整顿和规范市场经济秩序为契机,营造良好的诚信环境,使人们认识到社会主义市场经济必须建立在以诚信为核心的道德基础上,使"市场经济"就是"信用经济"的观念深入人心。经过长期系统的宣传教育,用诚实守信将人们的道德行为、经济行为、政治行为有机地统一起来,使诚实守信真正成为人们认同并遵循的行为准则。

坚持立法先行,这是依法治国的根本要求,也是当今世界"诚信国家"的通行做法。信用立法是一个庞大的系统工程,涉及社会的方方面面。美国的信用立法起源较早,目前正在实施的与信用管理有关的法律共有 16 项,构成了美国国家信用管理体系正常运转的法律基础,主要有《公平信用报告法》《平等信用机会法》《公平信用结账法》《信用卡发行法》等。这些法律规定,对于制定和完善我国信用法律有重要的参考作用和借鉴意义。我们应该在现有法律的基础上,抓紧研究制定信用管理相关法律,为构建社会主义和谐社会服务。

运用现代科学技术和手段,构筑社会资信平台。要建立行业、企业与个人立体化的"资信网",让所有社会成员都在相应资信评价体系下直面公众。这既便于资信需求方获取所需信息,又可以起到加强行业自律、规范企业行为、培养个人守信意识的作用。政府在信息披露时应切实做好协调工作,使各部门在统一的标准下建构信息大平台,实现银行、税务、工商、社保、海关、社区、医院、学校、工厂、商店等各部门间的信息互通与共享,创造公平竞争的环境。征信服务通过查证代理人既往的信用状况,包括财务管理状况、纳税状况、参加社会保障状况、守法状况、经营信用状况等等,使委托人充分了解代理人的诚信表现,降低市场风险。依靠科学的防伪技术,严防和打击假冒伪劣失信行为。通过加强防伪科技研究,培养防伪专业人才,形成适应市场经济要求的技术"防伪墙"和"防伪网"。

和谐社会是我国现时代社会发展进程中的主题。和谐社会是社会发展的一种理想目标,也是社会发展的一种价值取向,是一个具有中国特色的、和谐稳定的现代化形态的全面发展的社会。当前,我国在社会发展中出现了一些信任危机,阻碍了构建和谐社会的进程。这反映了道德对于经济发展、社会和谐的重要性。道德是和谐社会的重要支柱。以诚信为原则的社会道德规范体系的建设滞后,是阻碍和谐社会目标进程的重要因素。因此建设和谐社会,必须高度重视道德,特别是诚信道德的构建。社会主义和谐社会首先是一个诚信友爱的社会,和谐需要诚信,诚信推进和谐;失去诚信,将失去和谐;只有在全社会诚实守信的基础上,才能真正建设社会主义和谐社会。而诚信社会的建设,必须正视现实,着眼未来;大胆借鉴国外的先进经验,不断强化诚信意识,完善诚信体系,加快诚信立法,加强执法监督;着力增强政治诚信,努力打造诚信社会。我们坚信,只要全党全国人民团结一致、努力奋斗,构建社会主义和谐社会的理想目标一定能早日实现!

[参考文献]

[1] 王晓晖.积极培育和践行社会主义核心价值观[J].求是杂志,2012(23).

[2] 本书编写组.思想道德修养与法律基础[M].北京:高等教育出版社,2007.

[3] 唐凯麟,中共湖南省委教育工作委员会,湖南省教育厅.大学诚信读本[M].长沙:湖南师范大学出版社,2007.

[4] 涂争鸣.试论诚信的内涵与价值[J].江汉论坛,2006(4).

[5] 李桂梅.诚信的功能[J].船山学刊,2005(4).

[6] 车滨,黄英.诚信的经济学意义、缺失及其思考[J].理论学刊,2005(6).

[7] 郝晓敏.诚信内涵解析[J].经济师,2006(4).

[8] 焦国成.关于诚信的伦理学思考[J].中国人民大学学报,2002(5).

[9] 高红敏.比尔·盖茨给青少年的9个忠告[M].北京:中国纺织出版社,2005.

[10] 陈秉公.论支撑中华民族伟大复兴的铸魂工程——解读十八大报告提出的"积极培育和践行社会主义核心价值观"[J].中国高等教育,2013(2).

1. 诚信与社会主义核心价值观的关系是什么?

2. 诚信的内涵是什么?

3. 诚信的功能是什么?

4. 简述诚信的伦理价值。

5. 为什么说诚信是和谐社会的基石?

6. 我国诚信缺失主要表现在哪些方面?

7. 结合实际,谈谈当前我们应该如何加强诚信建设?

圣人苟知矣,不诚则不能化万民。——《荀子·不苟》

中 篇 | 天地之间：诚信事

古往今来，诚信、守诺、践约、无欺，不仅是人的立身之本，更是人类社会得以存在、维系与发展的前提。从鞠躬尽瘁、威德咸孚的诸葛丞相执着于匡复大计，到笔净时政、心系苍生的鲁迅以其诚信对中华民族的性格进行剖析；从泱泱大国在发展中以诚信为本、成就伟业，到普通百姓在生活中以执着的信念劳动、创造、奉献，无不叙说着人类社会"重诺守信"的传统美德……

第四章　心语清风

古语云：索物于暗室者，莫良于火；索道于当世者，莫良于诚。曾子杀猪为一"信"字；孔明接受"托孤"为一"诚"字；因有了"诚信"二字，百年的老店得以顾客盈门；刘邦的约法三章得以千古传为美谈。

现代文明的拥有，却使得本已疲惫的人们更加模糊了诚信的信念，使得本已寂寞的影像隐藏于纸醉金迷的灯红酒绿中，抽象地尘封在政治课本的某个角落里。罗兰曾说："人生的大海上，风高浪急，你须自恃扁舟，方能到达彼岸。"美貌、健康、才学、金钱、荣誉……生命的小舟上要装载的负荷实在太多了，年轻人该如何驾驭这一叶小舟？由此，想到了林肯最爱读的那首诗："健康的红晕变成了死亡的惨白，金色的沙龙变成了棺木与尸衣，只在一眨眼、一吐纳之间。"当时间的瀚海吞没了美貌与健康，吞没了金钱与荣誉，我们能为自己微小如尘埃、轻盈如羽毛的生命留下些什么？

诚信是一轮金赤朗耀的圆月，唯有与高处的皎洁对视，才能沉淀出对待生命的真正态度；诚信是一枚凝重的砝码，放上它，生命便不会摇摆不定，天平立即稳稳地倾向一端；诚信是高山之巅的水，能够洗尽浮华，洗尽躁动，洗尽虚诈，留下启悟心灵的妙谛。坚守诚信，生命在俯仰之间即成永恒……

一、感悟诚信

诚信，人类的美德，支撑起道德之舟的龙骨。

中国古时有个叫尾生的人，堪称古代社会诚信的典范。他与相爱的女人相约在桥下见面，突然大雨如注，河水持续上涨，却不见那女人到来，尾生坚守信约，始终在桥下苦苦等候，河水越涨越高，他坚守桥下，用力抱住桥柱不放，不忍离去，直至被上涨的河水淹死。这就是中国传统文化中有名的抱柱之信的典故。

恋爱中情人间的海誓山盟、信誓旦旦，是双方对诚信的共同约定；商人经商时的童叟无欺、价廉质优，是对诚信的信守；国与国之间的诚信，则是两国和平的基础；人与人之间的诚信度的高低，则显示一个人道德品质的高下；幸福美满的婚姻，也是建立在诚信基础之上的。

诚信，实质上是履行实现一种无形而又有形的承诺、一种约定、一种契约、一纸协议。有时是单边的，有时是双边甚至是多边的。诚信是一种有强烈质感的责任，是黄金般沉重而珍贵的信赖。

诚信给人带来信誉、成功、自尊、自信；诚信给人带来欢乐、幸福、甜蜜、富裕。胸怀诚信,讲究诚信,走遍天下,五湖四海皆朋友;失去诚信,自掘深渊,寸步难行,闹市乡野无故人。

真正做到诚信,有时会遇到极大的困难,做出极大的付出,甚至付出巨大的代价与牺牲;一日做到诚信容易,一辈子始终诚信如一却很难。美好的人生,美好的生活,美好的心情,都离不开诚信。

科学、爱情、民意、名利、逆境是检验诚信的试金石。

做人,当以诚信为本,方显出人格的魅力与风采。

点评:诚信是每个人心中的一把秤,它无形却胜似有形,称量着每个人的责任尺度,衡量着每个人的道德品质。

二、呼唤诚信

生活如酒,或芳香,或浓烈,或馥郁,因为诚实,它变得醇厚。

生活如歌,或高昂,或低沉,或悲戚,因为守信,它变得悦耳。

生活如画,或明丽,或黯淡,或素雅,因为诚信,它变得美丽。

生活如书,书中的字要我们用诚信认真去写,我们的生活要我们用诚信去呵护。

我们都渴求理解,高呼着"理解万岁"。抱怨为何这世上没有人真正懂我,殊不知,我们忽略了一个很大的问题,理解需要有诚信做后盾。如果一个人总是说谎,抑或他从未履行过他的诺言,那么他会得到别人的理解吗?当然不会。没有真诚的感情支撑起那一方友情的天空,去耕耘那一方理解的沃土,我们的生活怎会美丽多彩?

年轻人将诚信丢掉了,他丢掉的何止是一个行囊啊!他丢掉了人性中的闪光点,他丢掉了友情、亲情,他丢掉了可以搭筑人与人感情桥梁的基石,他将来定会明白:当初的抛弃是一个天大的错误,这个错误无法用"美貌""金钱""权势"等去弥补,那真的是得不偿失啊!

打碎花瓶敢于承认错误的列宁成为俄国革命的伟大领袖;打碎别人玻璃,诚实地承认并保证归还父亲赔玻璃的钱的里根成了美国的总统。环顾四邻,随处可见"信誉第一"的招牌。诸多事例中我们不难看出诚信的重要作用。因为诚信,生活中少了欺诈、多了理解;因为诚信,生活中多了笑容、少了仇视;因为诚信,生活中多了友善、少了漠然。

漫漫人生旅途需要我们脚踏实地走好每一步,沿途采摘成功的浆果或是遭遇失意的荆棘,都莫忘了诚信。许多年后,当我们觉得真的达不到"理解万岁"的时候,我们会蓦然发现,原来那如嫩芽般绽放在枝头的诚信更值得珍惜。诚信不代表傻气,它意味着我们愿意用一颗真诚的心来对待生活。让我们用自己的手,将人生这部大书写好，让我们以诚信作催化剂、作五线谱、作调色板，使我们生活的酒更醇，歌更好，画更美。

点评：人生的美好，需要诚信作为沃土。诚信是打开人类互通交流的宝贵钥匙。我们看到的世界是怎样的，取决于我们用怎样的心灵去看。

三、培植诚信

诚信是一粒负载道德力量的种子，当你用热情的双手把这粒种子播撒在心灵土壤的时候，就会在精神领地里生长出一株株绿色幼苗，只要精心浇灌和培育，便会在风吹雨打中长成参天大树，开出艳丽花朵，结满累累硕果。这绿荫曾经使多少人从中得到潜移默化的启迪和感悟，这花朵曾经使多少人的心灵由黯然变得亮堂，这果实曾经使多少人的精神世界由枯燥变得殷实。

诚信是茫茫海域中的一座灯塔，照亮前进的方向；诚信是中华民族五千年文明史册上高扬的一面道德旗帜，闪烁着传统美德的耀眼光辉。古往今来，有多少感人肺腑的诚信故事在历史长河中激起一朵朵蕴含哲理的精彩浪花。在古代寓言故事《愚公移山》中，老愚公挖山不止，一片诚心感动了天帝。大禹治水三过家门而不入，一心扑在同洪魔的搏斗中，他用诚信谱写了一曲奋斗不息的壮歌。周文王访贤，用礼贤下士、思贤若渴的真诚打动了在渭水旁边垂钓的姜太公，拜姜太公为相，实现了伐纣的胜利以及平定天下、建立西周的宏图大志。当年，刘玄德三顾茅庐请孔明，凭的是诚；萧何月下追韩信，靠的也是诚。诚信是开心启智、息息相通的连心果；诚信是披肝沥胆、走向成功的通天梯。

诚信是从政为官必备的品德和修养，唯其诚信才能始终保持纯洁清廉、一尘不染的气节和操守。诸葛亮身患重病，躺在战营大帐的床榻上给后主写遗表说，他去世之后，不许家里有剩余的绸缎，也不许在外面有财产。包拯在《遗训》中说过，后世子孙有贪赃枉法的人，不许再进包家大门。共产党人具有更宽阔的胸怀、更崇高的境界。周恩来勤政爱民，生而无后，去不留财，人逝德风永存。朱德临别时对女儿朱敏说："我没有什么遗产遗物，只有读过的马列和毛主席著作，你们拿去好好学习。"这就是先辈留给我们比任何财富都贵重的真诚品格。"政声人去后，民意闲谈时"，我国历来的官仕人物都十分看重"人去后"留下的美好"政声"，特别是"生则天下歌，死则天下哭"的民心民意。为官一任，不论权位高低，倘若能满腔赤诚、脚踏实地为老百姓谋福利办实事，心里始终装着老百姓的冷暖疾苦，即使年老卸任甚至死后也能永远在老百姓的心中留下美好的"政声"。

生活的海洋因为闪耀着一朵朵诚信的浪花才显得宽阔豪迈，奔腾激越。诚信渗透到社会生活的方方面面，映照着丰富人生的点点滴滴。诚信是一种情操和风范，是一种气度和力量。我们的祖先历来重视"和",崇尚"和",主张"和为贵","和"的基础和前提就是诚信。维系社会政治、经济发展和各项事业进步的各级政府职能部门,倘若上下级之间、同级之间竭诚相见,就能凝聚各方力量,团结一致阔步前进;倘若部门之间、同事之间坦诚相待,就能减少不必要的繁文缛节,少一些门难进、脸难看、事难办的推诿扯皮,而多一些春风扑面、爽快利落的求真务实;倘若党群之间、干群之间以诚相待、以心换心,各级党员干部坚持以人民利益为重,俯下身子投入到加快一方发展、致富一方群众的事业当中,老百姓就会得到更多实惠,基层组织和党员干部就会得到老百姓的衷心拥护和爱戴。

诚信的眼里容不得半点虚伪的沙粒。因为虚伪常常和心术不正、尔虞我诈结伴而行。生活中总有一些利欲熏心的不法之徒变换着招数进行坑蒙拐骗的拙劣表演,假信息、假广告、假招聘、假医生等引发的欺诈行为和骗局,让很多善良的人们防不胜防;假种子、假农药坑农害农屡见不鲜,令人发指;假烟、假酒、假饮料、有毒米面、假奶粉等假冒伪劣商品成为老百姓身心健康的最大隐患;盗版书刊及光盘等传播黄赌毒害的渠道屡禁不绝,贻害无穷;更为可悲的是,许多人就处在制假、售假和买假的链环上,一方面被别人制售的假冒伪劣商品所坑害,另一方面自己也出售假货去蒙骗他人。痛骂制售假酒的人可能正是制售假服装的人。当商人们的利润空间普遍不是通过科技进步和提高劳动生产率来获得,而是以次充好、以假装真来降低成本从而牟取非法利润时,这个社会的诚信体系必然遭到严重的践踏。

诚信是酒,越陈越香。尽管生活中不乏多年好友翻脸断交之事,但人们凭经验还是觉得,一个交了十几年的朋友比一个刚认识几个月的朋友更让人放心。用勤劳的双手播种诚信,用殷勤的汗水浇灌诚信,用无私的行动培育诚信,用高尚的精神坚守诚信,让诚信在人们的灵魂深处发芽、生根、开花、结果!

点评:诚信需要人们精心呵护培养,诚信是生长在诚实、信赖土壤上的花朵,用道德浇灌,用责任为它撑起一片蔚蓝,让它远离虚假、欺骗的侵袭。

四、诚信之美

美是一种品德,也是一种品格。同样,诚信也是一种美德,更是一种品质。一位哲人说:"世间并不缺少美,而缺少的是发现美的眼睛,这美的眼睛在灵魂的深处,诚实守信就是人真善美的灵魂。"

诚实守信是中华民族的优良传统,它使我们的社会至真、至美、至纯、至爱。诚信失缺,道德失范,世间无数的美就将被捣毁、被散落,欺诈之风就会向人间吹来,吹走人间的真善美,吹来世间丑邪恶。当今,在竞争激烈的条件下,由于受利益的驱使,诚信成了人们最容易忽视、最容易抛弃的美德,而少数人见利忘义,缺少了诚信甚至陷入了诚信危机。曾有人这样说过:"天使的翅膀碎了,落到人间,成了我们的忧伤;诚信的背囊抛了,散到世上,成了撒旦的魔杖。"人生之舟,负载的确实太多太多,我们应该怎样减轻这人生之舟的压力,平衡人生,安全顺利地把人生之舟驶向光明的彼岸呢?这就需要有取有舍,有失有得,保留人间真善美,摒弃世间假恶丑。我们可以抛弃金钱而贫穷,可以抛弃华丽而丑陋,可以抛弃享受而吃苦,可以抛弃荣誉而平凡……但决不可抛弃诚信而欺诈,不可让金钱、利益、虚荣占据人生之舟而把诚信抛入大海,使其进入永夜。

诚实做人、真诚待人,不欺诈、不隐瞒、不作秀,是我们发掘和创造人间之美的必备品质。只要多一份真诚,多一点信任,就能踏着一方诚信的净土,沐浴缕缕诚信的清风,感受浓郁诚信的气息,用诚信浇灌出人生最美丽的花朵,筑起固若金汤的人生高墙;用诚信的力量点燃心灵的火炬,照亮世间每一个角落;用诚信唤起美好的人间真情,融化每一寸坚冰;用诚信培养美好的意志,征服人生艰险,铺平人生坎坷,奉献人生之爱,构建诚信和谐社会。

抛弃了诚信,虚伪就将充斥美好的生活,驱走人间的绚丽多彩,丑恶就会粉墨登场、弥漫人间、熏昏头脑、腐蚀思想。诚信是金,诚信是美,重拾诚信、呼唤诚信,让诚信照亮人间、充盈人生,使人们多一份爱心,少一点痛苦,多一份美丽,少一点忧愁,多一分力量,少一点阻力,快乐地享受生活,享受劳动,享受创造,享受人生。

点评:诚信之美,在于它保持了人性最初的"真善美",即如白纸般无瑕疵的纯洁,展开真诚和一览无遗的闪亮。

五、"诚信"漂流记

有这样一则故事:一个年轻人在漫漫人生路上经历了长途跋涉,到达一个渡口的时候,他身上已经有了七个背囊:美貌、金钱、荣誉、诚信、机敏、健康、才学。渡船开出的时候风平浪静,过了不知多久,风起浪涌,上下颠簸,险象环生。老艄公对年轻人说:"船小,负载重,客官你必须丢掉一个背囊,才能安全到达。"看年轻人不肯丢掉任何一个,老艄公又说:"有弃有取,有失有得。"年轻人想了想,把"诚信"丢到水里。

被年轻人丢到水里以后,"诚信"拼命地游着,最后来到一个小岛上。"诚信"就躺在沙滩上休息,心里计划着等待哪位路过的朋友允许他搭船,救他一命。

突然,"诚信"听到远处传来一阵阵欢乐轻松的音乐。于是他马上站起来,向着音乐传来的方向望去。他看见一只小船正向这边驶来,船上有面小旗,上面写着"快乐"二字,原来是快乐的小船。"诚信"忙喊道:"快乐快乐,我是诚信,你拉我上岸可以吗?"快乐一听,笑着对诚信说:"不行不行,我一有了诚信就不快乐了。你看这社会上有多少人因为说实话而不快乐,对不起,我无能为力。"说罢,"快乐"走了。过了一会儿,"地位"来了。"诚信"忙道:"地位地位,我是诚信。我想搭你的船回家可以吗?""地位"忙把船划走了,回头对"诚信"说:"不行不行,你诚信可不能搭我的船,我的地位来之不易.有了你这个诚信我岂不倒霉,并且连地位也难保住啊!"诚信很失望地看着"地位"的背影,眼睛里充满了不解和疑惑。他又接着等。

随着一阵有节奏的并不和谐的声音传来,"竞争"们乘着小船来了。诚信喊道:"竞争竞争,我能不能搭你的小船一程。""竞争"们问道:"你是谁?你能给我们多少好处?""诚信"不想说,怕说了又没人理,但"诚信"毕竟是诚信,他说:"我是诚信……""你是诚信啊,你这不是成心给我们添麻烦吗?如今竞争这么激烈,我们怎么敢要你?"言罢,扬长而去。

正当"诚信"感到近乎绝望的时候,一个慈祥的声音从远处传来:"孩子,上船吧!"一个白发苍苍的老者在船上掌着舵道:"我是时间老人。""那您为什么要救我呢?"老人微笑着说着:"只有时间才知道诚信有多么重要!"

在回去的路上,时间老人指着因翻船而落水的"快乐""地位""竞争",意味深长地说:"没有诚信,快乐不长久,地位是虚假的,竞争是失败的。"

点评:很多人都在纷扰的凡世、充满诱惑的利益面前丢弃了诚信。其实,诚信并不是前进的绊脚石,时间证明,诚信帮助他们走得更远、更稳健。

六、诚信乃生存之基

有一名华人学生在德国留学,毕业时成绩很优异。他在德国四处求职,拜访过很多家大公司,全部被拒绝。最后他狠心咬咬牙,收起高才生的架子,选了一家小公司去求职,心想,无论如何这次再也不会被有眼无珠的德国佬赶出门啦。

结果,小公司虽然小,仍然和大公司一样有礼貌地拒绝了他。

高才生忍无可忍,终于拍案而起:"你们这是种族歧视!我要控……"

对方没有让他把话说完,低声告诉他:"先生,请不要大声说话,我们去另外的房间谈谈好吗?"

他们走进无人的房间,德国佬请愤怒的留学生坐下,为他送上一杯茶水,然后从档案袋里抽出一张纸,放在他面前。留学生拿起看了看,是一份记录,记录他乘公交车曾被抓住过三次逃票。他很惊讶,也更加气愤:原来就是因为这么点鸡毛蒜皮的事,小题大做!

讲述这件事的是一位知名学者,讲到这里时他说,德国人抽查逃票一般被查出的概率是万分之三,也就是说,你逃票一万次才可能被抓住三次。这位高才生居然被抓住了三次逃票,在严肃严谨的德国人看来,大概那是永远不可饶恕的。

当初听见这件事时，只是想我们这位留学生不该贪小便宜以致因小失大。直到最近，不断听人说起，国际经济应是诚信经济，似乎才明白了德国人为什么把那件逃票的小事看得那么重要。一个人在三毛两角的蝇头小利上都靠不住，你还能指望在别的事情上信赖他吗？一旦受到金钱美女的诱惑，他就不会出卖你，不会出卖公司的利益吗？一旦将银行的钱借给了他，你还能找到他吗？一旦签了合同，你还能相信他会不折不扣地履行吗？

一个人的信誉、人格当然要靠自觉去维护，但如果全凭自觉，怕是很难，其结果可能是越来越放纵，而放纵的结果是"卑鄙是卑鄙者的通行证"。而真正自觉的人只能越来越吃亏，所以一味强调自觉只能说明这个社会还不成熟，还太软弱。

还听人说过，在新加坡机场看见过我们的同胞拿着机票没有登上飞机，因为有证据表明，他借阅的图书还没有归还图书馆。而那些曾经在新加坡有过劣迹的，只要他还用自己的真名，他就别想再踏上那片国土，因为他从前的行径都已经记录在案，有关部门随时都可以查到。

一个成熟的社会，一个有力量的社会，不但要考察每一个人，而且还要为他们建立必要的档案，这个必要的档案并不是黑档案，而是能够向有关方面证实你的可信度的。这样，银行才可借钱给你，商人才敢跟你做生意，别人才能与你合作，公司才好聘用你。当然，你也可以分期付款购房购物……只要有证据表明你是位信誉良好的人，信誉就是你的通行证，你就可以受人尊敬地通行于这个文明社会。如果你不讲信誉呢？只要你敢借钱不还，或者你敢乘车逃票，撕毁合同，偷税漏税，化公为私，说谎骗人，总之，只要你敢有一次不讲信誉，你就会上了缺乏诚信者的黑名单，你就会失去许多许多的机会，银行当然不可能再借钱给你，再没有人愿意跟你合作，邻居都要躲着你，哪家公司都不愿意雇用你，自然也就没人愿意跟你做朋友，你在这个文明社会就难以立足。

只有当这个社会不但有舆论而且有能力惩治那些没有诚信的人时，这个社会才是健全的，我们才能依赖它，我们才能够真正地参与到国际经济之中去。

点评：诚信就像一面镜子，折射出一个人的品性，映照出一个人的人生。人生有很多条道路，诚信就是通行证，当你透支了它，上了诚信的黑名单，那能走的道路就会越来越少，直至寸步难行。

七、诚信为本

诚信，是友谊的必备条件。诚信，是人类文明的阶梯，是填补人类间隔的碎石。它犹如一把钥匙，打开你我心门上的锁，沐浴友谊的阳光；又如一座桥梁，沟通你我的心灵，传递真善美的声音。古今中外，那些坚不可摧的友谊无不建立在诚信这块基石之上,如共同为无产阶级创造伟大思想武器的马克思和恩格斯,古时的管仲和鲍叔牙……诚信令彼此心灵无瑕,友谊长存。

诚信,是一个人立足社会的先导。"人无信不立",承诺他人之事定须尽心尽力;若非力之所及,不可随性应允且无力担当,失信于人。曾任美国总统的华盛顿说过:"一定要信守承诺,不要去做力所不及的事情。"不要为承担一些力所不及的工作来哗众取宠,从而轻易承诺,却不能如约履行。如此这般,很容易失去别人的信任。毋庸置疑,华盛顿能够成就总统的伟大功绩,少不了诚信这一优良品质的功劳。

诚信,是人生路途中的第一准则。诚实守信是一种自我约束的品质,是做人之根本,就像人生航船的楫桨,控制着人生的去向。假如失却诚信,便注定是一个失败者,难以立足于世。年幼的华盛顿斧砍樱桃树的故事众人皆知,因为他父亲"要做个诚实的孩子"的严厉教诲,才成就了他在政坛上的辉煌一生,也激励着无数后人。

明朝著名的学者宋濂少年时特别热爱读书,但是家境贫寒买不起书,他就向别人借书抄录,每次借书,必准时归还,赢得信任。某日正逢寒冬腊月,滴水成冰,而宋濂依然不惧严寒,伏案抄书。母亲心疼他,说道:"别人不急着看这本书,缓缓再说。"而宋濂却答:"到期就一定要归还,说话不算数就会失信于他人。"言而有信、诚信求学的宋濂最终成了一代学者。

人生像一碗清水,以诚信涤荡尘埃,方可护佑清水常清。世间万象变幻,心意遁形,坚守信仰,坚定内心,始终与诚信同行,才会令心灵永葆净土。

点评: 诚信是道路,随着开拓者的脚步而延展;诚信是智慧,随着博学者的求索而积累;诚信是成功,随着奋进者的拼搏而临近。

八、让诚信永驻心间

诚信是海滩上的贝壳,尽管埋在沙里,但每一颗都能发出耀眼的光辉;诚信是乡间的野花,尽管很不起眼,却可以传递遥远的馨香;诚信是掌船的舵手,有了它,你才可以在暴风骤雨中勇敢、自信地前进……

很小的时候,老师就教导孩子们做一个诚实的人,从那天起,"诚信"便在每一个孩子的心中生根。某日不小心弄坏了小朋友心爱的橡皮,孩子勇敢地承认了错误,收到了"没关系"的回复时,"诚信"又在心中发芽。长大了,答应别人提供帮助,收获感谢时,心头一阵跳动,"诚信"已在结果。

其实,诚信的生长过程是如此的简单,在真情的浇灌和热情的培育下,终有一天它会开出平凡而美丽的小花。

远古时卖牛人被人嘲笑当作傻瓜,而他却用他的真诚换回了买牛人的感激与敬仰,以至于后世人都以他为楷模。这是诚信的作用——树人。老人会给孩子讲《狼和小孩》的故事,在声情并茂的讲述和津津有味的聆听之间,孩子们用心把诚信记在心间。这是诚信的力量——育人。

诚信,不仅要诚实,也要守信。一次次成功的磋商,一场场艰难的竞争,都以诚信为本,才能强中更有强者。

诚信是一颗星,一颗天幕中最小的星,但它却努力放出最闪亮的光;诚信是一杯浓浓的热茶,它让疲惫的人们感到心灵的慰藉,沁人心脾;诚信就是我们手中的一颗种子,不论走到哪里,都要让它在那儿生根发芽。

生命就是一片汪洋大海,海上有绝美景致,亦有狂风肆虐,每个人如同海上的孤叶小舟,勇敢驶向前方未知的海之深处。当我们以诚信为舵时,才会无惧风雨,永远迎着太阳的方向。待成功之日,我们更会发现,诚信之美深入精髓、愈久弥香!

点评:诚信如一潭清澈幽静的湖水,向人展示着宁静、淡泊、美丽,而深蕴其中那激发心灵的力量,却能牵引出人生的各种美好与幸福。

[八则故事资料来源]

[1] 杨巨友. 感悟诚信[EB/OL]. (2014-04-03)[2011-02-24]http://www. 360doc. com/content/11/0224/10/4917028_95630388. shtml.

[2] 山东考生. 诚信[EB/OL]. (2014-04-03)[2004-04-21]http://learning. sohu. com/2004/04/21/61/article219906152. shtml.

[3] 寻梦向天歌. 培植诚信[EB/OL]. (2014-04-03)[2007-02-20]http://article. hongxiu. com/a/2007-2-19/1716600. shtml.

[4] 朱红平. 诚信之美[J]. 百草岭,2006(1).

[5] 2001 年高考优秀作文选登[N]. 中国青年报,2001-8-8(3).

[6] 叶公. 诚信乃生存之基[J]. 北京纪事,2001(23).

[7] 梁红恩. 诚信为本 信誉为天[EB/OL]. (2014-04-03)[2010-05-08]http://youth. sdut. edu. cn/news/7/4657. html.

[8] 草原一丁. 诚信为人之根本[EB/OL]. (2014-04-03)[2013-01-12]http://www. sanwen8. cn/subject/454180/.

第五章　伟人凡人

诚信是言行操守的统一，是贾谊所赞扬的"言行抱一谓之贞"；诚信是一支雄师百战百胜的动力，是《韩非子·外储说右上》里告诫的"信赏必罚，其足以战"；诚信是男女之间眉间心上，地久天长的诺言，是《诗经·卫风·氓》中描写的"信誓旦旦，不思其反"；诚信是商家经营的根本，是《易·中孚》中描述的"信及豚鱼"的境界。

东汉许慎在《说文解字》中说："信，诚也，从人从言。""诚，信也，从言成声。""诚"与"信"互通、互训，无论古圣先贤，抑或时代骄子，都将诚信作为最重要的道德品质和知行准则。世界上，不同国家的人们对诚信始终是肯定和赞赏的，《古拉尔箴言·德行篇》就有"君子以诚信为明灯，它能消除心灵的黑暗"的精辟概述。这种不拘泥于文化、地域的特性，令诚信具有永恒的普适价值，在人类发展的历程中闪烁绚烂的光芒，呈现出勃勃生机。

一、范巨卿千里践双约

范巨卿，即范式，东汉时期做过荆州刺史。据说，范巨卿在太学读书时，和同学邵元伯是真诚相待、无话不谈的好朋友。范巨卿是山阳郡人，邵元伯是汝南郡人。太学结业后，他俩结伴返乡。一路上，他们谈论着在一起读书时互相帮助、互相照顾的件件往事，难舍难分。一同走过了多日，终于有一天，他们两人要分别了。

分别时，他们两人依依不舍，邵元伯流着眼泪说道："我们同学一场，情同手足。今日一别，不知何年何月才能再见面？"说着说着，竟流下了悲伤的泪水。

范巨卿安慰他说："元伯兄弟，你我是生死之交，生当再见，死当送行。你不要悲伤，咱们这只是暂时的分别。今天是七月十六，两年后的今天，我一定会到汝南郡来与你欢聚！"

听范巨卿这么一说，邵元伯止住了哭泣，说："一言为定，那我们就两年后的今天再相见！"说完，他们两人挥泪而别，各自踏上了回乡的路。

邵元伯回到家乡后，一直记着范巨卿临别时说过的话。一晃快两年了，离他们俩约定的日子越来越近了，邵元伯开始忙着酿酒和整理房间。邵元伯的母亲不知缘由，看到儿子忙里忙外，觉得有点奇怪，于是就问儿子："元伯啊，你这样忙着酿酒和整理房间，难道是有贵客要来吗？"

邵元伯回答母亲说："是的，母亲，我忘记跟您老人家说了，我与在太学读书时的好友山阳郡的范巨卿在两年前分手时约好了，他在今年的七月十六要来咱家。眼看这日子快要到了，所以我要赶紧准备一下啊！"母亲听后笑着说："你真是个傻孩子！山阳到汝南，千里迢迢。同学两年前分别时的一句话，还不是在当时的那种场合随便说的，你怎么能这么认真呢？"

邵元伯说："母亲，我是认真的。因为我和巨卿是同学，我了解他，他是一个非常讲信用的人。两年前他说今年的七月十六要来，就一定会来。他是绝对不会失约的。"

母亲见儿子这么认真，就说："照你这么说，巨卿肯定会来呀？既然这样，那我就赶紧帮你把酒酿上，把房间收拾收拾吧。"说着，就帮儿子忙乎起来了。很快，七月十六这一天来到了。天刚蒙蒙亮，邵元伯就起来跑到村头去等候。在太阳刚一出来的时候，范巨卿就风尘仆仆地赶来了。久别重逢，两人的手紧紧地握在一起，一时不知说什么才好。

过了一会儿，范巨卿才说："我这次晓行夜宿，走了半个多月，可总算在约定之日赶到了。咱们别在这儿站着了，赶快到家里去拜见伯母吧！"邵元伯和范巨卿刚进院门，元伯就高兴地喊："母亲，我的好友范巨卿已经来了！我说过他不会失约的，这回您老人家该相信了吧！"邵母赶紧出来把范巨卿让进屋里，一边嘘寒问暖，一边高兴地说："巨卿啊，你千里迢迢来践约，可真是个信义之士呀！我儿有了你这样的朋友，是他的福气啊！你赶快洗漱一下，马上就摆酒席为你接风。"

范巨卿在邵元伯家住了十多天。在这些日子里，他们两人各自叙说了分别两年来的生活状况及对对方的思念，既回忆了已经逝去的美好时光，又畅谈了对未来生活的憧憬。这期间，范巨卿发现邵元伯不断地咳嗽，身体状况大不如前，因此在离别时一再嘱咐他要保重身体。邵元伯也拉着范巨卿的手不无伤感地说："巨卿啊，咱俩是生死之交的挚友，如果我走完人生之路先你而去了，你可一定要来送送我啊！"

范巨卿看着邵元伯悲伤的样子，心如刀割。他忍着眼泪点头答应道："元伯，你千万不要这样悲观，只要注意调养，你的身体会慢慢好起来的。同时也请你放心，如果真有那么一天，我是一定会来送你的！"说完，两人又一次挥泪而别。

范巨卿回到家中不久，就得到了邵元伯不幸病逝的消息。这时，范巨卿由于旅途劳累而觉得十分疲劳，但仍然立即起程，日夜兼程地赶赴汝南。而邵元伯临终时也有话在先，说一定要等到范巨卿来后才能下葬，所以，当范巨卿赶到邵家时，看到邵元伯的灵堂还没有拆，棺木仍然安放在那里。范巨卿一见棺木，不禁号啕大哭。他双手拍打着棺木，边哭边说："元伯啊！你才华出众，志向远大，但壮志未酬，就这样走了，岂不让人痛断肝肠！元伯啊，你虽然不在了，但你我的友情还在，你将永远活在我的心里。今后，我一定要经常想着你我共同的志向，为国为民多做好事，以告慰你的在天之灵！"

范巨卿祭奠完毕，又去拜见了元伯的母亲，请她老人家节哀保重。在出殡的那天,范巨卿和众人一起拉着系在棺木上的绳子,把邵元伯送到墓地安葬,并独自在墓旁守护了数日。

点评:诚实守信是中国传统的交友之道。孔子的学生子夏提出"与朋友交,言而有信"(《论语·学而》),并把与朋友交往是否诚实守信,作为自己每天反省的重要内容。范巨卿恪守诺言,践行生死之约,令人敬佩。

二、毛泽东还债十年

1920 年前后,中国革命正在血雨腥风中艰难求索。毛泽东为筹备中国共产党的成立、发动湖南的革命运动及资助一部分同志去欧洲勤工俭学,急需一笔数量较大的银款。毛泽东去上海找到章士钊,请他帮忙。章士钊立即答应,随后发动了社会各界名流捐款。由于章士钊的影响和努力,最后一共筹集了两万银圆,全部交给了毛泽东。毛泽东喜出望外,当即表示,这笔钱是为革命借的,待革命成功,有借必还。

历史的长河一泻千里,弹指一挥间,四十多年过去了,毛泽东成了中国人民的伟大领袖。1963 年初的一天,毛泽东与章含之讲起跟其父的一些往事。毛泽东对章含之说:"你回去告诉行老,我从现在开始还他这笔欠了近五十年的债,一年还两千元,十年还完两万。"章含之回去告诉父亲。章士钊哈哈大笑说:"确有其事,主席竟还记得!"章士钊和女儿都未想到,几天之后,毛泽东果真派徐秘书送上第一个两千元,并说今后每年春节送上两千元。章士钊感动了:历经四十多年的往事,主席还铭记在心?他忙让女儿去转告主席:当时的银圆是募捐来的,这钱"不必还"。但毛泽东始终坚守"与朋友交,言而有信"的古训,每年大年初二这天,他都从自己的稿费中拿出两千元,派徐秘书送给章士钊,一直到 1972 年送满累计两万元。

1973 年的春节过后不久,毛泽东问章含之送给他父亲的钱送去没有?章含之答:"今年没有送。"毛泽东问:"为什么?"章含之说:"主席忘了,当年说定十年分期偿还,还足两万。去年已是最后一笔,主席当年借的两万已还清了。"毛泽东笑了,并说:"哪里能真的十年就停!你回去告诉行老,从今年开始还利息。五十年的利息我也算不清应该多少。就这样还下去,行老只要健在,这个利息是要还下去的。"

1973 年,章士钊与世长辞;1976 年,毛泽东巨星陨落。但毛主席"还钱付息"的故事却一直流传了下来。

点评:古语云"诚信乃言行相顾之谓",言行一致是诚信的表征之一。毛泽东言出必行,真诚待人,至诚至信的人性光辉同他的伟绩一样感动人心,激起长久的共鸣。

三、尼泊尔的啤酒

那是四年前的事了,准确地说不是"最近"了,然而对我来说,却比昨天发生的事印象还要鲜明得多。

　　那年夏天,为了摄影,我在喜马拉雅山麓尼泊尔的一个叫多拉卡的村庄待了十多天。在这个家家户户散布在海拔一千五百米斜坡上的村庄,像水、电、煤气之类所谓现代的生命线还没有延伸到这里。这个村庄虽有四千五百口人,却没有一条能与别的村落往来的车道。不用说汽车,就是有轮子的普通交通工具也用不上。而只能靠两条腿步行的山路崎岖不平,到处都被山涧急流截成一段一段的。正因为没有车道,多拉卡村的人们至今过着一种与世隔绝的俭朴生活。但是村里的年轻人、小孩子都渴望离开村子去有电有车的城市。

　　我们摄影组在大山里工作期间深感不便,每时每刻都是全副武装登山。从汽车的终点站到村庄,我们雇了十五个人搬运器材和食品,多余的东西不得不放弃。首先放弃的就是啤酒,啤酒比什么都重。想过酒瘾,威士忌更有效。我们四人带了六瓶,每人一瓶半,估计能对付着喝十天,然而威士忌和啤酒,其作用是不同的。

　　当汗淋淋地结束了一天的拍摄,面对眼前流淌着的清冽的小河时,我情不自禁地说:"啊,如果把啤酒在这小河中镇一下的话,该有多好喝呀。"现在再提经过大家协商放弃的啤酒真是没有道理。这时有人追问我说出来的这句话。他不是我的同事,而是村里的少年切特里。

　　他问翻译:"刚才那人说了什么?"当他弄清什么意思时,两眼放光地说道:"要啤酒的话,我去给你们买来。"

　　"……去什么地方买?"

　　"恰里科特。"

　　恰里科特是我们丢了车子雇人的那个山岭所在地,即使是大人也要走一个半小时。

　　"是不是太远了?"

　　"没问题。天黑之前回来。"

　　他劲头十足地要去,我就把小帆布包和钱交给了他。"那么,辛苦你了,可以的话买四瓶来。"切特里兴高采烈地跑了出去,到八点左右背了五瓶啤酒回来。大家兴奋地鼓掌庆祝。

　　第二天午后,来摄影现场看热闹的切特里问道:"今天不要啤酒吗?"

　　"要当然是要的,只是你太辛苦了。"

　　"没问题。今天是星期六,已经放学了,明天也休息,我给你买许多'星'牌啤酒。"

　　"星"牌啤酒是尼泊尔当地的啤酒。我一高兴,给了他一个比昨天更大的帆布包和能买一打啤酒以上的钱。切特里更起劲了,蹦蹦跳跳地跑了出去。

　　可是到了晚上他还没回来。到了临近午夜还是没有消息。我向村民打听会不会出事了,他们异口同声地说:"如果给了他那么多钱,肯定是跑了。有那么一笔钱,就是到首都加德满都也没问题。"十五岁的切特里是越过一座山从一个更小的村子来到这里的,平时就寄住在这里去上学。土屋里放一张床,铺上只有一张席子。因为我拍过他住的地方并问了许多问题,所以对他的情况是了解的。在那间土屋里,切特里每天吃着自己做的咖喱饭发奋学习。咖喱是他把两种香料和辣椒放在一起夹在石头里磨了以后和蔬菜一起煮出来的。由于土屋很暗,白天在家学习也得点着油灯。

切特里还是没有回来。第二天也没有回来。到第三天也就是星期一还没有回来。我到学校向老师说明情况、道歉并商量对策,可是连老师都说:"不必担心,不会出事的。拿了那么一笔钱,大概跑了吧。"

我后悔不已。稀里糊涂凭自己的感觉把对尼泊尔孩子来说简直难以相信的一笔巨款交给了他,误了那么好的孩子的一生。然而我依然希望但愿别发生他们说的事。

这样坐立不安地过了三天,到了第三天深夜,有人猛敲我宿舍的门。哎呀,打开门一看,切特里站在外面。他浑身泥浆,衣服弄得皱巴巴的。听他说由于恰里科特只有四瓶啤酒,就爬了四座山直到另一个山岭。一共买了十瓶,路上跌倒打碎了三瓶,切特里哭着拿出所有玻璃碎片给我看,并拿出了找的钱。

我抱住他的肩膀也哭了。我从来不曾那样哭过。

点评:诚信的天空下,孩子们的幼小心灵拥有强大的力量,帮助他们披荆斩棘,走向光明。这种人性之初的纯真、孩子世界的纯净令所谓缤纷的成人世界黯然失色,因为诚信才是人类最美丽的心境。

四、信任是一种约束

美国这个社会有很多不好的东西,但在美国人看来撒谎是最要不得的恶习。正因如此,美国人不轻易怀疑别人撒谎。

一天傍晚,我开车到洛杉矶的迪斯尼乐园接人,在停车场入口处,守门人向我收7美元停车费,我解释说我只是来接人的。他听后马上说:"ok,你不需要付钱。"其实傍晚到迪士尼来玩的人大有人在,他凭什么就这么轻易地相信我是来接人的呢?这种"轻信"的程度让人担心是管理上的一个漏洞。但当我把我的"担心"拿出来与美国邻居路易讨论时,他却笑着说:"他们不会相信有人会为7美元的停车费去撒谎的。"仔细想想,路易也许是对的。美国是个提倡"信用"的社会,无论是在日常生活中,还是经济活动中都离不开信用。所有的信用表现,都会永远记载在每个人的社会保险号下。一旦发现作假或诈骗,个人信用就彻底砸锅。到那时,在生活和事业中便会处处遇到窘境。正因为如此,人人把个人信用看得高于一切。

记得1994年我在加拿大渥太华的卡尔顿大学做访问学者时,夏天到纽约旅游。

那天特意去参观大都会博物馆。门口售票处的牌子上明码标价：成人票价 16 美元；学生 8 美元。我实在吃不准自己算不算学生。访问学者平时也与研究生一起听课。可以说是学生，但又没有像学生一样交学费，也没有学生证。我有心省下 8 美元，可又怕售票员要我出示学生证。踌躇良久，我想了个两全之策。我向售票小姐递出 16 美元，同时对她说："我是从加拿大来的学生，如果……"我的下半句话是"如果访问学者也可以算学生的话"。可她还没等我把话说完，就递给我一个作通行证用的徽标和找回的 8 美元，并微笑着说："祝你在这里度过愉快的一天。"全然没有顾及我一脑门子的"思想斗争"。那天我的心情一直很愉快，不仅仅是因为欣赏了大都会博物馆精美的艺术品和省下了 8 美元。

有了这种愉快的经历后，心里就时时想着珍惜它。就像一旦得到别人的尊重，就会加倍自重自爱一样。事隔 6 年，去年夏天我带妻子和女儿参观纽约大都会博物馆。门票价格依然如故，但我的身份已不再是当年的访问学者，而是挣工资的驻美记者。尽管我和我妻子从外表来看要充当学生仍绰绰有余，但出于对"信任"的珍惜，也为了自重自爱，我毫不犹豫地买了两个成人、一个儿童的门票。尽管多花了 16 美元，但心情与上次一样愉快。因为我没有辜负别人的信任。

从此，我在心中形成了一种固执的想法：信任也是一种约束。

点评：当"诚信"常驻心中，人们的行为指引也会以信任为基，从而积聚更多的信任，形成一种良性循环，将社会引向和谐。建设和谐社会，"诚信习惯"的养成，是一种必然，也是一种进步。

五、伟大的林肯

1809 年 2 月 12 日，亚伯拉罕·林肯出生在一个农民的家庭。小时候，家里很穷，他没机会上学，每天跟着父亲在西部荒原上开垦、劳动。他自己说："我一生中进学校的时间，加在一起总共不到一年。"但林肯勤奋好学，一有机会就向别人请教。没钱买纸、笔，他放牛、砍柴、挖地时怀里也总揣着一本书，休息的时候，一边啃着粗硬冰凉的面包，一边津津有味地看书。晚上，他在小油灯下常读书到深夜。

长大后，林肯离开家乡独自一人外出谋生。他什么活儿都干，打过短工，当过水手、店员、乡村邮递员、土地测量员，还干过伐木、劈木头的重力气活儿。不管干什么，他都非常认真负责，诚实而且守信用。

他十几岁时当了村里杂货店的店员。有一次，一个顾客多付了几分钱，他为了退这几分钱跑了十几里路。还有一次，他发现少给了顾客二两茶叶，就跑了几里路把茶叶送到那人家中。他诚实、好学、谦虚，每到一处，都受到周围人的喜爱。

林肯后来还做过水手。1831 年 6 月的一天，他和几位水手来到美国南方城市新奥尔良的奴隶拍卖市场上,他们看到,一排排黑人奴隶戴着脚镣手铐站在那里,他们都被一根根粗壮的绳子串在一起。奴隶主们像在买马一样仔细打量奴隶,有时还走上前摸摸奴隶的胳膊,拍拍奴隶的大腿,看奴隶是不是结实、肌肉发达,将来干活有没有力气。奴隶主们用皮鞭毒打黑奴,还用烧红的铁条烙他们。当时,年轻的林肯愤怒地说:"太可耻了!等我有机会,一定要把这奴隶制度彻底打垮。"

1834年,25岁的林肯当选为伊利诺伊州议员,开始了他的政治生涯。1836年,他又通过考试当上了律师。成为律师以后,由于他精通法律,口才很好,在当地很有声望,很多人都来找他帮着打官司。但是他为当事人辩护有一个条件,就是当事人必须是正义的一方。许多穷人没有钱付给他劳务费,但是只要告诉林肯:"我是正义的,请你帮我讨回公道。"林肯就会免费为他辩护。

一次,一个有钱人请林肯为他辩护。林肯听了那个客户的陈述,发现那个人是在诬陷好人,于是就说:"很抱歉,我不能替您辩护,因为您的行为是非正义的。"

那个人说:"林肯先生,我就是想请您帮我打这场不正义的官司,只要我胜诉,您要多少酬劳都可以。"

林肯严肃地说:"只要使用一点点法庭辩护的技巧,您的案子很容易胜诉,但是案子本身是不公平的。假如我接了您的案子,当我站在法官面前讲话的时候,我会对自己说:'林肯,你在撒谎。'谎话只有在丢掉良心的时候,才能大声地说出口。我不能丢掉良心,也不可能讲出谎话。所以,请您另请高明,我没有能力为您效劳。"那个人听了,什么也没说,默默地离开了林肯的办公室。

1860年,林肯51岁时在美国总统竞选中获胜,成为美国第16任总统,也是首位共和党籍总统。在其任内,林肯通过南北战争击败了南方分离势力,废除了奴隶制度,实现了他早年的誓言,维护了国家的统一,他也因其高尚的品德和人格魅力成为美国历史上最受爱戴的总统之一。

点评:诚实令人忠贞、谦和、踏实,更让信任如影随形。在人们心中,林肯的伟大不仅在于他的丰功伟绩,更重要的是他始终如一、坚守诚信的品格。

六、夜幕下的坚守

自1986年3月5日起,每周六晚7点,百井坊巷和中山北路交界处,总有一个熟悉的身影不停地忙碌着,义务帮过往行人修理自行车、电动车。他,就是全国劳模、浙江杭州公交集团第三汽车分公司三车队28路公交车司机孔胜东。

(一)一次偶然,他成了"活雷锋"

1982年,孔胜东高中毕业,骑着自行车去看一位同学,回来的路上,车胎破了。

"沿途四处找修车点,没找到,只好骑着瘪胎回家。"当时,自行车还是件奢侈品,这让孔胜东心疼不已。那份心焦的感觉,让他久久难忘。4 年后,当时已在杭州公交公司当技修钳工的孔胜东,做出一个决定:办一个修车点,为来往群众免费修车。

孔胜东选择的修车点,就在中山北路和百井坊巷交叉口,他家原先就住在这里。

1986 年 3 月 5 日,在"学雷锋日",孔胜东的义务修车点开张了。

孔胜东万万没想到,他这个修车点刚开摊,就遭到流言蜚语:"他这个修车点,就是为了名誉,搞不了多长时间的。""脑子搭牢了。"……

孔胜东没有生气,更没有放弃。

此后,人们经常看到的是:下雨天,孔胜东准备了一把大伞,仍然难挡风雨,他额头、脸上都淌着水,手上却一直停不下来。有人等着,孔胜东总是温和地说:"请等一等,马上就修好,过一会就修你的车。"车子修好了,他会有礼貌地说:"请试一试,好不好。"

一天晚上,当他帮一位行人修好自行车,对方连声道谢之余,说了一句:"想不到,现在还有像你这样的活雷锋。"

"活雷锋"三个字入耳,孔胜东全身一震,热泪夺眶而出。这一刻,他更清楚地明白了自己这个修车点的意义。"我一定要坚持下去。"他暗暗发誓。

(二)每周六百井坊巷义务修车

几乎每个周六晚上,孔师傅刚放下碗筷,女儿就催他了:"好准备出发了,不然要迟到了。"孔师傅要去的地方就是中山北路百井坊巷口,这里有一个小小的修车摊,每周六晚 7 点至 10 点都会出现。

这个小小修车点已经跟着孔师傅一起,在杭州城有了不小的名气。为什么选在晚上摆摊呢?孔师傅说,白天修车点很多,晚上几乎没有。

1986 年 3 月 5 日,团省委有个活动,要求每个团员学雷锋,为社会做一件好事。孔师傅说,他们这些出生在 20 世纪 60 年代的人,就是在雷锋的故事中成长起来的。所以,他很认真地去思考了,应该为大家做些什么。

孔师傅是个机修钳工,他想到了为老百姓免费修自行车,地点就在家门口的百井坊巷,那一年他 23 岁。

"链条、气门芯等小零件可以免费换,补胎、前轴后轴、钢珠等也是免费的。"孔师傅说,这些年下来,大概已经修过 2.6 万多辆自行车了。

(三)26 年的坚持,他说要"诚信"

修车点摆了近 26 年,这一路走来,孔师傅也承受了不少压力。刚开始,大家都觉得他做不长久,甚至有人说他是"傻瓜"。他一律置之不理,只说:公交车有起点站和终点站,但是为人民服务是没有终点的。

1992 年,孔师傅结婚了。婚后第二天就是星期六,晚上修车点到底摆不摆呢?没想到,孔师傅按时出现在了百井坊巷口。"妻子很支持,同意我出来修车的,这是一名党员应该做的。"孔师傅就是在这一年入的党。

1995年,父亲病重,开出病危通知单的那晚,孔师傅还是出现在了百井坊巷口。"修车点代表的不是我个人,而是一个党员的形象。"

孔师傅说,2003年是最艰苦的一年,那年母亲因为胰腺癌进了医院,后来又遇到了"非典"。邻居朋友劝他暂时停一停修车点,可他照样每逢周六摆摊。"那阵子的确比较辛苦,但是值得。"

他说,他最喜欢雷锋的一句话:"人的生命是有限的,可是为人民服务是无限的。我要把有限的生命,投入到无限的为人民服务之中去。"这么多年来,他也是这么做的,他先后获得全国劳模、浙江省道德模范、杭州市十大平民英雄等荣誉称号。

孔师傅说,就算倒下也不能失信,宁愿辛苦也要坚持,因为诚信很重要。于是,这一坚持,就是26年。

点评:坚守诚信,一心向善,面对"头顶上的星空和心中的道德律",一个小小的修车点,成为一个人一生的坚守,这份助人义举掂量了诚心信义之重,彰显了个体的品质和价值。

七、信义兄弟

2010年2月10日凌晨,南兰高速上发生重大车祸。谁也没有想到,这起车祸却牵出一个感人的故事:为抢在大雪封路前给已回武汉的民工发工钱,武汉市黄陂区建筑商孙水林连夜从天津驾车回家,全家不幸在车祸中遇难。为替哥哥完成遗愿,弟弟孙东林在大年三十前一天,将33.6万元工钱发到60多名民工手上。

(一)孙水林之死

今年50岁的孙水林,在黄陂区泡桐街算得上知名人物。

20多年前,孙水林就到外地闯荡,由一个小木匠干起,最终成了北京一家建筑公司的项目经理。他自己发家致富后,还带着当地的不少村民前往北京、天津等地打工赚钱,给很多人都留下了好印象。

据了解,这些年来,黄陂区跟随孙水林到外地打工的人,每年少则有几十人,高峰时达到200多人。

2010年2月9日,农历腊月廿六。孙水林回到天津,原定与暂住在天津的家人和弟弟孙东林聚一天再回武汉,但他查看天气预报了解到,此后几天,天津至武汉沿线的高速公路,部分地区可能因雨雪封路。他决定赶在封路前,赶回武汉,给先期回武汉的民工发放工钱。春节前发放工钱,是他对民工的承诺。而此时,先期回武汉的民工也正渴盼着孙水林回来。

当晚,孙水林提取26万元现金,带着妻子和孩子出发了。次日凌晨,他驾车驶至南兰高速开封县陇海铁路桥段时,由于路面结冰,发生重大车祸,20多辆车连环追尾,孙水林一家五口遇难。

(二)弟弟完成遗愿

2月10日早上,弟弟孙东林打电话回家,发现哥哥仍未到家,手机也联系不上。预感不妙的孙东林开车沿途查找,结果在河南兰考县人民医院太平间发现了哥哥及其家人的遗体,孙东林心如刀绞、痛不欲生。

撬开撞得扭成一团的轿车后备厢,捆好的26万元现金还在。"我们家这个年是过不成了,但不能让跟着哥辛苦一年的工友们也过不好年。"沉浸在丧亲之痛中的孙东林含泪决定,先替哥哥完成遗愿。

腊月廿九,两天未合眼、没吃饭的孙东林赶回黄陂家中,通知民工上门领钱。因为哥哥离世后,账单多已不在,孙东林让民工们凭着良心领工钱,大家说多少钱,就给多少钱!钱不够,孙东林就贴上了自己的6.6万元和母亲的1万元。就这样,在新年来临之前,60多名民工都如愿领到工钱,孙东林如释重负。

"哥哥离世后,账单多已不在,我也不知道给每个民工发多少钱。我们让民工们凭着良心领工钱,大家说多少钱,我们就给多少钱!"孙东林说。

点评:言忠信,行笃敬,兄弟俩以信义铸造人格,以悲情接力诠释诚信大爱。新旧交替,心中难舍一丝牵挂,生死之际,手中仍留一缕残香,他们用行动书写诚信,令雪落无声的大地遍布诚信强音。

八、诚信书写最美青春

诚信为立身之本,诚信不仅体现在言语上,更体现在行动上。在浙江金融职业学院学生严晓静的价值观、人生观里,诚信意味着要信守承诺、说到一定要做到、诚实待人、诚信做事。

(一)踏上诚信大道

严晓静是浙江衢州人,就读于浙江金融职业学院国际商务系商务英语专业,现任校园电视台副台长一职。

2012年9月,踏上学院诚信大道的瞬间,严晓静已然开启了梦想中的金融之旅,诚信在金融界是比黄金更可贵的品牌力量,是无法估值的价值财富。

她在刚开学的时候就遇到了对她人生和诚信品格都有巨大考验的事情。考上了理想的大学,家里却为昂贵的学费而发愁,父母四处借钱为她筹集学费。父亲说家里虽然有困难也不能欠学校的钱,砸锅卖铁也要筹齐学费让她上大学。但是在银行交学费时,工作人员却告诉她,她的学费已经缴清了。她不相信,可是她的账号上就是打不进钱,工作人员给她看了在学校的账户上确实是缴清学费了。旁边的阿姨说:"这小姑娘傻啊? 有人帮你交了还不好吗? 你就不要交学费了啊?"可是她心里一直纠结,应该怎样处理呢? 是咬牙说自己已经交了让别人给她当冤大头,还是和老师说清楚重新交呢? 如果她默许,那父母为她准备的钱就可以作为大二的学费了,可以为家里省下一大笔钱了呀! 可是理智告诉她,她必须主动去和老师说清楚,解决这个问题。开学第一天她就主动找到班主任说了这个情况,最后在老师的帮助下重新缴了学费,把钱还给了误打在她的学费账号上的不知名的同学。虽然因为异地取款花费了 77 元,这 77 元也许是母亲回家的车费,也许是她在学校生活几天的生活费,是令她心疼的一笔钱,但她这么做了,心中无比坦然。

(二)老板提早回家

她一直在实践诚信,对诚信付出真心,诚信也给予她很多自信与成就感,激励她继续前行。在暑期兼职做收银员的工作中,老板的认可与信任让她倍感荣幸、充满成就感。做超市收银员,每天要面对无数形形色色的顾客,每天要接过他们手中大笔的现金与信用卡,他们放心地在她面前输入密码,他们放心地接过她找的钱。经过一个月的工作,老板看到了她的工作表现便找她谈话,希望她可以承担一份工作,帮他分担监督、检查收入的工作。但当时她并没有自信去接手这份责任重大的工作,毕竟不是小数目,但老板的话深深感动、鼓励了她,他对她说:"我为了这个超市投入了很多时间与精力,但却牺牲了陪伴家人的时光,妻子、女儿、年迈的父母一直都希望我能回家陪他们吃晚饭,一起看电视,陪女儿入睡,陪父母聊天。现在老父亲生病了,我才意识到陪伴家人的重要,但我一直都不放心把苦心经营的超市交给别人,我看到了你的工作表现,也看到了你的为人,我相信你,相信你这个大学生,你好好做,我不在超市的时候你帮我监督员工,帮我统计管理店里的账目,交给你我很放心。"老板的话她一直记在心里,对于一个初出茅庐的大学生是莫大的鼓舞,她也决定凭她的诚信与能力好好做,让老板放心。老板非常信任她,让她每天晚上负责统计当天的营业额、现金收入、刷卡记录和早上负责发放备用的零钱以及统计、计算暑期两个月的账目,分析两个月的经营情况,负责员工的工资计算及发放。老板及经理的信任让她受宠若惊,但也承受了很大的压力,最终暑期结束的时候得到了他们的认可与赞扬,并得到了超市的奖金嘉奖。

(三)诚信入心入行

尽管从小家境贫寒,但父母一直教育她要诚实守信、以诚待人,不是自己的绝对不要拿,所以从小她就形成了诚信做人、拾金不昧的观念。从小学到大学,每当在路上、校园里捡到饭卡、现金、银行卡,她都会尽力找到失主,或交到老师手中或交到门卫处或交到广播站。大一下学期的一个周末,她在校园周边的道路上捡到一个钱包,足足在原地等待失主两个多小时,因为她知道这个钱包对于主人肯定很重要,因为里面有身份证、银行卡、车票、钥匙等重要物品,更重要的是有非常珍贵的家人合影。当她终于在黄昏时等到焦急万分的失主时,失主很激动地抱着她,因为要买车票去见年迈的外婆。

担任金融职业学院电视台副台长的工作中,她将在会计课上学到的记账方法运用于电视台的经费管理当中,每一笔花销与收入、用于何处都明明白白地被她记录着,这样的记账方法使得收入与支出平衡,且一目了然,也方便了老师、领导检查,同学们监督。虽然不是专业的,但也使账目分文无差,老师很放心把电视台的经费交由她保管,每次组织同学们活动、出游,也都是由她负责收钱、付钱、记账、分账。将所学知识运用于实际并能得到认可,令她无比开心,充满成就感。

(四)感恩生活、回报社会

艰苦的生活给她最大的启示就是学会感恩。她永远也忘不了在自己最需要帮助的时候,那些曾经帮助过她的人。她也希望用自己的行动去帮助更多需要帮助的人,这也是她非常乐意做志愿者的原因之一。在高中毕业的那个暑假,她和同学前往家乡的贫困山区去看望学生们,并给他们送了许多旧书和爱心礼物,看到他们惊喜的表情时,觉得一切辛苦都是值得的。大学里她参与了许多志愿者活动,如学校运动会的志愿者工作,这些工作与实践经历充实了她的课余生活,让她的人生更有意义。

大一时家庭遭遇了意外,让她心痛不已,也让她不得不暂时放弃学业回家照顾遭遇车祸的父亲与工伤致残的母亲,但她熬过来了。很多人都说从来看不出在她身上受过这么多的伤,经历过那么多的痛,因为她把疼痛融在骨子里化为骨气,总把笑容挂在脸上。她一直相信生活上的痛苦很快就会过去,人往往在痛苦的经历中学到的远远比在快乐的经历中学到的多,这些经历会让她成长得更坚强、乐观、阳光,她所经历的一切都会化成她内心的动力与沉淀。她要做向着太阳生长的向日葵! 虽然每天都是一个挑战,但她无所畏惧,因为她有一颗诚信、真诚的心!

点评:青春的色彩因为诚信愈加光彩夺目,年轻的心灵因为诚信积淀自信与力量。任何一种青春轨迹都是一份独特的经历,但与诚信相携成长的她,在青春韶华里书写了最美的篇章。

[八则故事资料来源]

[1] 郝勇.中国古代修身故事大观[M].北京:海潮出版社,2005.
[2] 章含之.毛主席"还债十年"的故事[J].大地,2002(12).
[3] [日]吉田直哉.尼泊尔的啤酒[J].朱新华,译.译林,2004(3).

［4］黄晓南.信任是一种约束［J］.海外文摘,2002(6).

［5］樊庆红,晏辉.美德故事丛书［M］.石家庄:河北少年儿童出版社,2002.

［6］孔胜东义务修车 26 载:为人民服务永远没有终点［EB/OL］.(2014-04-03)［2012-03-25］http://www. xingxiangzg. cn/2012/chengshixingxiang＿0325/38836＿2. html.

［7］百度百科.感动中国十大人物［EB/OL］.(2014-04-03)［2011-05-08］http://baike. baidu. com/view/7871341. htm? fromtitle＝2010.

［8］浙江金融职业学院"最美青春"候选人事迹.

第六章　宦海商潮

　　有些人常常感慨：世风日下，人心不古。也有人常常在利益诱惑之前，选择了欺骗，选择了对传统道德的回避。在这个事事讲求效率，有投入必定要求产出的社会中，面对"诚信"二字，人们往往会迷茫，更有甚者心生疑虑：诚信能获得什么？

　　其实，诚信不仅仅是一种美德，更是一种效益。对企业家来说，诚信是一个聚宝盆：有诚信，就有回头客；有诚信，品牌就会一传十、十传百；有诚信，就有利润。对政治家来说，诚信是一面旗帜：有诚信，就能被民众信任；有诚信，所发的号令就能一呼百应；有诚信，就有选票。对普通人来说，诚信是一股清风，一剂良药，选择诚信，会心安，选择诚信，会快乐。

　　所以老子说："大丈夫居其厚而不居其薄。"要人们立足于富有诚信之地，不要依托诚信缺失之所。唯有诚信的土壤，才能丰润生命之花；唯有坚守诚信，才能永葆仕途坦荡，锻造商机无限。

一、立木为信与烽火戏诸侯

　　战国时，秦国的商鞅在秦孝公的支持下主持变法。当时处于战争频繁、人心惶惶之际，为了树立威信，推进改革，商鞅下令在都城南门外立一根 3 丈长的木头，并当众许下诺言：谁能把这根木头搬到北门，赏金 10 两。围观的人不相信如此轻而易举的事能得到如此高的赏赐，结果没人肯出手一试。于是，商鞅将赏金提高到 50 两。重赏之下必有勇夫，终于有人站起将木头扛到了北门。商鞅立即赏了他黄金 50 两。商鞅这一举动，在百姓心中树立起了威信，而商鞅接下来的变法就很快在秦国推广开了。新法使秦国渐渐强盛，最终统一了中国。

　　而同样在商鞅"立木为信"的地方，在早它 400 年以前，却曾发生过一场令人啼笑皆非的"烽火戏诸侯"的闹剧。

　　周幽王有个宠妃叫褒姒，为博取她的一笑，周幽王下令在都城附近 20 多座烽火台上点起烽火——烽火是边关报警的信号，只有在外敌入侵需召诸侯来救援的时候才能点燃。结果诸侯们见到烽火，率领兵将们匆匆赶到，弄明白这是君王为博妻一笑的花招后又愤然离去。褒姒看到平日威仪赫赫的诸侯们手足无措的样子，终于开心一笑。五年后，酉夷犬戎大举攻周，幽王烽火再燃而诸侯未到——谁也不愿再上第二次当了。结果幽王被逼自刎而褒姒也被俘虏。

◎ 君子之修身也，内正其心，外正其容。——宋·欧阳修《左氏辨》◎

点评：人无信不立，国无信则衰。一个"立木取信"，一诺千金；一个帝王无信，君出戏言。造成的结果截然不同：前者变法成功，国强势壮；后者自取其辱，国破人亡。由此可见，诚信是一个国家兴盛、一个民族兴存的重要指针。

二、药王戒欺

胡庆余堂始创于 1874 年，由"红顶商人"胡雪岩开设，地处杭州吴山脚下。这座百年的中药名店至今仍保存着胡雪岩亲笔所书的"戒欺匾"，这其中还有个故事呢：

一次，胡庆余堂的紧俏药虎骨追风膏断货了。管药材的人说，虎骨追风膏的主要原材料是虎骨，而虎骨现在又断货，建议用豹骨替代。

药店经理开始不同意，认为这会砸了胡庆余堂的招牌。那人却说，做生意嘛，要懂得变通。用豹骨代替虎骨，先满足一下市场，等虎骨一到，马上就换用虎骨。豹骨的药效也差不到哪里去，一般人是看不出来的，只有你知我知，别人绝对不知道。经理于是动摇了，最后睁只眼闭只眼，让假的虎骨追风膏被炮制出来。

老板胡雪岩知道这事后非常生气，认为这损害了药店的声誉，于是把所有人都叫来大厅，当众开除了药店经理，并当场写下"戒欺"堂训，还在横匾旁边挂上一些条幅："药业关系性命，尤为万不可欺"和"采办务真，修制务精"等，从此再没有人敢有一点点欺骗行为了。

从那以后，胡庆余堂的弟子一直把胡雪岩的"戒欺"训言牢记在心，并且也只有那些通过考验的学徒才有希望成为这家江南著名药号的传人。胡庆余堂的关门弟子——青春宝、胡庆余堂董事长冯根生提到在他做学徒扫地的时候经常会在地上捡到钱，而每次他都会捡拾起来放到师傅的柜子上。师傅在临终前才告诉他，那钱是他故意丢的，用以检验新徒弟的诚信，而冯根生在每一次考核中都能通过。回忆起这一幕，冯根生深情地说"学做事要先学做人，这是我学到的第一课"，也正是凭着这样的经营理念，胡庆余堂才能在一百多年的风雨中屹立不倒，声名远播，赢得"江南药王"之美誉。

点评：胡庆余堂"以诚制药，以信经商"，"戒欺"更成为一种诚信文化，一种高度自律的从业道德，沉淀出"百年药王"的精华。

三、基业长青的秘密

在用户心中，IBM 这个品牌一直都是值得信赖的品牌，最为用户所熟知的 IBM 笔记本电脑尤其如此。然而近日发生的一个小事件，却令 IBM 公司遭受到了一场小小的信任危机。

（一）馅饼：康宝光驱 1 元特卖

俗话说"天上不会掉下馅饼来"，然而世间偏偏就有这样的美事发生了。4 月 7 日上午，一名网友在访问 IBM 中国官方网站的时候，突然发现该网站正以 1 元人民币的价格，特卖阿帕奇 USB2.0 托盘便携式康宝光驱。这条令人兴奋的消息，很快就在互联网上传播开来。

IBM 中国官方网站上的这款康宝外置光驱，1 元的特卖价格实在太便宜了，市场销售价格至少要 1500 元。一时间，引得不少闻讯而来的网友纷纷下单购买。一位网友在 BBS 上说："我买了 100 个，我觉得自己挺贪心的。"还有一位网友则表示他的"胃口"不是很大，只订购了 10 台。

据悉，网友按 IBM 中国官方网站的引导，在网上填好包括所认购产品、数量及自己的姓名、电子邮件、电话等个人信息的订单，并确认订购后，网页上会显示出"IBM 公司已经收到您的在线订单，我们的电话业务代表会在一个工作日内与您联系，确认订单事宜"。随后用户还会收到一封 IBM 发来的电子邮件确认单，确认订购成功。接下来，用户要做的就是等 IBM 的电话通知了。

与此同时，IBM 的这一特卖活动也在网络上引起众多网友的纷纷议论。面对如此诱人的馅饼，那些已经下单购买的网友也是心存疑虑，怀疑是不是 IBM 把价格给标错了？一位网友满是怀疑地说："这个东西是真的假的？我已经订了两个。"另一位网友则回应说："管他真假，真的最好！假的就当消遣一下 IBM。"

这种怀疑很快就在某种程度上得到了证实。大部分消息晚了一步的网友，在"1 元特卖康宝光驱"页面出现约 40 分钟后打开时，这个页面已经消失了。这时候，已经有越来越多的人认为 IBM 公司在此前搞错了价格和货品，现在开始纠正了。那些已经下单订购的网友，也都开始担心 IBM 会不会反悔。

一位网友说："想想对策啊，如果到时候 IBM 打来电话说对不起，我们的价格写错了，如此云云。这时候怎么办？"另一位一直在等 IBM 电话通知的网友也焦急地说："快来电话啊！IBM 要是敢来电话说这是错误的，不算数，我就臭骂他们一顿。"

（二）突变：IBM"上帝"开涮

其实天上真的不会掉下馅饼，更不会掉下康宝光驱。在 IBM 所承诺的一个工作日过后，那些已经下单订购外置康宝先驱的网友，并没有如订单确认时所说的那样，收到 IBM 电话业务代表的电话。早就已经怀疑这项交易是否能够继续下去的订户，开始拨打确认电子邮件中的 IBM"800"服务电话进行询问，然而 IBM 并没有对此事做出明确的解释和答复。

一位网友写道："服务小姐很热情的声音还是让人一腔热血，我把产品报到一半服务小姐就已经先说抱歉(看来已经有不少人"骚扰"了),服务小姐说:'抱歉,你也知道按照 1 元的价格 IBM 是不能成交的,现正在讨论此事的处理方法,暂时还没有结果,希望你留个电话和 E-mail 给我们,我们将尽快和你们取得联系。'顿时我已无语⋯⋯"

网友们开始注意到,IBM 中国官方网站上有"在法律容许范围之内,IBM 保留以任何理由拒绝将产品出售于任何客户之权利,或是限制客户每次购买特定产品之数量""本网页之产品价格仅供参考,而非要约。除非 IBM 以书面通知客户同意接受该订单,否则不存在有关该货物买卖的有约束力的合同"等声明条款。一些网友认为,这实际上是 IBM 的霸王条款。

由于 IBM 迟迟没有对此事进行公开声明,一些不满的情绪和猜测开始在网上蔓延开来。一位网友说:"考验 IBM 的时刻到了,如果它真的是巨人,而且是蓝色的,那就别在乎这么一点小小的损失,卖给我好了! 我就订购了 10 台啊。凭兄弟们对 ThinkPad 的钟爱,它 IBM 也不亏吧!"

4 月 11 日,订户们得到不能完全确认的消息,IBM 称其官方网站上出售的 1 元特卖品,是公司在做"市场调查"。IBM 中国有限公司公关部的一位工作人员解释说,这次光驱产品出现在 IBM 网站上实质是一次市场调查,"是为了测验用户对 IBM 网络信息的反应速度和回馈能力",并称 IBM 同时在其网站上设置了 5 个点进行,低价光驱只是其中的一项。不过这位人士也称,网民们通过 IBM 网站下的订单肯定是生效了,"我们认可这些交易,现在我们正尽快联系客户"。

而面对有人一口气订了 100 个光驱,IBM 会不会认账的问题? 公关部另一位工作人员只是声称 IBM 有尊重客户的传统,会通过协商及相应的手续来妥善解决问题。

(三)惊喜:IBM 承诺兑现"1 元康宝"

整个事件柳暗花明般的转变,出现在了 4 月 12 日。当天 IBM 中国网站以《IBM 就"1 元产品"的声明》为题发表了一份声明,承诺将完全履行这次订户的订单。

声明全文为:"IBM 中国网站(ibm. com/cn)在近日的一次市场活动中,因人为错误导致'1 元产品'的网上标价,引起部分中国消费者的误解,对此,IBM 中国有限公司深表遗憾。

"作为一家全球化的跨国公司,IBM 是一贯秉承商业法则和国际惯例的。同时,作为一家享有良好商业信誉和恪守客户承诺的公司,IBM 不仅为客户带来商业价值,更是客户最可信赖的合作伙伴。为此,IBM 愿意按照相关手续、流程来完全履行所有在线订购意向,以回馈广大用户对 IBM 公司的信赖和支持。具体事宜,IBM 会以电话方式跟所有在线订购意向的客户取得联络。"

事实上,类似的事情此前也曾在 IBM 的网站上出现过。2003 年 11 月 21 日,

IBM 韩国公司在其零售网站上将实际售价为 200 万韩元（1662 美元）的笔记本电脑和台式电脑,价格错标为 10 万韩元（83.1 美元）,仅为实际价格的 5％。随后的短短 1 个小时内,就有约 100 名顾客通过信用卡支付购买了这批电脑。IBM 随后承认网站出现了技术错误,但拒绝承认在定价错误期间的购买是有效的。由于遭到顾客的谴责,IBM 韩国公司 11 月 26 日表示,作为补救措施,公司将会折价 35％向订购电脑的消费者出售这批电脑。尽管如此,这些订户却并不买 IBM 韩国公司的账,并由此引发了一场纠纷。

2001 年 8 月 6 日,戴尔的新加坡和马来西亚站点也出现过价格标错的事件,当时配 15 英寸升级选项的 Inspiron 2500 G800ST/G900ST 笔记本电脑售价 438 美元,而实际上配 14 英寸屏幕的产品零售价都为 1304 美元。最后戴尔以订户可以享受正常价格基础上 20％的折扣了却此事。而在 2003 年 10 月份,日本丸红株式会社也曾出现类似的问题,该公司在网站上错误地将出售的电脑价格标为实际价格的 10％,不过丸红株式会社最后仍然按错误的价格向购买电脑的 1500 多名消费者出售了这批电脑。

（四）钦佩:IBM 的巨人风范

"1 元康宝"这个发生在 IBM 中国网站上的错误,IBM 居然慷慨兑现了,蓝色巨人的这种风范的确令人钦佩。不但给了 1 元钱购买康宝光驱的用户们一个满意的答复,而且也为 IBM 这块金字招牌增添了不少光彩。只是对于那些一口气下了 100 个订单的"贪心"用户,不知 IBM 将做何处理? 此前有消息称无论用户订了多少,最多一个人只能买 5 件。

有人说,这回 IBM 亏大了,从表面上看的确如此。虽然具体的订购数量我们并不明了,但估计也是一个不小的数目,就以 1000 件康宝光驱来计吧,每件亏 1500 元就是 150 万元。然而仔细一想又不尽然,虽然损失了一百来万的商品,但这一举动却得到了用户对 IBM 的千金难买的信赖,可以说这种兑现比花成百上千万的广告费要更有实效。

IBM 在声明中说:"作为一家全球化的跨国公司,IBM 是一贯秉承商业法则和国际惯例的。同时,作为一家享有良好商业信誉和恪守客户承诺的公司,IBM 不仅为客户带来商业价值,更是客户最可信赖的合作伙伴。"从这段话中我们可以看出,IBM 是聪明的,同时也向我们展示了 IBM 先进的经营理念。如果 IBM 毁约,或者是按照"霸王条款"宣布订单无效,虽然能够避免这笔损失,但必然会在网络上招来一片讨伐、质疑、鞭挞的声音,不但会令 IBM 的信誉受损,而且还会动摇 IBM 品牌在用户心中的地位。相反的是,现在 IBM 慷慨出售"1 元康宝",虽然在有形资产方面做出了一定的牺牲,但却有效地提升了无形资产的价值。

点评：黄金有价，诚信无价。当企业发生公关危机的时候，IBM 始终以一种诚实的态度面对消费者，也由此获得消费者的最终认可。经济上遭受损失，却在道德上赢得了好名声。无疑，诚信就是 IBM 基业长青的秘密。

四、"穷人银行"的秘密

2006 年 6 月底，累计贷款总额是 2810 亿塔卡（折合人民币 322 亿元），目前贷款余额是 317 亿塔卡（折合人民币 36 亿元），今年预计全年会新增贷款 540 亿塔卡（折合人民币 62 亿元）。这便是被称为"穷人银行"的孟加拉格莱珉银行。

（一）离经叛道的银行家

"一家银行专门借出小额贷款给农村穷人，甚至身无分文的乞丐，竟然在没有政府资助、没有国际机构捐款下自给自足，每年还有盈利，有无可能？"对于这个问题，各个国家的银行业精英都会斩钉截铁并且给出完全一致的答案："没有可能！"但是，精英们都错了，因为格莱珉银行做到了！

格莱珉银行的创始人是穆罕默德·尤努斯（Muhammad Yunus）博士。1976 年，尤努斯博士尝试发放小额贷款给穷人，让他们有资金从事生产劳动，改善生活状况。1983 年，经国会通过，孟加拉国政府特许尤努斯博士创建格莱珉银行，在农村全面开展小额信贷业务。至今，小额信贷的成功模式已经在全球 100 多个国家得到推广，数百万贫困人口成功脱贫。自创办以来，除了创办当年及 1991 年至 1992 年两个孟加拉国国内水灾特别严重的年头外，格莱珉银行一直保持盈利，2005 年的盈利达 1521 万美元（折合 1.2 亿元）。

格莱珉银行的账目曾经受到国际知名经济学者质疑。普林斯顿大学教授乔纳森·莫多克在 1999 年发表文章《小额信贷承诺》，质疑格莱珉银行低于 1.6% 的不良贷款比率不真实，实际数字应该是 7.8%；他又称格莱珉银行只是依靠捐款来生存，如要自给自足收支平衡，贷款的实质利率要高达 25.7%。

对此，尤努斯博士称："格莱珉银行的现状已证明他的预测全部是错误的。我们自 1995 年停止接受捐款后，不但可以继续生存，而且盈利是一年比一年多，我们不需要提高贷款利率，我们的实际利率只是 10%，近期还在研究调低利率，因为我们的利润太多了，盈利并非我们的主要目的。我们的账目每月都会在网上公布，自 1976 年以来，所有数据一直是公开的，任何经济学家都可以研究我们，从而知道我们为什么会成功。"

在一个非常正规的国际银行界人士会议上，穿着拖鞋的尤努斯说，我发现今天来的官员都是穿皮鞋的，而我是做小额信贷的，做小额信贷是与老百姓打交道的，孟加拉国乡下的老百姓很穷，很多人是赤脚的，我很大部分时间是走村串户，所以我穿拖鞋来。做好小额信贷，不能与正规金融的程序一样，就像不能穿皮鞋到稻田去一样,一定要穿拖鞋。我是反传统的,小额信贷也是反正规金融传统的。

的确如此。传统信贷体系把农民与穷人置于最不利的信贷地位,认为贷款者需要为银行提供必要的足够的抵押担保。而穷人(尤其是赤贫者)几乎没有什么抵押担保品,这也就意味着只有有钱人才能合法地借到钱。传统的银行家只将眼光盯住那些规模大实力强的企业家,而不屑于与那些小额贷款需求者打交道,因为在他们看来,小额贷款需求者的贷款数额小,耗费的贷款成本与未来预期收益不成比例,因而只能使银行亏损。

传统的信贷哲学还假定,穷人根本没有还款能力,给他们发放贷款只能是一种浪费,穷人的信用与智慧都不足以使他们利用贷款创造合理的增值,因而银行向这些穷人贷款得不偿失。

尤努斯的行动以及后来的巨大成功,却证明了这些传统信贷哲学的荒谬僵化与那些传统银行家们的保守无知。常理上,借出去的钱是为了能收回来并附带一部分钱的使用费——利息。但是对于格莱珉银行的贷款对象、那些赤贫的人而言,没有抵押品,他们不能得到一般商业银行的借款。而且对于大多数人而言,即便他们拥有一些资产,但由于无法证明为其所有也无法获得贷款,不能改变自身的命运。

而尤努斯却认定穷人的信用远比想象的要高。也许评论者会说尤努斯是一个彻头彻尾的天真的理想主义者,竟然违背经济学最基本的“自利最大化假定”而去相信“人性善”,但事实证明尤努斯的想法是对的。

当格莱珉银行面临借贷者确定无法偿还到期贷款时,他也不会假想这是出于借款者的恶意行为,而是调查逼使借款人无法偿还贷款的真实境况,并努力帮助这些穷人改变自身条件或周围环境,重新获得贷款的偿还。就是依靠这种与传统银行截然不同的信任哲学,格莱珉银行一直保持低于1%的坏账率。而其每年发放的贷款规模现在已经超过8亿美元,更需指出的是,格莱珉银行的还贷率高于表现最优异的商业银行。

(二)穷人也是有信用的

孟加拉国有75%的人口信奉伊斯兰教,而尤努斯博士说:“孟加拉人或者印度人没有区别。人也许有贪婪的特质,但这个社会和媒体很少发现和强调人们的另一部分特质:我们不断实践帮助人,人们的善良特质便会显露,这跟宗教没有太大关系。所以格莱珉模式在全世界都可以成功,包括在美国及欧洲,我们的试验都很成功。”尤努斯的实践使我们相信:穷人也是有信用的。

在消除道德风险的同时,尤努斯控制风险的办法是坚持小额,时间上梯次还款,管理人员经常上门服务,贷款人要加入一个5个人的小组,目的是增加借款人的还贷信心,树立所有穷人都值得信任的理念。目前,尤努斯博士穷人银行贷款收回率达到了99%,平均贷款额每笔为130美元。

更为重要且意义深远的是,格莱珉银行通过这种特殊的机制,极大地调动起借贷者们自我管理的积极性与创造力。这些本来完全没有金融知识的贫穷村民,通过小组彼此联结起来,并在小组会议上进行公开的民主讨论,使他们自然地对管理自身的事务承担越来越大的责任。他们往往比银行职员更能提出创新性的方式来解决问题,因为这与他们自身命运的改变密切相关,他们有强烈的内在动力去寻找新的途径而使自己和其他成员尽快脱离贫困。

尤努斯深有感触地说:"我意识到,如果给予机会,人类是多么富有活力与创造力。"

格莱珉银行的经营模式中包含了实际可行的经济学原理。为了帮助那些根本没有知识与经验的借款者,格莱珉银行不断简化他们的贷款程序,最终他们将格莱珉的信贷偿付机制提炼为:(1)贷款期1年;(2)每周分期付款;(3)从贷款一周后开始偿付;(4)利息是10%;(5)偿付数额是每周偿还贷款额的2%,还50周;(6)每1000塔卡贷款,每周付2塔卡的利息。尤努斯博士说:"小额贷款机构如果要自负盈亏,首要条件是可以接受存款。如果我们不可以接受存款,捐款用光以后便无以为继,借款人同时是我们的存户,他们拥有这家银行,我们便像河流般不断有活水;对于借债人来说,他们每周偿还小额的贷款,同时存入金额更小的存款,这是一个改善他们财政状况的重要环节。一年后债还清了,他们可以借更多,同时又有一笔存款可以动用,令他们一步步脱离贫穷线。"

尤努斯与格莱珉的信贷哲学正在颠覆那些传统的信贷教条。传统的商业银行总是想象每个借款人都打算赖账,于是他们用繁密的法律条款来限制客户,保证自己不受损失。尤努斯却有相反的哲学:"从第一天我们就清楚,在我们的体系中不会有司法强制的余地,我们从来不会用法律来解决我们的偿付问题,不会让律师或任何外人卷进来。"格莱珉银行的基本假设是,每一个借款者都是诚实的。"我们确信,建立银行的基础应该是对人类的信任,而不是毫无意义的纸上合同。格莱珉的胜败,会取决于我们的人际关系的力量。"

点评:"信者储也",意为只有诚信之人,才能赢得信誉,积聚财富。格莱珉银行以"每一个借款者都是诚实的"为出发点,以对人们的信任作为建设银行的基础,创造了金融史上的奇迹。拥有诚信、平等力量的支撑,格莱珉银行为贫困者带来了曙光。

五、不签合同的加拿大人

在加拿大,许多交易行为并不是依合同进行的,称为"无约交易"。经粗略调查和估算,加拿大经济活动中约有一半的买卖交易是在不签约的情况下进行的。大陆的王先生去加拿大主要做二手设备、金属材料、化工材料和再生材料的生意,每年的流水在几百万美元以上。一年下来,不管怎么忙,验货、装船、报关,就是没有忙过签合同。

王先生在加拿大做的第一笔生意是一种高压聚乙烯材料,共20吨,一个集装箱。他看货物质量不错,价格也合理,就打算交定金,忙问对方怎么签合同。货主是个1.90米的大块头,叫迈克。大家习惯叫他"大个子"。大个子听了一笑,一边挑动浓密的眉毛一边说:"朋友,你得记住一点,和我做生意,永远没有合同。如果你想写合同就写好了,我可没有兴趣签。如果你喜欢我的货,就来买,咱们钱货两清。"王先生想入乡随俗吧,他不签就不签,反正一箱货如果有损失也不会太大。第二天,他赶了个早,提前到货场想监督装货。但等他到货场的时候,发现集装箱和他要的货都不见了! 他问大个子:"货呢?"对方说:"装走了!"不监督怎么就发货?但看大个子一脸自信,王先生也没好再问,可心里直打鼓。装的货质量好不好?数量够不够?王先生挺纳闷,大个子一分钱没收,怎么敢发货?如果自己不认账或者赖账,他难道不傻眼?王先生满腹狐疑付了款,焦急地等消息。后来,他的合作伙伴按时收到了货,不仅货物质量上乘,而且数量准确无误,甚至连纸箱的皮重都算得很清楚。

后来王先生发现并不是只有大个子有这个习惯,和他做生意的其他加拿大人也是这样——不需要一纸合同。一年几百宗生意,几乎都如此,慢慢地,王先生也适应了。这样的交易偶尔也出现误差,但故意欺诈和瞒骗等现象从未发生过。有一次,在卡尔加里出货,王先生住的地方离该市很远,发货时没有到现场。后来,客户来信反映货物的颜色和品种有误差,造成了一定损失。王先生想,已经给卡尔加里的货主付了款,要想要回差价,谈何容易。可出乎意料的是,他给货主打了一个电话,一星期后,收到了一笔汇款——不仅有给他的赔偿,还有表示抱歉的信函。

点评:诚信是形成良性互动的基石,每一位公民具有诚信自觉并且切实履行,才会让一纸合同退出舞台。加拿大人不签合同的做法,令人称赞,一个国家的文明程度也能从此窥见一斑。

六、一个"诚"字赢天下

对于中国人,李嘉诚这个名字可以说是成功与财富的象征。而他取得成功的秘诀就是——诚信。

(一)"诚"度危难

1950年的夏天,李嘉诚在筲箕湾创立了长江塑胶厂。投身塑胶行业,正是顺应了香港经济的转轨。李嘉诚对推销轻车熟路,产品很顺利地卖出去了,他手里捏着一把订单,招聘工人,经过短暂的培训就上岗,开足马力,昼夜不停出货。

正当春风得意之时,意想不到的风浪来袭。一家客户说李嘉诚的塑胶制品质量粗劣,要求退货,一些客户又不停打电话催货。李嘉诚骑虎难下,亲自蹲在机器旁监督质量。然而,靠这些老掉牙的淘汰机器,要确保质量谈何容易!仓库里堆满因质量欠佳和延误交货退回的玩具成品,一些客户上门要求索赔,一些新客户上门考察见此情形扭头就走,原料商上门催交原料货款,银行派职员来催贷款,长江厂面临遭清盘的边缘,这令李嘉诚焦头烂额,痛苦不堪。

回到家里,母亲从李嘉诚憔悴的脸色和布满血丝的双眼中洞察出长江厂遇到麻烦。母亲平静地说道:"很早之前,潮州府城外的桑埔山有一座古寺,住持云寂和尚已是垂暮之年,某日给他的两个弟子一寂、二寂各两袋谷种,要他们去播种插秧,谷子多者可继承衣钵。谷熟时,一寂挑了一担沉沉的谷子来见师父,二寂却两手空空。云寂便把袈裟和瓦钵交给二寂,指定他为未来的住持。一寂不服,师父说,我给你俩的谷种都是煮过的。"

李嘉诚悟出母亲话中的玄机——诚实是做人处世之本,是战胜一切困难的不二法门。翌日,李嘉诚回到厂里,召集员工开会,坦承经营错误,向这些天被他无端训斥的员工赔礼道歉,并表示,经营一有转机,辞退的员工都可回来上班,如果找到更好的去处,也不勉强,从今后,保证与员工同舟共济,绝不损及员工的利益。

紧接着,李嘉诚一一拜访银行、原料商、客户,向他们认错道歉,祈求原谅,并保证在放宽的限期内一定偿还欠款,对该赔偿的罚款,一定如数付账。李嘉诚丝毫不隐瞒工厂面临的空前危机,恳切地向对方请教拯救危机的对策。李嘉诚的诚实,得到他们中的大多数人的谅解,期限有所放宽,但工厂形势依然严峻。

积压产品,库满为患。李嘉诚抽调员工,对积压产品普查一次,将其归为两类:一类是有机会做正品推销出的;一类是款式过时或质量粗劣的。如初做"行街仔"那样,李嘉诚马不停蹄到市区推销,卖出一部分正品,同时以极低廉的价格将次品卖给专营旧货次品的批发商,如此用陆续收到的货款分头偿还了一部分债务。并最终走出了危机。

(二)"诚"定基业

1957 年,李嘉诚赴意大利考察塑胶花生产,回港后,他率先推出塑胶花,立即成为热销产品。1957 年末,长江塑胶厂改名为长江工业有限公司,公司总部由新莆岗搬到北角,李嘉诚任董事长兼总经理。厂房分为两处,一处仍生产塑胶玩具,另一处生产重点产品塑胶花。

李嘉诚不惜重金网罗全港最优秀的塑胶人才,不断地推出新样品。可是,因为资金有限,设备不足,严重地阻碍生产规模的扩大。李嘉诚担心陷于前几年的被动局面,不敢放手接受订单。

该如何突破"瓶颈"呢?李嘉诚陷于苦恼之中。在伤透脑筋之时,一个意想不到的机遇来到他面前。有位欧洲的批发商来北角的长江公司看样品,他对长江公司塑胶花赞不绝口,并参观长江公司的工厂,表达了合作意向,但要求李嘉诚找到殷实的担保人。

找谁担保呢?担保人不必借钱给被担保人,但必须承担一切风险。求人如吞三尺剑,位卑财薄的李嘉诚,碰了一鼻子灰。

翌日,李嘉诚去批发商下榻的酒店。两人坐在酒店幽静的咖啡室,李嘉诚拿出9款样品,默默地放在批发商面前。虽然非常渴望做成这笔交易,但未找到担保人,还能说什么呢?他和设计师通宵达旦,连夜赶出9款样品,期望能以样品打动批发商。9款样品,每3款一组:一组花朵,一组水果,一组草木。批发商全神贯注,足足看了十多分钟,尤对那串紫红色葡萄爱不释手。批发商的目光落在李嘉诚熬得通红的双眼上,猜想这个年轻人大概通宵未眠。他太满意这些样品了,同时更欣赏这年轻人的办事作风及效率,不到一天时间,就拿出9款别具一格的极佳样品。他记得,他当时只表露出想订购3种产品的意向,结果,李嘉诚每一种产品都设计了3款样品。

李嘉诚直率地告诉批发商没有找到担保人的事实,同时自信地向批发商表示,白手起家的自己在同行和客户中一直有较好的信誉,保证尽最大努力扩大生产规模,提供全港最优惠的价格,彼此互利互惠。

李嘉诚的诚恳执着深深打动了批发商,他说道:"李先生,你奉行的原则,也就是我奉行的原则。我坦诚地告诉你,你不必为此事担心,我已经为你找好了一个担保人。"

李嘉诚愣住,哪里有由对方找担保人的道理?批发商微笑道:"这个担保人就是你。你的真诚和信用,就是最好的担保。"

两人都笑出声来。谈判在轻松的气氛中进行,很快签了第一单购销合同。按协议,批发商提前交付货款,基本解决了李嘉诚扩大再生产的资金问题,但是这位批发商主动提出一次付清,可见他对李嘉诚信誉及产品质量的充分信任。

从此长江公司的塑胶花牢牢占领了欧洲市场,营业额及利润成倍增长。1958年,长江公司的营业额达1000多万港元,纯利100多万港元。塑胶花为李嘉诚赢得平生的第一桶金,也赢得了"塑胶花大王"的称号。

(三)"诚"夺江山

1958年,李嘉诚开始涉足地产业,先后在北角、柴湾兴建工业大厦。

1960年,他又在新兴工业区——港岛东北角的柴湾兴建工业大厦,两座大厦的面积,共计12万平方英尺。

20世纪70年代初,李嘉诚已拥有的收租物业,从最初的12万平方英尺,发展到35万平方英尺,每年租金收入为390万港元。

1971 年,李嘉诚成立长江地产有限公司。1972 年,香港股市一派兴旺,李嘉诚认准时机,将长江地产改为长江实业(集团)有限公司,骑牛上市,成为"华资地产五虎将"之一。从此,李嘉诚在香港地产股市大展拳脚。

1979 年 9 月 25 日夜,在华人行 21 楼长江总部会议室,长江实业(集团)有限公司董事局主席李嘉诚,举行长实上市以来最振奋人心的记者招待会,一贯持稳的李嘉诚以激动的语气宣布:"在不影响长江实业原有业务基础上,本公司已经有了更大的突破——长江实业以每股 7.1 元的价格,购买汇丰银行手中持占 22.4% 的 9000 万普通股的老牌英资财团和记黄埔有限公司股权。"

和记黄埔,是香港第二大英资洋行,资产价值 60 多亿港元。1973 年中股市大灾,接着是世界性石油危机,接着又是香港地产大滑坡。投资过速、战线过长、包袱过沉的和记集团掉入财政泥淖,接连两个财政年度亏损近 2 亿元。1975 年 8 月,汇丰银行注资 1.5 亿港元解救,条件是和记出让 33.65% 的股权。汇丰成为和记集团的最大股东,黄埔公司也由此而脱离和记集团。根据公司法、银行法,银行不能从事非金融性业务。债权银行,可接管丧失偿债能力的工商企业,一旦该企业经营步入正轨,必将其出售给原产权所有人或其他企业,而不是长期控有该企业。

李嘉诚凭着个人良好的实力和信用,加上船王包玉刚的帮助,汇丰让售李嘉诚的和黄普通股价格只有市价的一半,并且同意李嘉诚暂付 20% 的现金(即 1.278 亿港元)便可控制如此庞大的公司。

对这次交易,当时英文《南华早报》和《虎报》的外籍记者,盯住沈弼穷追不舍:为什么要选择李嘉诚接管和黄?汇丰银行大班沈弼答道:"长江实业近年来成绩良佳,声誉又好,而和黄的业务脱离 1975 年的困境踏上轨道后,现在已有一定的成就。汇丰在此时出售和黄股份是顺理成章的。"他又说:"汇丰银行出售其在和黄的股份,将有利于和黄股东长远的利益。坚信长江实业将为和黄未来发展做出极其宝贵的贡献。"

1981 年 1 月 1 日,李嘉诚被选为和记黄埔有限公司董事局主席,成为香港第一位入主英资洋行的华人大班,和黄集团也正式成为长江集团旗下的子公司。从此李嘉诚的事业如日中天。

李嘉诚以小博大,以弱制强。长江实业实际资产仅 6.93 亿港元,却成功地控制了市价 62 亿港元的巨型集团和记黄埔。

长江入主和黄,从此李嘉诚的事业如日中天,势不可挡,并由此被誉为"超人"。

点评:诚信,作为一种美德、一项准则,在现今充满机遇和挑战的社会愈显重要。李嘉诚正是以一个"诚"字,展现着他非同寻常的个人魅力和值得信赖的企业文化,为自己和企业赢得了认可与崇敬。

七、火中涅槃的温州鞋

(一)第一把火

1987年8月8日,这对热衷于"数字迷信"的中国商人来说,实在是个大吉大利的好日子,然而有着数百年历史的温州制鞋行业,却在这一天遭遇了一场毁灭性打击。杭州市工商局联手多个部门,在闹市武林门广场点起大火,5000多双温州的假冒劣质鞋葬身火海。

骤然间,温州皮鞋成了人人喊打的过街老鼠。"温州的鞋子嘛,样子蛮好看,跳舞跳几场就坏了。"有人说;还有人说:"下雨天穿温州鞋走路,人在走,鞋底不走了。"一名东北女青年给未婚夫买了一双温州皮鞋,刚穿两三天,结婚筵席上,新郎的皮鞋开了帮,不看不知道,一看吓一跳,原来里面塞的全是马粪纸。新婚夫妇气愤地把破鞋寄给了温州市市长,还附上了几个字:"温州人拿这种劣质皮鞋坑人,当市长的脸红不红?"1990年,原轻工业部等六部委联合发出通知,将温州产皮鞋列为重点整治对象。

武林门事件导致了温州鞋业的"信誉崩盘",并没有从根本上动摇温州制鞋业的根基。做皮鞋是温州人的传统手艺,早在明朝成化年间,温州鞋被朝廷列为贡品。20世纪20年代,温州已经形成手工鞋革业的完整体系,出现了制革街、皮鞋街和皮件街。温州的制鞋业基础雄厚,产业链完整,皮革、鞋帮、鞋跟、鞋扣等材料一应俱全。武林门事件后,制鞋原料价格骤跌,而且一般都可以批量赊货,这就为心有不甘的制鞋商们提供了一个极其难得的创业机会,他们制造出质量上乘的皮鞋,但当时温州鞋已经成为过街老鼠,商店避之唯恐不及,更有甚者,不少地方的店铺还打出安民告示:本店不售温州鞋。"康奈"皮鞋总裁郑秀康至今难忘20世纪90年代初一个商场经理对他说:"不是你的鞋不好,是你鞋的出身不好。"当时上海的厂家、商家到温州来考察,称赞温州很多鞋产品质量比他们好,但是要在上海搞销售,只有打上海的牌子才能顺顺当当地卖出去。这件事刺痛了郑秀康,"我考虑最多的就是如何让温州的品牌重新响起来。我也认识到绝不能只走借牌销售的路子,要重塑温州品牌。"于是,郑秀康设计了"康奈"昂首挺胸的人头像商标,寓意温州的皮鞋"健康发展、其奈我何",温州商人要好好做诚信生意,自然会在困境中走出一条新的路来。

(二)第二把火

十二年之后,在杭州武林门又燃起了一把大火,所不同的是,这次大火是温州制鞋商自己亲手点燃的雪耻之火。

1997年至1998年,武汉、安庆、公安、高密、临沂、泰安等地相继发现假冒奥康鞋。奥康集团总裁王振滔派出的人在山东打假两个月,发现高密碾头村生产"奥康鞋"已成相当规模,在10家企业中,1家做商标,3家做包装,6家做鞋。在其他地方,出现了"×奥康""奥×康""奥康×"等近似商标。

奥康人愤怒了,温州人愤怒了,他们要火烧假冒温州鞋。工作人员问王振滔:"火烧地点在哪里?"王振滔毫不犹豫地回答:"杭州武林门,从哪里跌倒就从哪里爬起来!"1999年12月15日下午3点,武林门,"打假保名牌"的横幅下人头攒动。王振滔和浙江皮革协会领导以及温州市的领导,点燃了一把火,2000多双假冒温州鞋在熊熊大火中化为灰烬。当时的《经济日报》生动地说:"12年前一把火,烧温州人的劣质鞋;12年后的火一把,温州人烧仿冒温州鞋的劣质鞋。"历史在相隔12年后出现了轮回,这次温州人成了胜利者!

"为了这一把火,我付出了长达12年的努力啊!"王振滔感慨地说。奥康公司还专门成立了打假办,每年用于打假的资金超过100万元。"我还要特别说一句,武林门广场那把火,温州人没有忘记。温州人在时时警醒自己。"

10多年来,温州制鞋业已走出国门,形成以康奈、奥康、红蜻蜓、东艺、吉尔达、多尔康等企业为龙头的中国最早参与国际市场竞争的制造行业,温州人的专卖店遍布几大洲,可以说在武林门的大火中温州鞋已经得到了重生,但是温州制鞋商并没有停下脚步,他们的目光在更远的地方……

点评:从制假到打假,温州制鞋业成功转型,焕然一新。"商海无涯信作舟",市场经济条件下,质量、服务、管理、品牌的竞争,无不以诚信为基础,这是市场竞争的制胜之道。温州鞋业掌握了这一生存法宝,令自身重现生机。

八、网上开店 信誉如命

(一)网络传播催熟虚拟社会诚信体系

2007年6月9日,"e贷通"贷款发放仪式在杭州西湖国宾馆举行。国内第一批网商,依靠网络诚信度,顺利获得建行"e贷通"共计120万元贷款。这四家企业为阿里巴巴的诚信通会员,均为百人以下的中小企业。

通常情况下,类似这样的中小企业自身的实力比较薄弱,无法提供全额抵押或担保,而且这些企业的财务报表不符合传统贷款的审核要求,因此长期以来都不是一般银行的贷款目标市场。而这四家企业之所以能获得贷款,主要就是以其在阿里巴巴上的网络诚信度(诚信通信用积累)作为重要参考指标。

中国建设银行首席风险官朱小黄表示,此次签约是现代商业银行首次突破传统信贷模式,以网上电子商务的信用度评级作为银行贷款发放的重要依据的一次金融创新,也是建设银行建立网络"信贷工厂"系统工程迈出的第一步。他说,在中国的中小企业群体中,也同样存在着一些优质的客户群体,他们在诚信经营、信用积累上有着严谨的态度,在企业营销、创新意识、管理水平、盈利水平上有较强的实力和潜力,是很好的贷款潜在客户。

这4家高信用度网商获得的贷款,是虚拟社会信用首次得到现实社会认可。而除此四家网商之外,千万商家则是凭着他们辛勤积累的信誉和精心维护的客户群延续着这火红网上交易的生活。淘宝网2006年网上交易突破169亿元,注册用户超过3000万,这几乎占了当年中国网民数量的1/4。3000万人、过亿次的消费体验昭示一个事实:网络商业正在被公众接受,网络信用体系正潜移默化深入人们的生活。

(二)蓬勃发展的电子商务

如此蓬勃发展的电子商务,不得不提到一个人,那就是马云。可以说正是这个小个子浙江人在不到10年的时间里创造了电子商务的传奇故事。马云的创业始于20世纪90年代中期,几经波折,于1999年创建了阿里巴巴电子商务网站。2006年,阿里巴巴已成为全球企业间电子商务的第一品牌,也是全球国际贸易领域最大的网上交易市场和商人社区。目前,阿里巴巴的网商达1800多万家,去年网上外贸交易额超过200亿美元。不仅如此,阿里巴巴旗下还拥有占据国内C2C市场70%份额的淘宝网、占国内第三方支付市场半壁江山的支付宝。

数据显示,截至2006年第3季度,阿里巴巴旗下的淘宝网会员数达到2670万,总成交金额达到43.5亿元,比中国C2C整体市场2004年全年41.6亿元的成交额还多,遥遥领先于网络购物领域的其他同行。同时,淘宝网在国内C2C市场以67.3%的市占率位居首席,三年前还占据C2C市场90%份额的eBay易趣则以29.1%的份额退居第二。由于淘宝的狂飙突进,到2006年第4季度,eBay易趣在投资数亿美元独立发展未果之后,更令人意外地与TOM在线合资运营C2C业务,变相放弃了独立发展的模式。

支付宝也如淘宝一样狂飙突进。从推出至今,短短两年间,支付宝在第三方支付市场的占有率已达48.2%,支持支付宝的银行则已增加至10家,基本上涵盖了所有主流商业银行,目前日交易总额超过4000万元人民币,日交易笔数超过25万笔,注册用户超过2000万。除淘宝和阿里巴巴以外,支付宝已普及至20余万家网上商店使用,是国内应用最广泛、最安全的网络支付工具。

2005年8月17日,雅虎宣布以10亿美元现金和雅虎中国全部资产为代价,换取马云创办的阿里巴巴40%的股份和35%的投票权,由此,雅虎中国正式纳入阿里巴巴体系,并使阿里巴巴一举跻身国内搜索市场第一阵营。

阿里巴巴、淘宝网、支付宝、雅虎中国,马云靠着阿里巴巴集团旗下的四驾马车的爆发式增长,实际上已经上演了网商时代的传奇故事。

而关于如何做好电子商务,马云认为必须着力发展的五件大事,第一件事就是——诚信,他有句很有名的话——"让诚信的人先富起来"。

有能推至诚之心而加以不息之久,则天地可动,金石可移。——宋·苏辙《三论分别邪正札子》

（三）店家——网店比实体店更受信用约束

来自口碑网的最新信息显示，自从 2007 年 5 月底开始，他们已经允许淘宝网的用户直接登录口碑网，从而实现两个网站会员互通，除去这种合作关系，口碑网表示，这也是由于淘宝拥有高诚信度的会员，这已经成为网络的一种隐形价值。

多家同时拥有实体店的网络卖家直言：网上信用约束比实体店更为严格。因为你的实体店哪怕与顾客产生纷争，绝大部分情况下会单独私下解决，从此瞒天过海，或是留下一个污点，充其量也散不了多远，再嘴大的顾客估计就算成了"祥林嫂"后也达不到太大效果。但网络上却是千万只眼睛盯着差评，名气一坏，可真是遗臭万年了。

（四）践行者——网络社会不是虚拟的

办公室一个网购狂人，每天一大早人未到，五花八门的快递、邮包陆续到场，帮着签字的同事一个比一个纳闷：这网上的东西有那么好吗，不会被骗？

"一个差评，满网络皆知，你觉得有多少店主会用声名骗得几个小钱？除非他正打算从此歇业，关门大吉。"买主答道，"再者，还有卖家的等级和信用度帮你作参照。"这于是让人想起一个经典情景：某顾客对某店表示不满，扬言从此不跨入此店，更要在朋友间宣扬一通，搞臭名声。然而对大多数店主而言，口头传播的"口碑"效应太过缓慢，于是顾客吵完气还未消，小店却依然做着生意，两不相干。而网络信用体系则是"一次差评，背负终身"。

（五）钻石卖家——赚钱是小事，信誉是大事

心、钻、冠，这三种代表店铺信用度的标志，是淘宝网上信用体系的物化参照。每一位买家都拥有自己的投票权，交易完成后对他的卖家进行评价，好评就意味着信用度提升，信用等级得到累积，差评和中评则是抹不去的"痕迹"，尤其紧跟着差评的评语，让卖家们紧张得起码出一身汗。以淘宝为例，买家的 4 个好评才能换来一颗"心"，251 个好评才能升得一颗"钻"，10001 个好评才能帮助卖家升级为"皇冠级卖家"，而要达到 5 冠卖家，好评数必须超过 200000 个。而每一个好评的得来，都是卖家精心呵护，细致沟通，周到服务换来的。

信用度使店家得美誉，它让路过的顾客有直观的印象，也让更多的新人有了选择的参照：买还是不买。而对于打算发展壮大的网店商家来说，长期的效益也蕴藏其中。

Hzdsch 是一位 5 心的卖家，其实他的实体店就在杭州屏风街，主营茶叶。虽然经营网店已经有 1 年多时间，但是 Hzdsch 并没有把追求信用等级作为一项主要工作。"其实看个人追求，我更多的精力在实体店，有时网上单笔交易达到上万元，有时顾客订了不少产品，我都一起打包，虽然少了评分，但是对我来说，也是时间的节

省。"Hzdsch 认为，虽然他不刻意追求信用等级，但并不意味他忽视信用，"每笔交易我必须保证质量，在我的店中，顾客有选择机会，但在网上，他们很难挑选，所以我们有必要把最好的东西推荐给他们。"

在 Hzdsch 看来，做好每一个环节，是走向良性循环的开端。而一位刚刚开出小店的店主很可怜地说："我是一律听从顾客的，哪怕是亏也得吃，自己的忍耐力得到了最大程度的体现。因为我是初级阶段，必须接受这种考验。"

（六）皇冠卖家——信用体系的建立，会使双方受益

偶然的机会看见一个超牛的小店，开张 4 年，交易超过十几万单，从小店的信用度可以看出，这家小店每周的交易量在 4000 单上下，店里因此还专门配备了专业的客服，负责与每一个客户沟通。店主爱来屋在接受采访时表示："诚信经营是根本。只要卖的东西确实好，价格低，总能赢得顾客。"她说，"找麻烦的顾客也有，但我们会恰当处理，是我们的责任决不推诿，不是我们的责任，如果是讲道理的客户我们也会承担部分。比如东西破了，让客户首先开具货运公司证明，开不出来我们就叫客户拍个照。如果对方比较讲道理，小额的我们全部承担破损费用，金额较大的会承担 1/2 或者酌情去处理。"

其实绝大部分的卖家给买家的评价是 100% 好评，这也许是卖家的一种姿态：以示友好，继续合作。卖家们则认为：现在的网络应该说是更维护买家利益，但这没什么不好，信用提升对我们自己也有好处，毕竟换个角度看，我们也会成为买家，也会受到整个制度带来的好处。

（七）仅靠个人努力是不够的

网络起初让很多人无法信任，源自其匿名体制无法追究，随着第三方支付体系的建立和被认可，网络信用体系也在逐步被社会体系所认同。纵然，网络体系中的信用积累还存在一定疏漏，但有一点值得肯定：在依靠网络生存的人群中，网络信用度已经是衡量他们个人诚信的标准。

来自统计部门的数据显示，2006 年，我国国内网上交易总量达到 266 亿元，在全国消费品销售总额总占比达到 0.85%，相信这其中的每一笔交易都牵涉交易双方的诚信问题。超过一亿的网民数量，几乎占人口总数的十分之一，数千万人次的网络交易数量，会如"星星之火"，带动更多的个体。诚信不能仅仅期待个人的道德约束，更需要制度的保障。阿里巴巴建立了一整套信用评价体系与信用数据库，该数据库中所有商户的信用记录最高长达六年，由于只有发生真实交易的双方才能给对方以评价，同时随着网络系统技术水平的提高，几乎所有的可疑交易被扫描和识别，加上惩罚措施的跟进，目前的信用记录大多是可以被信赖的，其中既有权威机构认证又有网络实时互动，可以从传统的第三方认证、合作商的反馈和评价、企业在阿里巴巴

的活动记录等多角度,展现企业商务活动中的行为。这套系统有效地为本次的合作提供了信用记录佐证,弱化了贷款中的风险成本,使得在虚拟世界建立了真实完备的信用体系。

　　点评:网络经济的良性运作需要社会诚信体系的规范和制约。作为社会诚信价值体系的新分支,虚拟社会诚信体系的建立和维护需要更多的心力,需要全社会共同维护,因为这种体系的建立,最终的受益者将是社会经济生活的每一个参与者。

[八则故事资料来源]

[1] 樊庆红,晏辉.美德故事丛书[M].石家庄:河北少年儿童出版社,2002.

[2] 高阳.胡雪岩全传[M].北京:中国友谊出版公司,1993.

[3] 段炜.巨人风范:IBM 慷慨兑现"1 元康宝"始末[EB/OL].(2014-04-03)[2004-04-16]http://tech.163.com/04/0416/10/0K37JR5U000915CD.html.

[4] 曹张伟."穷人银行"的秘密[J].经济,2006(10).

[5] 倪基塔.加拿大人诚信的故事[N].环球时报,2005-4-6(14).

[6] 李嘉诚:一个"诚"字赢天下[EB/OL].(2014-04-03)[2007-06-17]http://news.qq.com/a/20070614/001263_2.htm.

[7] 杨艳萍.火中涅槃的温州鞋[N].新民周刊,2005-3-9(4).

[8] 曹婷婷,张德君.网上开店信誉如命[N].钱江晚报,2007-6-29(B0008).

第七章　耻辱之柱

　　孩子藏起成绩单，只能躲过眼前的一顿责罚；商人以次充好，只能赚取这一单的蝇头小利。但是之后，父母最终会在家长会上得知孩子的成绩，就算孩子能够自始至终瞒住家长，这样的欺瞒行为却在他的成长中埋下了或大或小的隐患；商人可以做一单两单的骗人生意，但是产品质量低下、信誉败坏，久而久之，谁还会买他的东西呢？

　　不诚信是在抽取事业大厦的基石，一次不诚信的行为，让一块基石悄然消失，长此以往，大厦终将轰然倒塌。王莽恭谦未篡位时，骗来的一时得意，换来了一世骂名。不诚信犹如背着一颗定时炸弹，随时战战兢兢。而这颗炸弹最终会爆炸，毁去的不仅是虚利浮名，还有背炸弹的人。

　　人生的道路上有两条分岔。一条是诚信，一条是不诚信。走诚信之路，路越走越宽，走不诚信之路，路越走越窄。走哪条，全在一念之间。

一、遭受弹劾的克林顿

　　比尔·克林顿，美利坚合众国第42任总统（1993—2001年），是仅次于罗斯福和肯尼迪之后的最年轻的美国总统，是富兰克林·罗斯福之后唯一一位连任成功的民主党总统。

　　1978年，年仅32岁的克林顿就任阿肯色州州长一职，成为美国历史上最年轻的州长之一。1992年，克林顿竞选美国总统，在内政方面提出一系列改革方案，以43％的公选票、370张选举人票当选美国第42任总统，于1993年1月20日宣誓就职。

　　担任美国总统期间，克林顿政府的经济政策实施得当，美国经历了有史以来最长的经济增长期，出现低通胀与高增长的良好局面。在外交方面，克林顿政府确立了新世纪美国全球战略的基本架构，为今后世界格局的走向奠定了基础。此外，克林顿是美国总统当中不多的少数族裔民权和男女平等的最坚定的支持者，故一直深得非裔美国人、中西部和西部蓝领工人以及妇女的爱戴，成为现代美国离任时公众支持率最高的总统。但是这样一位富有才华、成绩斐然的政治家却因为在经济和个人生活上的欺骗以及谎言成为美国历史上第三位遭受国会弹劾动议的总统。

（一）白水事件

　　白水事件发生在比尔·克林顿的第一个总统任期。白宫副法律顾问文森特·福斯特死后，人们获知，白宫总法律顾问伯纳德·努斯鲍姆在福斯特的办公室毁掉了关于白水开发公司的文档。克林顿总统和他的妻子曾投资这家公司,在联邦证券交易委员会对麦迪逊投资担保公司(一家阿肯色州信托公司)破产的调查中,克林顿被控与这次投资欺诈相关。

(二)琼斯丑闻事件

1994年5月,曾在小石城的州长质量管理会议担任登记员的葆拉·科尔宾·琼斯,起诉克林顿总统于1991年5月18日把她召到旅馆房间进行"性骚扰",并提出索赔70万美元。

(三)莱温斯基丑闻事件

1998年1月23日,琼斯性骚扰案中证人、白宫前实习员莫妮卡·莱温斯基被指控与克林顿有染。克林顿则暗示莱温斯基否认他俩的关系,同时,克林顿在接受琼斯案"庭外供证"时,也否认与莱温斯基有任何关系。

1月28日,司法部长珍妮特·雷诺授权独立检察官肯尼思·斯塔尔调查莱温斯基女士同克林顿总统的关系。

4月1日,阿肯色州小石城地方法院法官苏珊·韦伯·赖特否决了琼斯在性骚扰诉讼中提出的一切指控,但指出克林顿不能因行政官员豁免权而免于接受调查。

8月17日,克林顿向全国发表电视讲话,承认他和莱温斯基有"不适当"的关系,并承认他和莱温斯基的关系是错误的,他对此将承担全部责任。

在"8·17"事件之后,根据民意调查,克林顿的支持率立刻下滑了5个百分点,美国民众对自己总统的行为表示震惊和失望。

但这一切仅仅还只是开始,克林顿的欺骗和谎言损害的不仅仅是他个人的声誉,还导致了更为严重的后果:许多美国民众,包括他的政敌认为,一个没有诚信、撒谎成性的人不适合继续做他们的总统。

10月8日,美国众议院批准对克林顿总统进行正式弹劾调查。

11月19日,众议院司法委员会召开首次正式弹劾听证会,并决定扩大调查范围,就前白宫志愿工作人员凯瑟琳·威利对克林顿的指控和一些其他问题进行调查。

12月12日,由美国共和党委员占多数的司法委员会不顾民主党委员强烈反对,通过了四项弹劾克林顿的条款,并否决了民主党委员提出的对克林顿进行斥责以替代弹劾的议案。共和党方面于9日提出克林顿在莱温斯基案中的两项伪证、一项妨碍司法和一项滥用职权的弹劾条款草案。

12月19日,众议院举行全体会议,以简单多数通过了弹劾克林顿总统的两条理由——在与其有关的绯闻案中"作伪证"和"妨碍司法"。

1999年1月7日,参议院开始对克林顿进行弹劾审判。

2月12日,参议院在对克林顿总统弹劾案的最终表决中,以45票赞成对55票反对否决了对克林顿的第一项弹劾条款,即指控他在绯闻案中"作伪证"。以50票赞成对50票反对否决了他"妨碍司法"的第二项弹劾条款,两项表决都没有达到宪法规定的对克林顿定罪和免职的票数,至此,参议院审理克林顿弹劾案宣告结束,克林顿在这场危机中以微弱的票数胜出,保住了总统的职位。

点评:虽然克林顿是一位能力卓越的政治家,他驾驭国家政治及国际事务的能力,与半个世纪以来任何美国总统相比绝不逊色,但在他的执政生涯中,他没有被政敌打败,却被自己的谎言和不光彩的私生活拖进了可怕的深渊,差点失去整个政治生命以及家庭幸福。

二、安然、安达信事件

(一)安然破产

2001年12月2日,世界上最大的天然气和能源批发交易商、资产规模达498亿美元的美国安然公司(Enron Corp.)突然向美国纽约破产法院申请破产保护,该案成为美国历史上最大的一宗破产案。

安然公司成立于1985年,其前身是休斯敦天然气公司,20世纪80年代末之前,作为一家区域性天然气管道经营商,其主业是维护和操作横跨北美的天然气与石油输送管网络。一直以来,安然身上都笼罩着一层层的金色光环:作为世界最大的能源交易商,安然在2000年的总收入超过1000亿美元,名列《财富》杂志"美国500强"的第七名;它掌控着美国20%的电能和天然气交易,是华尔街竞相追捧的宠儿;安然股票是所有的证券评级机构都强力推荐的绩优股,股价高达70多美元并且仍然呈上升之势。直到破产前的2000年,公司名列"世界500强"第十六位,然而这样一个能源巨人在一夜之间轰然倒塌了。

起因在2001年年初,一家有着良好声誉的短期投资机构老板吉姆·切欧斯对安然的盈利模式表示了怀疑。他发现虽然安然的业务看起来很辉煌,但实际上赚不到什么钱,据他分析,安然的盈利率在2000年为5%,到了2001年初就降到2%以下,对于投资者来说,投资回报率仅有7%左右。切欧斯还注意到安然的首席执行官斯基林一直在抛出手中的安然股票,而他不断宣称安然的股票会从当时的70美元左右升至126美元。而且按照美国法律规定,公司董事会成员如果没有离开董事会,就不能抛出手中持有的公司股票。也许正是这一点引发了人们对安然的怀疑,并开始真正追究安然的盈利情况和现金流向。事实上安然公司一直长期通过复杂的财务合伙形式掩盖巨额债务和虚报盈余,通过关联交易,把大量资产负债转移到关联公司账目上。到了2001年8月中旬,人们对于安然的疑问越来越多,并最终导致了股价下跌。2001年8月9日,安然股价已经从年初的80美元左右跌到了42美元。

2001 年 10 月 16 日，安然发布 2001 年第二季度财报，宣布公司亏损总计达到 6.18 亿美元，即每股亏损 1.11 美元。同时首次透露因首席财务官安德鲁·法斯托与合伙公司经营不当，公司股东资产缩水 12 亿美元。

2001 年 10 月 22 日，美国证券交易委员要求安然公司自动提交某些交易的细节内容，并最终于 10 月 31 日开始对安然及其合伙公司进行正式调查。

2001 年 11 月 1 日，安然抵押了公司部分资产，获得 J.P 摩根和所罗门·史密斯·巴尼的 10 亿美元信贷额度担保，但美林和标普公司仍然再次调低了对安然的评级。

2001 年 11 月 8 日，安然被迫承认做了假账，虚报数字让人瞠目结舌：自 1997 年以来，安然虚报盈利共计近 6 亿美元。

2001 年 11 月 9 日，迪诺基公司宣布准备用 80 亿美元收购安然，并承担 130 亿美元的债务。当天午盘安然股价下挫 0.16 美元。

2001 年 11 月 28 日，标准普尔将安然债务评级调低至"垃圾债券"级。

2001 年 11 月 30 日，安然股价跌至 0.26 美元，市值由峰值时的 800 亿美元跌至 2 亿美元。

2001 年 12 月 2 日，安然正式向破产法院申请破产保护，破产清单中所列资产高达 498 亿美元，成为美国历史上最大的破产企业。

在申请破产保护后，安然立即展开了大规模的裁员行动。在休斯敦总部的 7500 名员工中，已有 4000 人被裁，占其 21000 名全部员工的 19%，另有 3500 人被告知回家等候"进一步通知"。安然公司破产的影响还在于世界主要银行集团都对其有巨额贷款，在所有债权人中，花旗银行承担的债务最重，该银行仅最近的两笔贷款就高达 30 亿美元，另外，纽约银行的公司债券总额也高达 24 亿美元。而据标准普尔的有关市场分析人士指出，安然破产造成的负面影响将不只局限在美国本土，欧、亚两大洲的相关银行和基金都将蒙受巨大损失，估计全球金融机构将为此付出 63 亿美元的代价。在英国最大的三家银行中，苏格兰银行和巴克莱银行总计曾借贷给安然公司达 10 亿英镑资金（约 14.5 亿美元），安然公司在英国的附属公司还向其他英国银行借贷了超过 6 亿英镑的资金。这一事件对全球金融业的打击就像业内人士形容的，绝不亚于一次"9·11"事件。

（二）安达信倒塌

创立于 1913 年，总部设在芝加哥的安达信，最初的服务是收集客户的资料然后分类处理，经过近百年的发展，安达信已经成为全球著名的五大会计师事务所之一。安达信专业服务主要有审计、企业咨询、企业融资、电子商务、风险管理和税务咨询等内容，它代理着美国 2300 家上市公司的审计业务，占美国上市公司总数的 17%，在全球 84 个国家设有 390 个分公司，拥有 4700 名合伙人，2000 家合作伙伴,专业人员达 8.5 万人,2001 年财政年度的收入为 93.4 亿美元。安达信 1979 年开始进入中国市场,相继在香港、北京、上海、重庆、广州、深圳设立了事务所,员工 2000 名。

1985 年安然公司成立以来,安达信不仅一直负责其审计工作,而且同时提供咨询服务,安达信 2000 年从安然获得的总收入为 5200 万美元,其中 2700 万是提供咨询服务的报酬,尽管安然的问题连普通老百姓都开始感到怀疑的时候,安达信公司还是既没审计出安然虚报利润,也没发现其巨额债务。自从安然于 2001 年 12 月申请破产保护,并受到美国国会、证券交易委员会、司法部等部门的调查以来,安达信也因连带责任而不得不接受审查。

作为五大会计师事务所之一且经验老到的安达信不可能不具备发现问题的能力。事实证明,安达信不仅不是不知情,而且充当了安然同谋的不光彩角色。

2001 年 10 月 17 日,安达信得知美国证券交易委员会在对安然公司的财务状况进行调查。

2001 年 10 月 23 日,安达信开始销毁安然公司的文件。

2001 年 11 月 8 日,安达信收到证券交易委员会的传票后才停止销毁文件,两个星期中安达信销毁了数千页安然公司的文件。销毁证据被媒体披露后,安达信拒不承认,直到无法掩盖这一事实后,又将责任推卸到相关执行人员身上,意图躲避法律责任。

2002 年 1 月,安达信对安然的主审计师邓肯拒绝在美国国会听证会上发言,并且行使其沉默权。

2002 年 1 月 29 日,安达信表示安然的破产并不是会计事务所的过错。休斯敦销毁安然公司文件的"安达信"员工的行为仅仅是个人行为。安达信公司同安然的业务关系在安然申请破产保护时就已经结束。

2002 年 3 月 14 日,美司法部正式对安达信提起刑事诉讼。

2002 年 4 月 9 日邓肯在法庭上承认自己曾命令手下员工将有关文件销毁,而且邓肯进一步承认他曾于 3 月 20 日与安达信签署协议,协议要求双方在有关的调查和审讯中保持一致,邓肯的证词为安达信一案最终打开了突破口。

2002 年 6 月 15 日,美国一个联邦大陪审团裁定,安达信会计师事务所在销毁安然公司文件一案中妨碍司法罪成立。

2002 年 8 月 27 日,安达信美国的母公司安达信环球与安然股东和雇员达成协议,同意支付 6000 万美元以解决由安然破产案引发的法律诉讼。

2002 年 8 月 31 日,安达信环球(Andersen Worldwide)集团的美国分部——安达信会计师事务所宣布,从即日起放弃在美国的全部审计业务,正式退出其从事了 89 年的审计行业。

2002 年 10 月 11 日,得克萨斯州休斯敦地区法院法官就此案宣布判决。

在安然破产后有关安达信违规操作的黑幕陆续曝光,其信誉受到重创,包括福特汽车、默克制药、联邦快递、德尔塔航空公司在内的过去的一些大客户纷纷解除了合同逃离安达信,而其合伙人也另谋他主,避免受到牵连。安达信香港和中国内地的合伙人对外宣布,决定将旗下业务加入全球第一大会计师事务所普华永道,由此开始,安达信的海外军团开始各谋其主,各奔前程,如安达信在新加坡、菲律宾、中国台湾的业务并入安永;在日本和泰国的业务则并入毕马威。

安达信"崩盘"的直接原因是销毁有关安然的审计文件,实际原因是因为帮助安然公司"造假(账)""售假"(虚报盈利骗取投资者)而失去了公司立足之本的诚信。"一个审计师不但要在实质上保持独立,而且要在形式上也保持独立",这是安达信对其每个新员工都要培训的一课,但是安达信却最终忘了这最基本的一点。

点评:安然事件中,安达信在销毁安然审计证据的同时,也最终"销毁"了安达信的百年信誉。它的中译名"安达信",既传神又美好,十分合乎会计师事务所的身份,但安达信的失信行为不仅辜负了这个好译名,还毁掉了自己,这是多么惨痛的教训!

三、"克隆之父"变"科学骗子"——韩国黄禹锡造假风波始末

黄禹锡,1952 年出生,毕业于韩国首尔大学兽医学专业,因在科研上屡有惊人成就,被誉为韩国的"国宝""民族英雄""克隆之父"和"最高科学家"。

1993 年黄禹锡培育出韩国第一头"试管牛";1999 年培育出韩国第一头克隆奶牛;2002 年培育出克隆猪;2004 年 2 月,黄禹锡教授组在《科学》杂志上发表论文宣布,在全世界率先成功从人类克隆胚胎中提取出了"万能细胞"——干细胞。当年 9 月 1 日,首尔大学宣布,直至 2019 年 2 月黄退休时止,都将聘黄禹锡为首席教授。他还获得了韩国科研工作者的最高勋章——创造奖章,被认为是韩国最有可能夺得诺贝尔奖的火热人选。

2005 年 5 月,他再次通过全世界顶级的学术期刊——《科学》震惊世界:他成功利用患者体细胞提取了干细胞!和 2004 年一样,黄禹锡研究小组从体细胞中提取出细胞核后,把该核注入卵细胞克隆出胚胎,并最终培育出了干细胞。这一系列成果为治疗疑难病症开辟了新途径,黄被美国著名科学杂志《科学美国人》评选为年度科研领袖人物。他的合作者、美国匹兹堡大学医学中心教授夏腾表示:"可以说发生了比研制出疫苗和抗生素更具划时代意义的大事。虽然工业革命起源于英国,但当时谁也不知道那是一场革命。现在,在韩国首都首尔,也许已经发生了一场能改变人类历史的生命科学革命。"

6 月 24 日,黄禹锡正式获得"韩国最高科学家"称号,每年可从政府领取 30 亿韩元(1 美元约合 990 韩元)科研经费。一时间,疑难病患者向黄禹锡教授后援会网站

和黄禹锡的电子信箱发来大量咨询邮件,黄禹锡研究成果被政府指定为"核心基础技术"。韩国科技政策研究院则预测,到 2015 年,黄禹锡科研组每年可创造 6.6 万亿—33 万亿韩元的经济效益。

2005 年 8 月 4 日,他又宣布成功培育出首只克隆狗"史努比"。因为狗在卵细胞尚未成熟时就排卵,而且当时世界技术上还没有建立起可在体外使狗的卵细胞发育成熟的体外培育体系,因此这一成果使各界普遍认为,韩国在克隆动物和干细胞领域居世界领先地位,这只狗被美国《时代》周刊评选为年度最佳发明。

10 月 19 日,世界首家国际干细胞研究中心在首尔成立,黄禹锡当仁不让成为研究中心的领军人物。

2005 年,首尔大学国际干细胞研究中心成立,黄禹锡担任主任;韩国政府授予其"韩国最高科学家"荣誉;韩国政府向其研究小组提供数百亿韩元资金用于研究;黄禹锡不断出现在国内外各种学术会议和公开场合,成了一位韩国"国宝"级人物,甚至享受政府提供的保镖服务。受其宣称能为疑难病患者量身定做胚胎干细胞的诱惑,甚至有人成立后援会自愿为其研究提供所需卵子。

尽管成果惊人,荣誉众多,但是,在严谨的科学面前,这个韩国科学神话在 2006 年彻底破灭了。

(一)纸包不住火,神话破灭

"黄禹锡神话"破灭始于 2005 年年底,有媒体披露他的研究小组接受下属女研究员卵子用于研究,并向提供卵子的妇女提供酬金,违反了伦理道德;随后,他的研究小组成员、美国匹兹堡大学教授夏腾指出其在 2005 年论文中有造假成分,首尔大学随即成立调查委员会进行调查,结果证实其发表在《科学》杂志上的两篇论文成果均属子虚乌有。

2006 年 1 月,韩国政府取消黄禹锡"韩国最高科学家"称号,并免去他担任的一切公职。

2006 年 1 月 12 日,黄禹锡对其论文造假一事再次向韩国国民道歉,表示对论文造假负有全部责任,但他坚持认为其干细胞研究成果被人"调包",并要求检察机关进行调查。

2006 年 3 月 20 日,首尔大学惩戒委员会举行会议决定,对黄禹锡处以级别最高的处分,撤销他的首尔大学教授职务,禁止他在 5 年内重新担任教授等公职。会议同时决定,黄禹锡的退职金减半发放。

2006 年 3 月 22 日,韩国最高科学家委员会决定,正式取消黄禹锡的"最高科学家"称号。

2006 年 5 月 12 日,韩国检察机关对黄禹锡提起诉讼,指控他在干细胞研究中犯有欺诈罪、侵吞财产罪、违反《生命伦理法》等罪名。

2006 年 7 月 4 日,黄禹锡首次在法庭上承认曾指示手下在论文中造假,并表示愿为此承担责任。

2006 年 7 月 18 日,韩国政府决定取消授予黄禹锡的"科学技术勋章"和"创造奖章",以贬责他的论文造假行为。

(二)研究伙伴突然分手,卵子风波沸沸扬扬

2005 年 11 月 12 日,黄禹锡研究的重要合作者、匹兹堡大学的夏腾教授突然宣布同黄禹锡分道扬镳。夏腾是美国干细胞研究和克隆领域的权威,与黄禹锡合作了一年多,在向全世界宣传黄禹锡干细胞研究成果方面功不可没。有报道称,夏腾是以获取研究用卵子过程中存在伦理问题为由决定同黄分手的。关于夏、黄分道扬镳的具体原因,夏腾闭口不谈,一时间流言四起。有传闻称部分实验用卵子确是研究小组的女研究员提供的,违反了"禁止有控制权的人从下属获取卵子"的伦理规定。还有报道称,在获取卵子时有金钱交易,不符合禁止买卖卵子的法律规定。

2005 年 11 月 21 日,研究组成员、负责提供卵子的米兹梅迪医院理事长卢圣一迫于压力召开记者会承认:"从 2002 年到 2003 年末为保证卵子的充足来源,考虑到交通费、生活费补偿问题,曾向捐赠女性每人支付了 150 万韩元的补偿金。但韩国 2005 年 1 月才出台禁止卵子买卖的《生命伦理法》,所以没有违反法律。"他同时强调,黄禹锡并不知情,是他个人决定支付费用的。

11 月 24 日,首尔大学兽医学院伦理审查委员会经过调查得出结论:一、黄禹锡科研组在准备 2004 年《科学》杂志论文时,得到米兹梅迪医院提供的卵子,医院理事长卢圣一向 2003 年年底之前提供卵子的部分女性每人平均支付了 150 万韩元,而黄禹锡前不久才得知卢圣一向部分提供卵子的女性支付过报酬。二、科研组的两位女研究员曾捐献卵子,但她们是在干细胞研究因缺少卵子遇到困难后,为使研究尽快取得进展,出于献身科学的目的主动捐献卵子的。虽然卵子来源存在上述问题,但这都是在有关生命伦理和安全的法律于 2005 年 1 月施行前发生的,因此不属违法行为。对于女研究员依照本人意愿捐献卵子的不同看法,应归结为东西方文化差异,也不能认定与规范医学实验的国际公约——《赫尔辛基宣言》相悖,所以最终认为并没有违反法律和伦理准则。

11 月 24 日下午 2 时,黄禹锡举行记者会,承认手下女研究员曾捐献过卵子,并且合作医院向某些提供卵子的女性支付过报酬。为对卵子风波负责,黄禹锡宣布辞去首尔国际干细胞研究中心主任等所有校内外公职,今后将专心从事科研活动。

(三)照片真伪风波,一波未平一波又起

早在 2005 年 6 月至 9 月间,韩国 MBC 电视台就陆续收到了用于 2004 年论文的

卵子来源存在金钱交易和内部女研究员提供卵子、2005年论文有水分的情报。但是"卵子风波"仅仅是"黄禹锡神话"破灭的一个开始,真正致命的打击是他在"胚胎干细胞"方面提供的虚假数据。

2005年12月5日、6日,有人连续在韩国生物学研究信息中心和科学技术人联合会两大网站上传了黄禹锡论文中的多个干细胞照片相同或相似的文章,称干细胞照片只是倍率不同,可能是对同一个细胞照片进行处理的结果。还指出验证对比结果高度一致说明可能存在人为操作,这种明显的低级错误出现在国际顶尖科学杂志上令人难以置信。这一质疑在网上迅速扩散,围绕"照片风波"使争议进入了新局面。

2006年12月7日,黄禹锡因失眠、过劳和精神压力入院,韩国首尔大学做生命科学研究的同仁提出,为澄清疑惑应对论文成果重新进行验证;12月9日,《科学》杂志也转变了一贯支持黄禹锡的立场,要求黄禹锡和夏腾对引起争议的部分成果进行解释。

这种情况下,黄禹锡小组收回了"不能重新进行验证,只能让后续研究成果证明"的原有立场,向首尔大学提出了验证申请,首尔大学校长郑云灿紧急主持召开了干部会议正式决定实施验证。10日,被派到美国匹兹堡大学进行干细胞研究的黄禹锡科研组研究员金善钟表示,曾按照黄禹锡教授的指示,将2张干细胞照片追加复制成11张用于2005年的论文,于是"照片风波"又带出"真伪风波"。

(四)造假问题越揭越深,全部成果遭到质疑

2005年12月15日上午,作为黄禹锡科研组2005年论文的第二作者,卢圣一到医院探望住院治疗的黄教授,两人发生了激烈争吵。卢圣一气冲冲离开病房后向韩国MBC电视台等媒体披露,黄禹锡当天向他承认"胚胎干细胞根本不存在"。在接受韩KBS电视台采访时,他进一步解释说,黄禹锡此前主张培养成功的11个胚胎干细胞中9个是假的,而另外2个也不能确定真假。

卢圣一称,黄禹锡科研组向《科学》报告的干细胞中,6个干细胞被霉菌污染,均遭损坏,其余干细胞是将患者体细胞冒充为干细胞。卢圣一还称,培育干细胞失败后,黄禹锡命令目前在美国匹兹堡大学的金善钟研究员伪造照片,并以此向《科学》提交了论文。首尔大学医学院研究部主任李旺载当天也表示,已经确认黄禹锡科研组报告成功培养出的胚胎干细胞事实上根本不存在。

2005年12月16日黄禹锡在举行的记者会上,向国民表示了道歉,并称将证明自己的研究结果。同时黄指出,在米兹梅迪医院冷冻保管的胚胎干细胞可能被医院用受精卵胚胎干细胞调换,因此郑重要求司法机关尽快展开调查。随后卢圣一立即召开记者会反驳。干细胞造假事件,随即导致黄禹锡的其他研究成果也都广泛受到了质疑。

（五）神话破灭后果严重，调查进入司法程序

12 月 29 日，首尔大学调查委员会公布了中期调查结果，确认黄禹锡科研组冷冻保管的 5 个细胞是受精卵胚胎干细胞，也就是说，2005 年论文中与患者体细胞基因相同的特制胚胎干细胞根本不存在。对此，黄禹锡坚持："干细胞确实被调换，检察机关调查两天就可查明。"

2006 年 1 月 4 日，《科学》杂志通过声明表示："黄禹锡 2005 年论文的 25 名共同作者已签名同意撤销论文。《科学》将在首尔大学的调查结束后，宣布撤销论文。"同时韩国最高科学家委员会决定，1 月 11 日举行全体会议，讨论剥夺首尔大学教授黄禹锡"最高科学家"称号的问题。

1 月 10 日，首尔大学"黄禹锡科研组干细胞成果"调查委员会发表最终调查报告，认定黄禹锡教授科研组 2004 年发表于《科学》杂志上的论文同 2005 年的论文一样，也是源于编造数据。首尔大学表示，将召开惩戒委员会会议，确定处罚对象和处罚程度。

当天，首尔中央检察厅称："完全相信首尔大学调查委员会的调查结果，将在此基础上进行调查。"据悉，检察机关将对黄禹锡研究组相关人士进行传唤，对相关机关和资料进行扣押搜查。

点评：黄禹锡的造假断送了他个人的科研生涯，让他从"最高科学家"云端掉进了"科学骗子"的地狱，从"韩国国宝"变成了"韩国耻辱"。黄禹锡最终吞噬了这颗不诚信的恶果，也让韩国蒙上阴影：韩国科学界在相当长的时间内都将无法摆脱"黄禹锡风波"的后遗症，科学家们纷纷担心自己在国际著名杂志刊登论文和接受验证的过程中，能否受到公平待遇；韩国的经济也因此受到巨大震荡，在韩国证券市场，干细胞股和生物股以及新药开发股全线下跌，相关行业股也表现疲软，投资心理急剧降温；国家与人民的无限憧憬化为泡影后，韩国国民普遍感到了失落、无助、失望和愤怒。一个人的诚信缺失，造成了世人对一个国家、民族整体公信力的质疑，代价如此之大，想必是造假之人始料未及的。

四、南京冠生园：遍插茱萸少一人

近两年的中秋节，人们像往年一样逛街购物、走亲访友。节日期间在各地超市、商场远远地就可以看见"迎中秋月饼展销"等宣传横幅，而海报上则介绍每种品牌月饼的独特之处，各家月饼汇聚一堂，颇为壮观。但仔细一看，似乎少了一位往年的主角——南京冠生园。

2001 年中秋节无论是对广大消费者，还是对众多月饼生产厂家来说，都是特殊的，这一年的中秋、国庆同日，实属难得。历年中秋节的无限商机都给厂家带来了充

盈的希望。行家们预测 2001 年中秋将是月饼销售的大年,于是业内厂家尤其是一些知名企业早就备足了料,鼓足了劲,准备大干一场。然而风云突变。

2001 年 9 月 3 日,中央电视台《新闻 30 分》一则讯息《南京冠生园:年年出炉新月饼,周而复始陈馅料》吸引了全国上下 13 亿人的目光:画面真实地记录了工人们从铲月饼皮,到把馅冷冻再到解冻的全过程。据当时的目击证人说,一桶陈年豆沙上面已经长满了霉菌;一箱凤梨馅也能清楚地看到发绿的部分就是已经长出的霉菌。

新闻一出,世人哗然,想不到有着近百年历史的老字号竟然会采用如此卑劣的手段来欺骗、蒙蔽消费者。"陈馅月饼"被曝光后,从冠生园月饼进货的南京商家纷纷无条件撤柜。事故的始作俑者——南京冠生园,面对突如其来的危机,惊慌失措,招架不及,等待它的将是法律的严惩和关门的命运了。那年整个月饼市场因此也变得萧条了。

"冠生园事件"的曝光在月饼的生产、销售企业中引起强烈反响。人们在对月饼生产企业视百姓健康安全为儿戏深感愤恨的同时,也对"老字号"冠生园的"落马"而扼腕叹息。

"南冠破产"谁之过?各方人士对此表露出不同心态:有人固执地将其破产的原因归于媒体的曝光,认为是"他杀";也有人说是企业丧失信誉的必然结果,认为属"自杀"。绝大多数的人赞同后者。毕竟,外因通过内因才会起作用。

(一)风雨八十年

冠生园是我国食品工业的一个老字号企业,冠生园的历史是我国民族工业发展的一个缩影。

1915 年,广东人冼冠生开始做摊贩生意,一家人挤在一个小阁楼里做陈皮梅、牛肉干等小食品,在南市九亩地新舞台戏院门口摆摊叫卖。由于他的食品物美价廉,用已歇业的香港冠生园食品店的商标纸包装,生意十分红火。为扩大业务,1918 年在全国人民"提倡国货、抵制洋货"的强烈呼声中,冼冠生在上海正式创办"冠生园"食品店,冼自任总经理,并在斜桥局门路设立食品工厂,结束了斗室作坊的初级阶段。

此后冠生园坚持稳中求进,发展自己的特色产品,把糖果、糕点、陈皮梅和香港牛肉干等小食品作为经营重点,又增加粤菜、粤点品种,营业额直线上升,资本日益丰厚。冠生园成为集工、商、饮食服务于一体的综合性企业,与著名的泰康、梅林食品厂成鼎足之势。

1928 年,冠生园公司积极筹划将产品推向全国,冼冠生偕同会做糕点的母亲,与粤菜名厨数人到汉口设分店,生意兴隆。以后又增设 3 个分店、1 个总厂、1 个发行所。后又在庐山、武昌、南京、杭州、天津等地开设分店,冠生园的代销店几乎遍及全国各大城市。

　　1932年，冼冠生又招股10万元，在上海漕河泾工厂附近，辟地60余亩，建农场餐厅，场内小桥流水、亭台楼阁，环境幽雅，与黄金荣的"黄家花园"（今桂林公园）相邻，成为市民一日游首选之地，大大提高了冠生园的知名度。

　　1934年冼为了提高竞争力，在杭州超山购置数十亩山地，辟为梅林，在山麓设置梅厂，成为陈皮梅原料基地。1935年又在汉口成立冠生园分公司，有100多名职工，生产300多个品种，生产的糖果糕点既具有南方风味，又有北方特色，誉满武汉三镇。从而使冠生园月饼名声大振，后来居上，势压群雄，赢得"月饼大王"的美称。

　　"八·一三"淞沪战争，冠生园加紧劳军生产，用卡车将面包、饼干、咸鱼、酱菜等运至前线慰问抗日将士。日军侵占上海后，冠生园工厂、商店损失惨重，但冼冠生毫不气馁，他将制造罐头食品的部分设备迁至湖北汉口、湖南桃源，生产大批军用罐头。又从汉口调拨12万元资金至重庆，开设冠生园重庆分公司，因其产品深受顾客喜爱，生意自然红火。

　　1945年抗战胜利，冠生园为恢复南京、汉口、杭州、天津等地分店和重建上海漕河泾工厂，多次调出重庆西南各地分店历年积累的资金1亿多元法币、2万多元美金外汇和200两黄金，以重振"冠生园"雄风。但因国民党政府滥发纸币，造成恶性通货膨胀，冠生园业务处在风雨飘摇中，勉强维持到上海解放。

　　上海解放后，冠生园工厂积极恢复生产，冠生园总店及分店也恢复业务，扩大营业。1956年1月，冠生园股份有限公司实行公私合营，吞并青青蜂蜜厂。后爱民糖果厂大白兔奶糖又归冠生园生产。

　　大白兔奶糖是从40年代ABC糖果厂米老鼠奶糖演变而来。抗战胜利后米老鼠奶糖风靡上海，成为家喻户晓的名牌产品。新中国成立后，ABC糖果厂并入冠生园，冠生园对米老鼠奶糖做了改进，改名为大白兔奶糖，质地更为纯正，一经问世，就以香味独特、包装素雅而博得人们喜爱。1972年美国总统尼克松与我国总理周恩来在上海发表《中美上海公报》后，周总理把大白兔奶糖作为礼品送给尼克松，使得当时许多美国人把印有大白兔图案的罐子作为复活节的吉祥礼物互相赠送。

　　从此冠生园拥有了"冠生园""大白兔"两块名牌。

　　冠生园前前后后在全国各地投资建立了20多家分公司。南京冠生园成立于1937年。1992年美国天普股份斥资800万元与南京冠生园食品厂合资成立南京冠生园食品有限公司，注册资本约1360万元，外方控股60%。在合资前，南京冠生园食品厂有员工近500人，因大幅亏损面临倒闭。合资后的第二年，南京冠生园就转亏为盈，利润连年递增，至今累计上缴利税1560万元，由小型企业发展为南京市政府核定的240家大中型企业之一。

　　冠生园从20世纪初的一家小作坊起家，经过80年的风雨坎坷，发展成为今天拥有12亿元净资产、60多亿元营业额的大型食品集团，而其"生"字牌月饼曾连续几年被评为中国名牌月饼。

（二）信誉破产，咎由自取

2002 年 2 月 4 日，南京冠生园以"经营不善，管理混乱，资不抵债"为由向南京市中级人民法院申请宣告破产。法院已立案受理这宗破产清算案。它再次告诫世人：信誉是现代市场经济运行中一种重要的新的资本形态，是一个企业精神财富和生命所在；企业失去信誉，纵然一时得利，日后也必吞苦果。

面对危机，南京冠生园还是没有表现出应有的诚信。2001 年 9 月 3 日、4 日，南京冠生园食品厂总经理吴震中在两次接受记者采访时均表示，使用"陈馅"做"新饼"的月饼企业，绝对不止"冠生园"一家，这一现象在整个行业内相当普遍。吴震中表示，月饼作为特殊的时令商品，使用的馅料在数量上很难平衡，当年没有用完的料只要没有过期、没有变质，冷藏后来年都可以使用。对此，国家没有明确禁止。尤其是中小企业，从自身成本因素出发，绝大多数都在使用此前未用完的馅料。如果事实当真如此，吴震中此次捅破的是"整个行业的窗户纸"。但既然南京冠生园首先被揭露出来，就应该勇敢地站出来承担一切后果，而不是通过辩解来洗脱自己的罪行，否则，只会使所有人对它感到失望，只能使自己走入绝境。

可是，南京冠生园在辩解以后匆忙发出了一份公开信，部分内容如下：

> 某媒体 9 月 3 日播出的"南京冠生园大量使用霉变及退回馅料生产月饼"的报道，不但歪曲而且完全失实！此新闻播出后，不但在我省我市甚至全国都造成了极大的影响。省市执法部门当天下午立即到本公司全面收集资料进行调查了解，我公司也积极配合政府部门将相关资料及产品送查送检，原本打算待有关部门做出调查结论后再向社会大众有所说明。但事发一周以来，我公司全体干部员工和许多的民众都为南京冠生园蒙受的不白之冤愤愤不平。作为多年来始终守法生产经营的南京冠生园食品有限公司有责任和义务及时向关心、支持和厚爱本公司的各级领导和社会各界及广大群众澄清事实真相。冠生园人坚信中国是法治国家，执法部门会依法对这一事件做出公正结论。对蓄意歪曲事实、毁损我公司声誉的部门和个人，我公司将依法保留诉讼的权利。
>
> 此次报道出来后，立即造成大量媒体反复的同声讨伐，这个企业似乎一瞬间成了黑得不能再黑的黑窝！大家高热度的讨伐，失去了理性看待这个企业的空间，也失去了从正面去探讨它的兴趣！这也使得许多原来爱护支持冠生园但又不明真相的客户深感失望难过，甚至心痛愤怒！但在冠生园此刻受到如此打击创伤之时，我们仍要坚决地向每一位群众承诺：八年来，我们全体员工一直努力要做得更好，虽然积累了一些成绩，但我们仍有许多要改进的缺点，如果还有机会，今后将要更努力地去完成工作！

冠生园是大家的品牌，是许多朋友回忆的一部分！您对冠生园的感情，是对我们精神上的鼓励，但它更是让我们继续攀登的动力！

世界华商大会在宁召开在即，这是全体炎黄子孙、更是南京人的骄傲，冠生园的外资方作为一名守法经营的华商，决心与中资方及全体员工一起继续为国家的经济建设做出贡献，同时也切盼并坚信政府和社会各界会对这一事件做出公正的评判。

中外合资南京冠生园食品有限公司

2001 年 9 月 10 日

"陈馅事件"让人看到南京冠生园除了缺乏诚信外，其经营上也存在很大的缺陷。首先，该公司主导产品单一，没有创新，一季月饼管一年；其次，积存如此大量的陈馅，也说明其对市场的预测不够准确。

享有八十年声誉的老字号食品企业南京冠生园，未能守住企业经营上最起码的职业道德，失去了信誉，砸了自己这块八十年的金字招牌。这是近年来国内知名企业因失信而破产的第一例，是失信者付出的惨痛代价。

南京冠生园事件让老冠生园们痛心疾首："冠生园 1918 年创立，发展到今天，倾注了多少代人的心血……"

媒体曝光只是导火线，并非该事件的原因，企业生存和发展必当用心地守护信誉，而信誉缺失迟早会出现这种结局。

（三）市场可以整顿，情伤谁能修复

"冠生园事件"是砸向并不景气的月饼市场的一记重拳。厂家造孽、商家遭殃、百姓倒霉，造成的恶果不仅在于退货和罚款带来的损失，更重要的是消费者信心的动摇。以前曾口口声声让消费者购物时认清大型企业的名牌产品，难道冠生园不是全国知名的老字号吗？

从 2000 年 8 月份得到有关冠生园涉嫌旧月饼再利用的新闻线索后，中央电视台记者就开始接触和了解情况。据采访南京冠生园旧月饼"再利用"事件的记者介绍，他们在南京的暗访和第一次拍摄开始于 2000 年 8 月。在以后的两个多月里，记者已拍到了南京冠生园食品厂回收旧月饼、将月饼馅再加工的整个过程。以下为部分详细资料：

2000 年 10 月 24 日，将剥出的月饼馅翻炒入库。

2001 年 7 月 2 日，保存一年的馅料出库。

2001 年 7 月 3 日，去年的旧馅直接进入生产车间。

2001 年 7 月 18 日，用旧馅加工的新月饼销往全国各地。

2001 年 9 月 3 日，央视对南京冠生园进行曝光，江苏省及南京市卫生监督部门于当天下午紧急赶到冠生园食品有限公司，对其加工现场进行监督检查，当场查封大批成品及过期原料。

检查现场令人颇为惊心。70箱"山楂细蓉"的保质期只有3个月，但桶上标注的日期却是"2000年6月18日"，还有7大桶"莲蓉"的生产日期为"2000年11月19日"。另外，该厂使用的月饼专用添加剂竟还是1995年生产的，而这种添加剂的保质期最多不超过3年。更加令人吃惊的是，在该厂4楼的包装车间内，10余袋已经包装好的"冠生园莲蓉迷你月饼"生产日期竟是9月5日，足足"早产"两天。一时之间舆论哗然、公众哗然。

从9月3日起，原先备受商家宠爱的"冠生园"立即被"打入冷宫"。截至9月5日，冠生园几乎已被南京市场完全驱逐出局。南京的各大商场、超市唯恐避之不及，纷纷停售冠生园月饼。新街口百货商店正在举办月饼展销，本来专为冠生园在展区中央开设了一个展柜，但是9月4日一早，展柜已经空空如也。南京规模最大的连锁超市"苏果"也赶在9月4日早晨8:30之前紧急通知其所有网点，立即撤掉所有冠生园月饼。另外，如家乐福、金润发等大型超市也纷纷将"冠生园"撤柜。

月饼精美的包装和华丽的外表之下裹着的原来是"黑心"。往日象征亲情、团圆的月饼顿时失去了魅力，月饼销售门庭冷落，几乎所有的生产厂家都减产或停产，有的还面临着大量退货。

因为2001年9月3日南京冠生园的月饼事件被中央电视台曝光，散落在全国大小城市的14家冠生园企业都受到牵连，这些冠生园之间虽然既无资产关联又无业务联系，但是因为都使用着同一个字号——"冠生园"，无一幸免被市场视为"过街老鼠"，因此"人人喊打"。冠名以"冠生园"的企业大受其害，减产量均在50%以上。其中，该行业的龙头老大、年销售额60亿元的上海冠生园所受影响最大。

据了解，上海冠生园集团公司拥有人们熟悉的大白兔、冠生园两大驰名商标，集团效益颇为可观。南京冠生园事件以后，零售商和经销商恐慌性退货事件层出不穷；京城诸多老字号除了和这个"冠生园"划清界限以外，不得不一再降低"身价"，以求"买通"消费者；四川"新都冠生园"已有1000多家与之有业务来往的销售商撤柜退货，直接经济损失达1300万元。

南京冠生园的失信行为既严重损害了消费者的利益，也肆意践踏了整个"冠生园"的信誉。

2001年9月6日，冠生园（集团）有限公司在网上发表声明：针对中央电视台新闻频道播发的《南京冠生园：年年出炉新月饼，周而复始陈馅料》的新闻报道，冠生园（集团）有限公司特此发表声明，全文如下：

> 2001年9月3日，中央电视台新闻频道播发了《南京冠生园：年年出炉
> 新月饼，周而复始陈馅料》的新闻报道，全国有关报刊、网站做了转载。报

道在社会上引起强烈反响。同时,也引起了消费者和全国各地经销商的一些误解。现冠生园(集团)有限公司郑重声明:

该新闻报道反映的是南京冠生园食品有限公司的所作所为,南京冠生园食品有限公司与冠生园(集团)有限公司无任何资产纽带关系。

冠生园(集团)有限公司作为"冠生园"中国驰名商标的注册权拥有企业,通过了 ISO9002 质量认证,其生产的产品质量有严格保证。另外,冠生园(集团)有限公司对滥用"冠生园"字号的企业并由此造成对"冠生园"中国驰名商标的名誉损害,保留进一步交涉的权利。

特此郑重声明

冠生园(集团)有限公司

2001 年 9 月 5 日

除此之外,其他月饼厂家也纷纷致电新闻单位,力表"自身清白"。南京清真桃园食品厂负责人称他们每年回收的月饼全部卖给农民喂猪;南京马头糖果冷食厂负责人则称,该厂以销定产,没有销完的月饼,节后全部低价处理;而无锡元祖食品有限公司、南京大磨坊食品有限公司、南京西丽食品厂、南京国际会议大酒店等十多家月饼生产单位则主动请求有关执法部门上门进行监督。尽管如此,月饼生产厂家和商场均表示,2001 年的月饼市场别想"红火"。本应是红红火火的季节,却落得个冷冷清清的下场。

"金九银十"是糕点厂商除了春节以外的另一个重要销售季节,由于旺盛的市场需求,这期间的利润占据糕点厂商全年利润的主要份额,但 2001 年他们却只能仰天长叹。一块小小的月饼为什么如此重要,因为它包含着中华民族的情感和美好的祝愿。

附:[冠生园大事记]

◎1918 年,广东人冼冠生到上海经商,创立冠生园,最早经营粤式茶食、蜜饯、糖果。

◎1925 年前后,上海冠生园在天津、汉口、杭州、南京、重庆、昆明、贵阳、成都开设分店,在武汉、重庆投资设厂。其南京分店即是现"南京冠生园"前身。

◎1934 年,冠生园聘影后胡蝶为代言人,广告词"惟中国有此明星,惟冠生园有此月饼",产品一时名倾大江南北。

◎1956 年,冠生园进行公私合营。冼氏控股的冠生团股份公司解体,上海总部"一分为三",各地分店企业都隶属地方,与上海冠生园再无关系。

◎1996 年在上海市经委的支持下,上海工业冠生园与商业冠生园合并,实现上海冠生园字号的统一,成立冠生园(集团)有限公司。但在全国范围内,仍有多家冠生园未统一字号。

◎2001年9月3日，中央电视台报道"南京冠生园大量使用霉变及退回馅料生产月饼"的消息，举国震惊。同年，各地冠以"冠生园"的企业都受连累，减产量均在50％以上。其中，以上海冠生园所受影响最大。

◎2002年2月，南京冠生园食品有限公司向南京市中级人民法院申请破产。

点评：诚信是企业安身立命之本。随着社会的发展和进步，任何人或社会组织，以诚信为原则，以诚求真，言出必行，才能立足于社会。背离了诚信原则，就意味着舍弃了最基本的道德，最后只能被社会抛弃。"老字号"作为市场的宠儿，享有较高的品牌认同度和市场信誉，深受消费者喜爱，就更要诚信经营。

南京冠生园食品厂"陈馅做新饼"既是一种严重损害消费者利益的恶劣行为，又肆意践踏了冠生园的信誉，砸了自己这块几十年的金字招牌。诚信是一个企业的生命！任何企业都应该如同珍视生命一般，重视诚信，讲求诚信，确保品牌价值。如果一味追求利益，放弃诚信，无疑是自毁前程，自取灭亡。

五、"老赖"现形记

在绍兴县钱清镇，很多人都知道俞小木夫妻各自开一辆宝马车，尤其是俞小木那辆价值近170万元的"宝马750"更引人注目，但一般人恐怕不会把他与欠债不还的"老赖"等同起来。

4年来，知道俞小木有偿还能力的杭州市中级人民法院执行法官，虽然通过多次努力，却都没能从俞小木那里执行到一分钱，因为，俞小木夫妻开的宝马车都登记在别人名下，俞小木实际控制的几家纺织、织造厂也已转到别人手里。

但在2007年7月14日，情况突变。

（一）为了转移巨额财产，专门花几十万聘请律师

2007年7月14日，杭州市各级法院发起入夏以来最大的一次执行统一行动，俞小木被杭州中院列为重点执行对象。

这次，执行法官事先就已调查清楚：俞小木花几十万元聘用专门律师，为自己转移财产出谋划策，其中在厂房转让问题上存在明显猫腻，接受转让方竟是俞小木的表外甥，而运作良好、价值数百万的纺织厂，其转让协议中显示为"零资产"。

有这份证据在手，俞小木已涉嫌拒不执行判决裁定犯罪，关键是要找到俞小木本人。

（二）找过他不下8次，这次绝不能让他跑了

7月14日8点30分，从杭州出发的执行法官就接到债权人的"线报"：平日里行踪不定的俞小木，一大早就开着他的那辆宝马，来到绍兴县钱清镇的厂里。

执行法官在赶往绍兴的路上，一路和"线人"保持联系。上午9点45分，还没反应过来的俞小木被堵在办公室，几名法警随后扑上去，给还想出逃的俞小木直接戴上了手铐。

经办俞小木案的法官告诉记者，直接对俞小木采取措施，是因为他们前一次找到俞小木时，对方在协商履行欠款的过程中，竟然找了一个借口抛下执行法官和案件当事人独自溜走了。而从案件申请执行到昨天，法官亲自找过他不下8次，这次绝不能让他跑了。

（三）欠款利息接近本金，照样开宝马住别墅

早在2001年，俞小木所在的绍兴县杭绍毛纺织厂委托杭州一家进口公司，进口了24台织机，由一家公司提供担保。但进口织机到手后，俞小木并没有按约定付款。

2003年2月，进口公司将俞小木所在纺织厂及担保公司告上杭州中院。法院审理后，于当年4月，判令俞小木所在单位偿还欠款总计684万余元，担保单位承担连带赔偿责任，随后俞小木个人也被追加为被执行人。

但是，直到7月14日，除了担保单位迫于无奈，替俞小木还了525万元之外，俞小木本人分文未付，欠款的利息早已接近本金，可他每天还是开着宝马，住着别墅。因为有聘请的专门律师为他专门处理转移财产的事，俞小木认为有律师应付，法院拿他没办法。

（四）当众宣读具结悔过书，还向当事人道歉

抓获俞小木后，执行法官出示俞小木隐匿财产的相关证据，并给他两个选择：一是偿还全部债务；二是将此案移送公安机关，追究其刑事责任。

与申请执行人协商后，俞小木最终答应以150万元了结此案，并得到当事人同意。当天下午，150万元执行款全部进入法院的账户。

但事情还没有完，鉴于俞小木以前的恶劣行为，虽然当事人请求不要追究俞小木的刑事责任，法院还是责令其当场写下具结悔过书，又让俞小木对着电视镜头宣读，并向当事人道歉。

点评：真诚信实，说老实话、办老实事、做老实人是为人之本。唯有诚恳实在、表里如一，才能取信于人、生存于世。正所谓"有诚信，万事不愁，如利剑穿纸；无诚信，事事碰壁，似以卵击石"。

六、"刘羚羊"假照风波

2006年6月，《大庆晚报》摄影记者刘为强在可可西里给自己挖了一个坑。"征得管理局的同意在迁徙通道挖了一个简单的掩体。所谓的掩体，其实就是一个小

坑。在海拔4600多米的高原连喘气都费劲，挖一个能容纳两个人的掩体整整耗掉了我3天的时间。挖完小坑后，再在上面盖上一些东西，东西上面再盖些沙石之类。这样，藏羚羊就不会害怕了……"

在这封回复采访的电子邮件里，他向《人民摄影报》报女记者梁丽娟如是描述在坑里拍摄藏羚羊的经过：

"在掩体里苦苦等待了8天的我终于在6月中下旬（约6月20多号）拍到了这一瞬间。记得当时已经不抱任何希望的我看到火车驶过大桥，看到下面一群藏羚羊同时奔跑的时候，心跳都在加剧。好在拍摄了几张，而藏羚羊和火车同时存在的只有三张。这也是我在掩体里拍摄的唯一迁徙的瞬间。后来我用这种方法拍摄了许多高原骄子——藏羚羊的精彩瞬间。"

这张照片，被命名为《青藏铁路为野生动物开辟生命通道》，半年后，它获得了CCTV"《影响2006》年度新闻记忆"特别节目的新闻图片十佳铜奖，刘为强从此一举成名。

3个月后，2007年3月7日的《人民摄影》报头版头条刊发了梁丽娟采写的《那一刻，我拍下了藏羚羊穿越青藏铁路》。在报道中，刘为强的头衔不再是《大庆晚报》摄影记者，而是"中国藏羚羊四季生态拍摄者"，三张连拍照片则放在报道上方最醒目的位置。报道下方，是刘亲自撰写的《千古一瞬，真爱永恒》，记叙了他用镜头"见证中国藏羚羊交配全程"的过程。

如果没有后来发生的事，刘为强和藏羚羊的故事将是感人的和完美的，此前从未有人拍到过"羊和火车"如此和谐的场面。但网络戳穿了这一谎言。2008年2月12日，网友DAJIALA在中文摄影网站"色影无忌"上发帖，指出刘为强的获奖照片疑似造假："图片的最下方，有一道十分明显的线……仔细观察，这明显是一道拼接的痕迹。"从这一质疑开始，大半年来华南虎照片造假疑云所累积的网络情绪，被以令人吃惊的速度引爆，"刘羚羊"迅速成为一个公共事件。

刘为强随后承认了造假事实。6天后，他的获奖资格被宣布取消，刊登该照的多家媒体发出谴责联合声明，刘为强及其所在单位《大庆晚报》分头发出致歉信。同一天，他宣布辞去公职，自己承担一切责任。刘为强的光荣和梦想，就此栽倒在自己挖的这个被称为"羚羊门"的大坑里。

作为大赛主办方的CCTV，一如既往地成为网民嘲笑攻击的最佳对象。当初参与评审同意颁发大奖的摄影界内评委，此时也被广泛质疑——一篇帖子就轻易甄别了的假照片，何以能在高水准专家的眼皮底下，闯关斩将？

（一）贺延光的歉意

"羚羊门"事件爆发后，记者拿到一个不少于12人的评委名单，其中大多是各大平面媒体的图片总监。有消息人士称，在评审现场，就有评委对刘为强照片提出疑问。

《中国青年报》图片总监贺延光是最早的质疑者之一，也是唯一表示要道歉的评委。"不管怎么说都应该向参赛的所有作者表达自己的歉意……我觉得是评委就得为这个事情负责任，不在于当时是赞成还是反对。因为最后的结果是评委会的结果，至于当时是几票通过，那不过是过程，我们最后宣布的是结果。"2月20日，鼠年元宵节的前一天，在宁波出差的贺延光在电话中说。

他表示，获知消息至今，依然觉得"羚羊门"即使对摄影界来说，也是一件非常恶心的事情。而回顾整个评审过程，贺延光认为评审环节徇私的可能性很小，因为参赛者的名字都是密封的，而根据他所掌握的情况，所有评委和刘为强都没有利害关系。

在贺延光看来，评委的责任更重要的是在出了事情后一定要有旗帜鲜明的态度，是回避还是处理。"我的观点是一经发现，立即处理！"他赞同"羚羊门"事件的处理结果，就他记忆所及，这是多年来他所记得的最严厉的一次处罚。

"不要把这个事情仅仅当作摄影界的事情，从上到下，从下到上，尤其是去年包括华南虎照在内发生的一系列造假事情，说明社会土壤和风气有问题。"采访末了，贺延光说。此观点得到了另外一位评委、《新民晚报》首席摄影记者雍和的赞同。

对摄影界新闻作品造假问题，雍和一连用了三个成语来定性：由来已久，司空见惯，屡见不鲜。雍和说，问题一般还没人管，"造假算什么？只要你不犯政治错误"。

（二）柴继军的懊恼

在贺延光接受采访的前一天，另外一位评委柴继军，也给他打来电话征求对处理意见草案的看法。

柴继军是评委中身份最特殊的一位。作为央视2006年度新闻图片十佳评选的承办方，国内著名图片库China Foto Press（下称CFP）这一负责人得以参与此事善后，起草处理结果的草案，并打电话联系众评委征求意见。

柴继军坦承，央视新闻中心作为主办单位并不熟悉平面媒体，很难在短时间内筹集到大量参赛照片，这是委托CFP作为承办单位的原因之一。

记者登录央视国际网站查询得知，该次活动向全国征集照片的公告落款日期是2006年11月19日，而央视新闻频道播出事先录制好的颁奖晚会是在2007年1月3日，两者相距不到一个半月。

柴继军指出，因为时间太紧，央视此次年度新闻图片十佳评选的参赛作品，并非像外界估计的那样是全国各地摄影记者应征，而主要来自承办单位CFP从自身图片库的筛选。此外，在业内享有盛名的《人民摄影》报的推荐，也是参赛图片第二个重要来源。两位评委——《人民摄影》报总编霍玮和《新民晚报》首席摄影记者雍和证实了这一说法。

据刘为强自己的陈述,照片拍摄时间为2006年6月23日。记者网络检索发现,这张照片最早正式发表的时间,是拍摄4天后的2006年6月27日,发表平台是新华网,除这张肇事照片外,同时发表的还有刘的其他四张类似主题的照片,而刘本人恰是新华社的签约摄影师。

柴回忆,正是看到新华社中国图片总汇刊发这张照片后,他才安排CFP工作人员主动打电话给刘为强,签下该照收入图片库,随后又荐其参选。

（三）霍玮的疑虑

柴继军的懊恼,和霍玮相比可能算不了什么。霍玮事后回顾,在"羚羊门"事件前后,至少有三次机会有可能识破刘为强设置的骗局。

霍玮说,评选前,曾听手下一名摄影记者聊过刘为强照片可疑的《南方日报》摄影部主任钟荣健,曾在某个摄影界联谊的场合提醒过他,因此评选之初他就对该照心存警惕（钟荣健证实曾就此事当面提醒霍玮）。

和这次被网友揪出的PS痕迹不一样,评审会上几位评委的主要疑点集中在一点,那就是天性胆小、极易受到惊吓的藏羚羊在列车驶过时出现,不符合常识。曾经实地去可可西里拍摄过的霍玮说,要么有羊,要么有车。又有羊又有车两个元素同时出现彰显和谐主题,太巧太难了。

贺延光和雍和都回忆,贺当场提议霍玮找刘为强核实照片真伪,霍玮旋即打电话给《人民摄影》报副总编尹玉平和记者梁丽娟布置此事。"结果他们很快向我回复联系核实的情况,说刘为强在电话里强调是在守候了8天后拍摄的,'以人格保证照片没问题'。"霍玮说,在将反馈结果告知众评委后,大家不再有异议,搁置质疑开始投票。

多位评委还证实,包括颁奖典礼在内,央视那次年度新闻图片十佳评选,在2006年底一共开了三次会,前两次都是评委参加的评审会,地点都在央视东门北侧的梅地亚中心,前后大约花了两天。因此,评选结果出来以后与颁奖晚会正式公布结果之间,还有一个时间差。

在这个时间差里,霍玮心里还是有几分不踏实,便安排尹玉平悄悄联系了两位业内专家对刘为强的照片进行鉴定。颁奖结果公布前夕,尹玉平汇报:两人的答复都是很难鉴别出真假。对数码摄影元数据颇有研究的《深圳特区报》摄影记者齐洁爽是两位专家之一,2月20日齐向记者证实了此事,当时尹志平送来的照片"从像素上看不出问题,除非能调取作者拍摄的原图"。

至此,评委这个门槛,刘为强闯关成功。

最后一次考验,发生在几天后举行的颁奖典礼上。身着迷彩服留着一头长发的刘为强到场领奖,面对主持人李小萌的提问,再次面不改色地重复了他的挖坑故事,赢来满场掌声。这是霍玮第一次见到刘为强,霍承认当时他也被感动了,作为亲历

遇欺诈的人,以诚心感动之;遇暴戾的人,以和气熏蒸之。

——明·洪自诚《菜根谭》

者,他知道拍摄藏羚羊的艰苦程度。

同时出席典礼的《南方都市报》摄影部主任王景春很清晰地记得,即便在典礼后的晚宴上,面对众多同行的盘问,刘的表现也十分镇静坦然,看不出丝毫破绽。

（四）郎树臣的沉默

随后发生的事情,让霍玮渐渐消弭的疑问又汇集起来。央视颁奖典礼过后的同月底,《人民摄影》报和中国新闻摄影学会一年一度的新闻摄影作品大奖赛在长春莲花山召开。这个俗称"金镜头"的摄影大赛在业内名声很响,但刘为强没有将他的藏羚羊照片报名参选。

爱才心切的霍玮觉得有点奇怪,电话过去询问,刘的回答是正在可可西里拍摄,没时间参加。有意思的是,尽管刘为强不在,他和他的藏羚羊照依然成为大赛上的争议焦点之一。《南方日报》摄影记者郎树臣的一幅名为《藏羚羊穿越青藏铁路》的参赛照片,让大家想起了刘为强。两张在同一个地方拍摄,主题也相同,不同的是,郎的照片是在铁路桥上俯拍,"有羊没车"。

在接受记者采访时,郎树臣表示,其实他早就知道刘的那张照片是假的,因为当时刘为强拍摄时,他也在现场拍摄同一批羊群。也即,刘为强拍摄的也是一张"有羊没车"的照片。郎树臣强调,两人拍摄的两张"有羊没车"的照片,拍摄时间只相差一秒。郎还指正,即便在他拍摄结束先行离开后,在刘为强挖的坑里,还有一个同样来自大庆的助手,应该了解这些照片的全部过程。

为什么那时不站出来说?郎树臣解释,作为同样在铁路桥那里守候藏羚羊的同行,刘为强帮他联系过索南达杰保护站的住宿问题,彼此都是朋友,"不好意思说",何况"这也是评委的事情"。但让郎树臣始料未及的是,评委们居然对他的照片产生了争议。霍玮和雍和回忆,有人提出,比起刘为强那张"有车有羊"的照片,郎树臣"有羊没车"的照片逊色太多,拿奖不够分量。

接着也有人提出,刘的那张照片太完美太巧合,至今还有疑问。不在场的刘为强和他藏羚羊照片的真伪之争,随之重新成为焦点。

同样担任评委的王景春回忆,担任大赛评委会主席的贺延光最后提出了一个"无罪推定"的原则,适时终结了争议。争议的结果是:刘为强那张央视大奖照片,因为没有参赛,也没有明显证据,继续搁置争议,"把真相交给时间"。

最后,郎树臣那张"有羊没车"的《藏羚羊穿越青藏铁路》,因为"更趋近于真实",获得这次"金镜头"大赛自然及环保类的单幅银奖。

春节过后的华赛摄影大赛,刘为强依然不见踪影。霍玮越来越觉得不对劲,遂在该报编前会上郑重做出安排,要求尹玉平和梁丽娟继续调查。2007 年 3 月初,梁丽娟通过电子邮件采访了刘为强,随后将刘提供的 3 张连拍照片,送交北京一家名叫中科希望的软件公司鉴定,但依然没有得出清晰的结论。

梁丽娟表示,情况不明朗,她只好以介绍刘为强获奖作品创作经验为由,将这三张照片和刘自述的拍摄过程刊登在当月7日的《人民摄影》报上。2月20日,尹玉平特意来电向记者强调,决定同时刊登这三张照片,其实暗含该报的态度,而非单纯的肯定和褒扬。

郎树臣分析,之所以这些机构和专家很难鉴定出来,很可能是刘为强将照片PS合成完以后,冲出来一张,再用相机翻拍,如此在画面和元数据上很难看出来,还会有完整的底片备查。

(五)网络的功劳

让人始料未及的是,这些问题在网络上居然迎刃而解。数码摄影专家齐洁爽感叹草莽间藏龙卧虎。贺延光感谢网友监督,感叹"以前造假事件层出不穷,但都是圈内的事情,现在是社会上的事情了"。

追溯所有造假过程,刘为强本人也未必对网络力量没有认识,他除了最初将假照片交给新华社发表外,极少主动参与摄影竞赛之类活动。一位网友感叹,"羚羊门"事件尘埃落定后,虽然还有些谜底没有彻底解开,很难说刘为强是一个处心积虑城府很深的人,但他的冒险举动背后,又呈现出复杂的性格特征,如明知有明显的瑕疵甚至目击证人,却企图用并不算高明的谎言来营造一夜成名的梦想,又随时小心翼翼地规避着可能出现的危险。刚开始不惜铤而走险来延续谎言,又马上以罕见的坦率承认一切错误,甚至甘愿接受最严厉的处罚。

点评:"周老虎""刘羚羊"的出现,让整个社会对诚信的呼唤愈加迫切,对诚信缺失的担忧日益明显。作为新闻工作者,刘为强的做法亵渎了新闻的真实,辱没了记者的使命。即便他最终承认造假,但其冠冕堂皇的说辞难以令人信服,愈加名誉扫地。

公民的诚信素养体现了一个社会的文明程度,一个民族的公信力。而当前,公民诚信素养的形成、诚信体系的完善显然并没有与社会经济文化发展的速度保持一致,这不得不令人深思、警醒……

七、阿里巴巴的"诚信危机"

(一)阿里巴巴 B2B 遭遇诚信考验

2011年2月21日,阿里巴巴B2B公司(1688·HK)发布公告,2010年该公司有约0.8%即1107名"中国供应商"因涉嫌欺诈被终止服务,该公司CEO(首席执行官)卫哲、COO(首席运营官)李旭晖为此引咎辞职,目前由淘宝网总裁陆兆禧兼任阿里巴巴B2B公司CEO。先后有近百名销售人员被认为负有直接责任,这些人员将按照公司制度接受包括被开除在内的多项处理。阿里巴巴表示,公司决不能变成一家仅以赚钱为目的的机器,违背公司价值观的行为丝毫不能容忍。

（二）阿里巴巴关闭 1107 个不诚信账户

从 2009 年开始,阿里巴巴 B2B 公司国际交易市场上有关欺诈的投诉时有发生。虽然从 2010 年第三季度开始,B2B 公司已经开始关闭涉嫌账户并采取措施以图解决问题,但上述投诉仍未绝迹。

近一个月前,B2B 公司董事会委托专门的调查小组,对上述事件进行了独立调查,查实 2009、2010 年两年间分别有 1219 家(占比 1.1%)和 1107 家(占比 0.8%)的"中国供应商"客户涉嫌欺诈。上述账户已经被全部关闭,并已提交司法机关参与调查。

在调查环节中,有迹象表明,B2B 公司直销团队的一些员工,为了追求高业绩高收入,因故意或者疏忽而导致一些涉嫌欺诈的公司加入阿里巴巴平台。先后有近百名销售人员被认为负有直接责任。

B2B 公司公告称,上述不诚信事件未对该公司相关财务期间构成任何重大财务影响。

（三）马云誓捍客户第一价值观

据公告称,无论是卫哲、李旭晖或其他高级管理人员均没有参与任何关于不诚信供应商诈骗买家的活动,但是,董事会接纳卫哲及李旭晖为本公司诚信文化受到有组织性破坏而承担责任的意愿。

卫哲在一份媒体声明中表示,为上述事件进行公开道歉,"正是基于对客户第一的使命感,和阿里人为了组织健康的责任感,我才提出辞职申请"。

在同日一并发出的马云致员工的公开信中,他要求所有阿里人对不诚信行为采取零容忍态度。他说:"客户第一的价值观意味着我们宁愿没有增长,也决不能做损害客户利益的事,更不用提公然的欺骗。"

"对于有才干的人离开公司,我感到非常痛心。卫哲和李旭晖愿意承担责任是非常值得钦佩的行为,我衷心感谢他们过去对本公司付出不懈的努力,"马云说,"这是我们成长中的痛苦,是我们发展中必须付出的代价,很痛!但我们别无选择。"

马云的公开信提到,这一个月来他很愤怒,也很痛苦:"对于这样触犯公司价值观底线的行为,任何的容忍姑息都是对更多诚信客户、更多诚信阿里人的犯罪!我们必须采取措施捍卫阿里巴巴价值观!所有直接或间接参与的同事都将为此承担责任,B2B 管理层更将承担主要责任!"

马云要求 B2B 团队必须进行深刻检讨,要拥有"面对现实,勇于担当和刮骨疗伤的勇气"。

阿里巴巴方面进一步表示,该公司还将继续行动,查找任何政策上、结构上、程序上和系统上的不足之处,以防止同类事件的再次发生。

点评:诚信是电子商务的命根子,为了维护阿里核心价值观,防止诚信溃于蚁穴,阿里巴巴付出了沉痛的代价,但其敢于担当的勇气及日渐趋浓的社会责任意识必将为阿里赢得未来争取了更大的主动。

八、家乐福价格欺诈事件

记者从云南省物价局价格监督检查处了解到,云南省物价局在 2011 年元旦、春节期间组织的市场价格检查中,发现昆明家乐福超市有限公司的部分门店存在价格欺诈行为,云南省物价局分别对昆明家乐福超市有限公司白云店和世纪城店做出了罚款 50 万元人民币的行政处罚决定。

经进一步查实,昆明家乐福超市有限公司白云店在销售老树普洱茶时,宣传海报标价为 60 元/盒,但实际结算价为 120 元/盒。世纪城店在销售 2000 克火腿礼盒时,销售价格为 168 元/盒,价签标示时用大号字体标示"16",用小号字体标示"8.0",诱导消费者误认为销售价格为 16.80 元/盒;销售的梗冠绿色盘锦大米有 64.60 元/袋和 69.70 元/袋两种标价、猫哆哩酸角糕有 11.08 元/袋和 11.80 元/袋两种标价、好彩头散装豆干有 27.80 元/千克和 33.60 元/千克两种标价、士力架家庭装有 32.90 元/盒和 33.50 元/盒两种标价等,以上商品均以醒目标价牌标示低价,而结账时均以小标价签标示的高价进行结算。

上述行为已构成价格欺诈的违法行为,严重侵害了消费者权益。根据《中华人民共和国价格法》第四十条、《价格违法行为行政处罚规定》第七条的规定,云南省物价局分别对昆明家乐福超市有限公司白云店和世纪城店做出了罚款 50 万元的行政处罚决定。

(一)昆明家乐福:发现"低标高结"按差价五倍补偿

在国家发展和改革委员会 2011 年 1 月 26 日关于家乐福等超市有关问题的通报中,昆明家乐福的白云店和世纪城店也被点名。云南省物价局价格监督检查处处长郭继先介绍,云南省物价局于 2011 年 1 月 20 日至 21 日连续两天对家乐福在昆明的 5 个店进行调查,查实昆明家乐福超市在经营中主要存在三方面的价格问题:一是宣传价与结算价不符;二是同一商品两种标价;三是模糊商品标价。

对于通报中指出的价格问题,昆明家乐福超市有限公司公共事务部相关人士称,国家发展和改革委员会通报后,公司高度重视并连夜进行整改,目前通报的问题已经整改完毕,公司正对可能存在的类似隐患进行排查,现在 8 成以上的商品已排查完。

记者前日在昆明家乐福超市看到,"若您在本超市购买的商品扫描价格高于商品的标示价格,我们将给予您该商品差价5倍的补偿"的标语已被贴在超市收银台旁的柱子上。同时,还看到一些工作人员正在对商品价签进行核对,并将部分过期的价签进行更新。

据记者了解,为规范经营者价格行为,维护正常的市场价格秩序,昆明市价格监督检查局27日组织多家超市、家电经营单位价格工作负责人召开了规范明码标价提醒告诫会,要求各大型超市和家电经营者自觉加强价格自律,规范价格行为,如若出现违反价格法律法规的行为,一经查实将视情况罚款,情节严重者还将被停业整顿。

云南省物价局还要求各超市、家电经营者吸取家乐福价格问题的教训,立即组织开展自查,认真核对所售商品是否存在价签标价和结算价格不一致、促销标示的原价不真实、明码标价不规范等问题,若发现问题的,要及时予以纠正,多收消费者价款的,要全额予以清退。

昆明市价格监督检查局局长王贵平表示,春节期间市县价格联合检查组将加强对大型超市、家电经营单位市场价格的监督检查,做到一日一检查,一日一上报,重点打击恶意囤积、哄抬价格、变相涨价以及合谋涨价等违法行为,严厉查处恶性炒作事件,维护市场价格秩序。

(二)网友:绝非工作失误,而是故意坑人

国家发改委26日宣布,家乐福在部分城市的连锁店存在虚构原价、低价招徕顾客、高价结算等欺诈行为,同时被点名的还有另一国际零售巨头沃尔玛超市。这一消息引发网民高度关注,进而引发了众多网民争相晒在家乐福的"受骗记",有一家网站甚至开通了"说说你在家乐福的上当经历"的论坛。

江苏无锡网民"fusp97"表示:"我在家乐福买咸鸭蛋也被黑过,标价10.80元/6只,结账却是12.60元,我拍照投诉。退了1.8元,哈哈,他们说是新价牌没换上。"不少网民表示:家乐福进行价格欺诈的手法并不高明,但恰恰利用了消费者的心理——对国际知名品牌的信任。网民们互相"交流"受骗记之后,恍然大悟:绝非工作失误,而是故意坑人。

上海市消费者权益保护委员会秘书长赵皎黎说:"这些年来,我们接到过很多类似的消费者投诉,不单单是家乐福、沃尔玛,几乎涉及各家超市、大卖场。"她表示,消费者反映的问题,与此次国家发改委曝光的价格欺诈行为差不多。"这些价格欺诈问题,应该是企业的诚信出了问题!"

点评:诚实守信不仅是一种道德力量,也是一种经营手段。这些外资企业忽视诚信,利用过去的声誉和消费者的信任胡作非为,结果只会自食其果。

[八则故事资料来源]

[1] 黄志.权力"深喉"[M].北京：人民日报出版社,2008.

[2] 杨瑞.制度安排与审计质量——安然事件和安达信案例引发的思考[J].发展, 2004(6).

[3] 刘复晨.尘埃落定 神话破灭:韩国黄禹锡克隆造假案始末[EB/OL].(2014-04-03) [2006-01-14]http://www.chinanews.com/news/2006/2006-01-14/8/678389.shtml.

[4] 陶峰,汪晓东.南京冠生园因何申请破产[N].人民日报:华东新闻,2002-03-15(1); 陈琪.南京冠生园:信誉的破产[EB/OL].(2014-04-03)[2012-03-25]http:// news.xinhuanet.com/zhengfu/2002-03/25/content_721972.htm.

[5] 陈洋根.老赖有钱不还或帮老赖逃债都可能坐牢[N].今日早报,2007-7-14(3).

[6] 郭舜东.获奖藏羚羊摄影作品造假始末[J].南都周刊,2008(10).

[7] 罗提.CEO卫哲引咎辞职 马云要求团队"刮骨疗伤"[EB/OL].(2014-04-03) [2011-02-22]http://www.chinanews.com/it/2011/02-22/2858852.shtml.

[8] 杨抒燕.价格欺诈 昆明两家乐福各罚50万[EB/OL].(2014-04-03)[2011-01-30] http://www.shxb.net/html/20110130/20110130_269469.shtml.

[思考题]

1. 阅读了天地之间的诚信事,你如何看待"诚信"?

2. 列出印象最为深刻的诚信事件或人物,并谈谈从中获得的启示。

3. 请结合古今中外的不诚信事件,讨论诚信的时代意义。

4. 举例说明社会上的不诚信现象或事件,谈谈当今社会应如何传承诚信?

5. 对大学生来说,应该如何做到诚信?

6. 请根据自身实际,计算个人的"诚信指数"。

◎ 欲人不闻，莫若不言；
欲人不知，莫若勿为。
——汉·枚乘《上书谏吴王》◎

下　篇 | 你我之间：诚信人

Daxuesheng Chengxin Wenhua Lilun yu Shijian

　　"人无信不立，市无信不兴，国无信不强。"以诚待人，以信为本，这是一个人在社会上做人的基本道理。有了诚信才有信任，有了诚信才有荣誉，有了诚信才有发展。如果一个人失去诚信，那他做的任何事情都是徒劳的，做的这个人更不是光明正大的。所以说，做好诚信，利人利己。

第八章 大学生诚信观的调查与思考

若要人不知,除非己莫为。
——明·冯梦龙《醒世通言·勘皮靴单证二郎神》

诚信是中华民族的传统美德,是当代社会主义道德体系的基本范畴和市场经济伦理的支柱。党的十八报告提出:"倡导富强、民主、文明、和谐,倡导自由、平等、公正、法治,倡导爱国、敬业、诚信、友善,积极培育社会主义核心价值观。"首次将诚信贯穿于社会主义价值体系,成为构建社会主义和谐社会的基本理论价值。大学生是社会建设的希望与民族复兴的力量,加强大学生诚信教育,树立诚信意识,建立诚信机制,对于提高全民族的公信力,在全社会倡导和弘扬诚实守信的良好风气,促进社会文明程度的提升,都具有十分重要的意义。但在国家物质文明建设与精神文明建设取得了巨大进展的现代社会,由于社会主义市场经济转轨过程中体制的不健全,行为的不规范,传承几千年的诚信美德在强大的经济利益面前受到严重冲击,出现"诚信危机",导致人们的不诚信行为在社会生活中频频涌现。象牙塔里的大学生也不例外,大学生诚信缺失问题值得关注,高校大学生思想道德素质与诚信教育亟待重视。

为了解现代大学生的诚信状况,同时结合当今社会主题,弘扬社会主义核心价值观的精神,2014 年 6 月底,本书编辑组根据 2008 年春调查研究的经验,又组织了一次在校大学生的诚信观调查。此次共发放问卷 1500 份,主要针对浙江金融职业学院 2013 级大一学生,共回收有效问卷 1450 份,有效率高达 97%,通过统计总结,加深了本课题的真实性、普遍性以及代表性。本次调查旨在了解在校大学生对诚信的基本看法,在实际学习、生活中对诚信的遵守情况等。① 本章就调查的主要情况做简要分析,并提出今后指导诚信教育工作的思路和措施。

一、大学生对待诚信的基本态度

(一)诚信作为一种道德理想和人生修养,得到学生的普遍认同

诚信作为中华民族的传统道德之魂,对学生来讲有很强的认同感和亲和力,作为一种理想层面的道德修养,学生普遍认同。在调查中,64.8%的学生认为诚信在中国传统文化中占有很重要的地位;76.3%的学生把"诚实守信"作为描述一个人品质的第一关键词语;44.1%的学生认同要防止"毒面粉""大学生高考枪手"事件频发,最主要的手段应当是诚信教育。从认识层面来讲,92.4%的学生表示对诚信问

---

① 调查问卷参见书尾附录 3。

题很重视;53.1%的学生表示诚信给自己带来的最大益处是提高自己的道德修养;多数学生把诚信作为一种重要品质来看待,44.1%的同学认为在构建诚信社会中,道德约束比法律约束作用更大。

(二)对于学习中的诚信,学生既注重它的存在又承认在实际中很难做到

对于学生在图书馆借书延期不还或在所借的书籍上批注、涂改的现象,45.5%的学生认为只为自己的方便,而不考虑别人,不遵守图书馆的规章的这种行为不可取;18.6%的学生表示管好自己就可以了,其他人管不了;20%的学生认为这种现象的频发完全是图书馆的管理制度不严格造成的,而15.9%的学生认为这也是学生获取和占有知识的一种体现,可以理解。在"认为大学生考试作弊的人数占所有人数的多少"一题中,23.4%的学生认为较多人这样,41.4%的学生认为少数人这样,11%的学生认为极少有人这样,说明大部分学生对待考试的态度是十分端正的。在问到对于校园里出现的"枪手""枪手中介"有何看法时,53.8%的学生回答"这涉及一个人的道德问题,应该大力禁止",12.4%的人持无所谓的态度,只有16.6%人认为这是一个正常现象。

(三)对于诚信与信贷,很多学生认识到国家助学贷款是一种契约

国家助学贷款是国家运用金融手段,由银行面向普通高校中家庭经济确实困难的学生发放,用于支付在校期间的学费、生活费,并由国家财政给予利息的人民币信誉贷款。调查发现,当问及如何看待不少学生贷款后不能按期归还的现象时,78.6%的学生认为这是个人信用问题,有借必有还,应该加强学生的诚信意识教育,只有8.3%的学生认为这是国家发放帮助贫困生的,不还也可以。这说明很多学生认识到国家助学贷款是一种契约,而没有简单地看作是国家的一种资助。

(四)对待诚信与就业,大部分学生采取了折中的态度

在关于就业诚信的调查中,作为一种品质,诚信在实践中体现出了很强的相对性或者不确定性。认为当代大学生在就业方面的诚信一般的学生占62.8%。在"你在毕业择业时,如果看到别人写假履历,做假证书、奖状等而找到了一份比较好的工作。这时你的做法是"一题中,47.6%的学生回答"作假迟早会被用人单位发现,不是长久之计,所以自己一般不会作假的";44.1%的学生表示诚信是做人之本,自己决不作假;有6.2%明确表示也会作假。在被问及"若你是企业领导者,你能否接受大学毕业生在择业时的违约行为"时,38.6%的学生认为一般不能接受,因为造成了企业的损失;32.4%的学生表示这是年轻人不成熟的表现,视其具体情况而定。

从上述统计情况看,几乎有近一半的学生在回答就业与诚信的问题时都采取了折中态度。直面自己的利益与诚信品质,谁都难免会有一场心理的较量,在诚信与不诚信之间，一个重要的参照物是自己对未来选择的正确与否。换言之，面对择业，学生更关注的是自己的实际利益，相对于诚信的遵守，适合自己利益的选择可能更重要，这时品质不再是绝对的。品质是绝对的还是相对的，品质在一些我们看似更重要的事物面前是坚强的还是脆弱的，我们是坚持自己的操守还是灵活处理，这些都是我们应该深思的问题。

二、诚信在大学生中有一定程度的缺失

（一）对诚信的理想的追求与现实的操作存在较大的差距

从对 1450 位被调查者的问卷统计发现，有 41.4% 的学生认为当前我们的诚信教育效果一般，10.3% 的学生认为几乎没有什么效果；对于我国当今社会国民的总体诚信情况，56.6% 的学生认为一般，31% 的学生认为较差，还有 2.8% 认为很差；如下表所示，认为大学生的总体诚信状况一般的学生占较大比例，达到 69%，而学生中的 11% 认为大学生的总体诚信状况较差，甚至还有 0.7% 的学生认为很差，只有极少的学生认为很好。

评价 选项	很 好	一 般	较 差	很 差
你认为我们大学生的总体诚信状况	19.3%	69%	11%	0.7%
你认为当今我国社会，国民的总体诚信情况	9.7%	56.6%	31%	2.8%

从对别人要求的角度看，学生对于朋友的诚信品质要求比较"宽以待人"，43.4% 的学生认为允许朋友在特殊情况时有失信行为，只有 2.8% 的学生认为对别人如何无所谓，大不了尔虞我诈；从对自己的角度讲，23.4% 的学生认为自己在谎言可以保护自身利益时做到诚信最困难，过半的学生（51%）表示在涉及自己或他人隐私的问题上做到诚信最困难，而 17.2% 的学生则认为在指出他人缺点时最难做到诚信；从对构建诚信社会是否有信心的角度讲，35.2% 的学生认为有时有有时没，7.6% 的学生选没有，也有 2.8% 的学生表示不关心这个问题，21.4% 的学生认为中国距离诚信社会还有 20 年以上的时间，20% 的学生认为中国距离诚信社会还有 50 年以上的时间。

理想境界与现实操守，对他人的要求和自己的遵守，通过两者之间的对比，我们可以看到，诚信作为一种理想的道德被学生认为是重要的，但作为一种现实生活中的道德实践却很难得到充分体现，即理想的追求与现实的遵循存在较大的差距；对于大多数学生来讲，诚信并不是一种一以贯之的品质修养，而是具有较强随机性的人生态度，在实际生活中是否遵守诚信，要看是否涉及自身利益而定。诚信社会的"遥远观"思潮，值得引起教育界及其他社会各界的认真思考。

（二）在"面子"跟前，部分人很难坚守诚信的底线

在一个预设的却又很可能经常发生的场景："考试时，你的好友坐你后面，要抄你答案，你会"中，有 20.7％的学生表明很乐意给他看；有 39.3％的学生回答不太愿意，但碍于朋友面子，只好给他看；12.4％的学生则表示只会给他看一次，下不为例。表明从哥们义气方面考虑，部分人很难坚守诚信的底线。

在大学里，考试是检验学生学习效果的重要手段；从另一个角度看，考试也是衡量学生诚信与否的重要"试金石"。我们或许没有必要把所有的事情都上升到道德的立场去判断，但考试至少直接涉及了学生对待学习和知识的态度，涉及学生在面临可能发生的不同评价时的内心选择。从以上几个题目的统计结果看，关于学习上的诚信，学生对于自己的要求还是比较高的，对身边的不诚信现象比较反感，但是青年人往往会在所谓的面子问题上放弃诚信的约束。

在市场经济体制下，社会化程度越来越高，人和人的交往大大地突破了以往的家人领域，交往的范围在逐步扩大，在与人的交往中，舆论和面子对人们行为的约束非常乏力，旧的信用维系手段已然失效，新的约束手段还没有建立或健全，致使一度出现了某种程度的信用保障体系的缺位或"真空"，这必然在一定程度上推动了失信行为的扩散。

（三）在涉及学生自身利益时，诚信显得很脆弱

在"如果你要申请减免学杂费或困难补助，你会对你的家庭情况"一题中，六成以上的受访者（62.8％）表明要如实说；28.3％认为基本上照实说，稍微有点渲染；8.3％的学生表示按照申请要求加些渲染；0.7％的学生表示要大肆渲染。在前文的分析中，我们也可以看见，多数学生认为在谎言可以保护自己的利益时很难做到诚信。可见在利益面前，诚信有时难免脆弱。虽然诚信归根到底是一种道德义务，但道德义务的实现并不单纯依赖于道德本身的力量，而是需要一个外在的约束机制来调整和控制这种道德价值的取向。在一个法制昌明的社会，诚信体系之所以健全是由于制度对诚信的反面——不诚信的约束力太强大了。一个人如若完全置道德义务于不顾，他就会面临违反这种道德义务所要承受的举步维艰的处境。因此，在很多问题上，对契约的遵守本身就能够保障道德的实现。

综上所述，我们看到，作为一种道德情操，大学生普遍对诚信有较强的认同感，并将其作为个人品质修养的一个重要组成部分。但在实践中，诚信并没有普遍内化到学生的具体行动中去，体现出一种以个体利益为中心的随机性特征。诚信作为对他人和社会的诉求，学生表现出较强的渴望心理，但对于自己能否保证做到，较多学生存在"视情况而定"的犹疑状态。对学生而言，诚信主要是作为一种道德层面的东西而存在，尚未形成一种较强的契约意识，而如果没有对契约的遵守，诚

信就不能得到保障。因此，通过分析可以看出，诚信在大学生中有一定程度的缺失。

三、影响大学生诚信行为的主要因素

对于种种大学生诚信缺失的现象，我们结合调查进行了一些分析，有来自学生方面的主观原因，也有家庭教育方式、学校制度等外部环境方面的原因。具体而言，表现为以下几个方面。

（一）心理年龄不成熟，是大学生诚信缺失的内在根源

从被调查的对象来看，他们年龄上大多处在 18—25 岁之间，独生子女人数占 42.8%，这与 2006 年受调查者 90% 以上为独生子女的数据相比有了极其明显的下降。随着社会环境的改善、经济的发展，这一代学生普遍生活在物质优渥的环境之中，与其他独生子女家庭的学生相同，都是在父母细心呵护下成长的，在个性方面往往唯我独尊、心理逆反、不愿接受纪律约束，自我意识较强，责任意识薄弱。这个年龄段的学生虽然形成了一定的人生观、世界观和价值观，但这些观念和看法还不够稳定，仍具有较强的可塑性。他们与社会接触的机会少，社会阅历浅，对社会上多种不良现象缺乏清晰认识，容易将一些负面的现象当成社会的本质，存在强烈的从众心理。由于长期生活在学校，对社会缺乏了解，对实际生活缺乏深刻的体验，致使一些大学生对现实生活中的一些失信现象缺乏应有的分辨能力，加上自控能力较弱，在当前价值多元化的情况下，容易迷失方向，放松对自己的自律。总之，年龄特征和个人意志不够坚定等主观方面的原因是大学生诚信缺失的内在根源。

（二）家庭教育方式不当，是学生诚信缺失的间接因素

家庭是孩子的第一所学校，父母是孩子的第一任教师。家庭对孩子的影响是潜移默化的，也是根深蒂固的。家庭成员间强有力的感情纽带和对父母在经济上的依赖使得家庭在当代大学生人格形成过程中的作用举足轻重。英国教育家洛克有一句名言：家庭教育给孩子深入骨髓的影响是任何学校教育和社会教育永远代替不了的。但在应试教育的现实中，有部分家长在教育孩子时出现了偏差，很多家长只关心孩子的学习成绩和日常生活起居，把学习分数作为衡量孩子的唯一标准，重智育轻德育。调查中问及"你认为对你诚信观念形成影响的最主要因素是什么"时，排在首位的因素就是家庭成员的影响，比例达到 60%，如下图所示：

有的家长对孩子的不诚信行为不但没有及时制止，还起了教唆的作用。另外，有的父母要求孩子诚实、不许说谎，自己却在孩子面前做一些弄虚作假的事，这就给孩子带来了负面效应，造成孩子价值观的偏离，逐渐导致子女养成了不守诚信

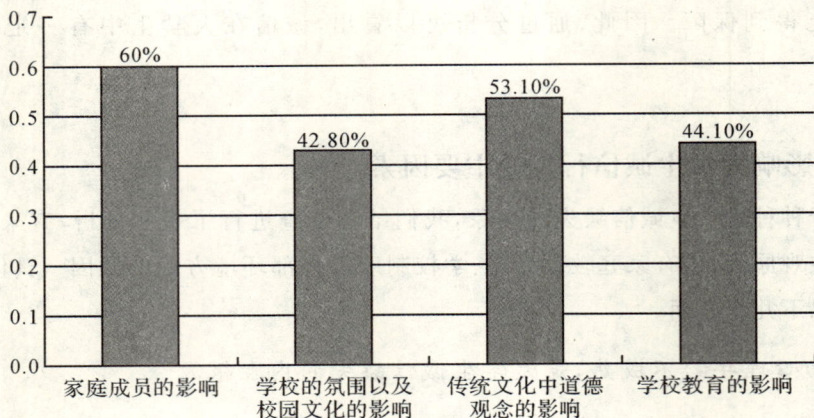

图 1　对诚信观念形成影响的前四位因素

的习惯。

目前,有较多学生家庭经济状况比较好,但部分家长文化层次低,不能给子女树立良好的榜样,有的甚至给子女灌输不正确的学习意识。有的家长明确表示,将自己的孩子送到学校读书就是为了拿个文凭。这样的思想观念导致学生学习积极性不高,迟到、旷课、作弊现象严重。在平时的生活过程中,养成花钱大手大脚、不讲诚信的习惯。

(三)学校规章制度不健全,是大学生诚信缺失的环境因素

一定程度上,高等学校内部规章制度的不健全,大学生个人信用制度的欠缺,学生的失信行为得不到应有惩罚,诚信者的利益得不到有效保障,也会导致和纵容学生失信行为的发生。从图1中我们可以看出,有42.8%的学生认为学校的氛围以及校园文化的影响是对其诚信观念形成影响的主要因素,44.1%的学生则认为对其诚信观念形成影响的主要因素是学校教育的影响。调查还发现,14.5%的学生表示导致学生诚信缺失的主要原因是高校教育体制(如考试、评价等)不合理,如图2所示:

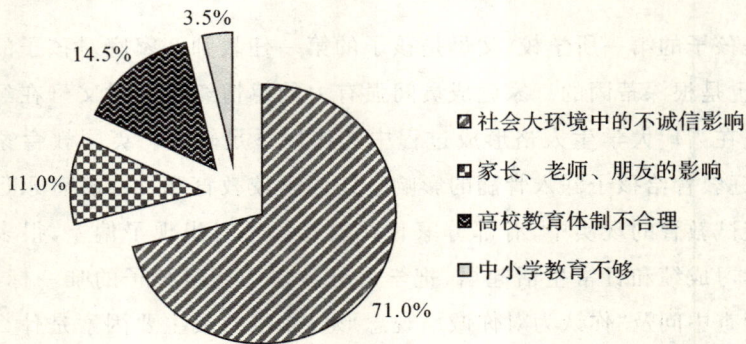

图 2　大学生诚信缺失的主要原因

高校的一些管理领域和部门,尤其是一些与学生关系密切的职能部门在工作中存在着诸多弊端和漏洞,如招生中的暗箱操作、各类评优中的不正之风、少数教师应付上课而不求质量、后勤服务中的一些花架子、学校检查评比中的虚假行为等,客观

上助长了大学生诚信的缺失。高校规章制度在具体执行过程中出现的不公正和不诚信，也对大学生诚信教育产生了负面影响。大学生个人信用制度的欠缺，也使得学生诚信意识不强。由于制度的缺陷，往往使一些心存侥幸或贪图眼前利益的学生为达到自己的目的而破坏诚信原则，其不良形象的树立给涉世不深、缺乏是非判断能力的大学生以误导，产生诚信滑坡现象。

此外，社会风气等大环境也是影响学生诚信行为的重要因素。调查发现，71％的学生认为社会大环境中的不诚信影响是不少大学生诚信缺失的主要原因，11％的学生认为家长、老师、朋友的影响是导致不少大学生诚信缺失的主要原因；对于大学生诚信观念形成影响的因素，有30％的学生选择了社会风气的影响，22.8％的学生选择了电视、报纸等传统媒介形式的影响，7.6％的学生选择了网络的影响，18.7％的学生则认为是朋友的影响，11％的学生认为是法律的影响，只有极少数学生认为是所学专业或者制度的影响。

每个人都在生活和学习中扮演不同的角色，从学生对问卷的作答情况分析来看，近年来，因受心理年龄的影响、家庭教育方式不当的影响、学校规章制度不健全的影响以及社会大环境的影响等，使得部分大学生在潜意识中诚信意识变得非常淡薄。如何营造良好的家庭、学校、社会教育氛围，强化诚信的集体教育环境，进而加强思想道德素质建设，使诚信教育在潜移默化之中实现，是值得研究的课题。

四、加强大学生诚信教育的建议与措施

虽然诚信教育是学生自身内在修养不断加强和积累的过程，但有时也需要制度来强制和约束。因为部分目光比较短浅的大学生认识问题不够透彻，他们往往因考虑眼前的利益而背信弃义。新形势下，如何加强对学生的诚信教育，促进其诚信意识和行为的养成调查中，33.1％的学生认为加强思想道德素质建设是改善周围缺乏诚信的局面的最有效途径，42.8％的学生认为建立健全完善的个人诚信档案是最有效的途径，33.8％的学生表明完善法规法律体系建设，使人有法可依、违法必究最能改善周围缺乏诚信的局面，11％的学生则认为要改善这种局面需要加大行政部门的监督管理力度。

结合被调查学生的建议，我们认为，要切实有效地加强大学生诚信教育，必须构建一个科学合理的诚信教育体系，结合学生成长成才的具体情况，因人制宜，将诚信教育落到实处。这就需要社会、学校、家庭等各方面的共同努力，完善高校大学生诚信教育管理体系，真正从理论和实践上加强大学生的诚信。

（一）努力打造校园诚信文化，创建良好的校园诚信氛围

对于建立大学生诚信教育体系这个宏伟的工程，学校作用是至关重要的。所以，要想净化环境，首先就要从净化校园环境入手。要努力建设一个从学校各级领

导、全体教职员工到每一名大学生都诚实守信的环境氛围,在校园人文环境建设上形成潜移默化和具有导向性的诚信教育场所。精心设计教育氛围,规划诚信教育景点,让学校的每一面墙壁、每一处角落都能成为诚信教育的场所,让每一个有声的、无声的宣传园地如校内广播、校园网络等都成为全体师生了解诚信教育基本内容、要求和重要意义的工具。形成"人人知诚信"的良好氛围,为"人人讲诚信"打下舆论基础,强化校园诚信教育的渗透性。为了更好地育人育才,大学生的诚信教育要与高校思想道德教育相结合,使社会主义核心价值观深入人心,让诚信融入大学生的学习生活中去。

(二)建立健全学生诚信档案,促进学生的诚信行为养成

诚信档案应包括个人信息、学习诚信信息记录、经济诚信信息记录、择(毕)业诚信信息记录、生活(品行)诚信信息记录、其他诚信信息、信息认定等几个模块。

在"个人信息"模块里,学生要如实登记自己的本人基本信息,包括主要家庭成员的基本信息;在"学习诚信信息记录"这个模块里,要求学生真实客观地将自己大学期间的学习成绩、综合测评、所获奖学金、不良行为记录、所受处分等填写进去,并要自己签名鉴定;"经济诚信信息记录"模块则要求学生把自己的助学贷款、困难补助、勤工助学、学费住宿费缴纳等项目按照实际情况填写在相应栏目里;在"择(毕)业诚信信息记录"这个模块里,学生要将自己的就业情况、升学情况以及就业不良行为记录填写进去;"生活(品行)诚信信息记录"模块则要求学生将在校期间所获的荣誉称号、优秀事迹、所受处分以及其他的不良行为如实记录下来;"其他诚信信息"要求学生填写的是在校期间的担任学生干部职务情况、组织培养情况、遵守校纪校规情况;"信息认定"模块则要求学生每学年对自己所填写的信息加以签字认定,再交由其班主任认定签字,在学生毕业前夕,系部可结合其在校期间的表现,对学生的诚信档案加以最后认定,系部认定后的诚信档案作为对学生本人在校的品质操行的一个重要证明,在学生毕业时,诚信档案跟随学生人事档案一并交给用人单位,从而将学生的诚信记录延伸到社会。

(三)家校互动,齐抓共管,深入推进学生诚信教育

古人云:"师者,人之模范也,无德者无以为师。""德高为师,身正为范。"首先,教师要充分发挥在诚信教育中的示范和导向作用,要把"敬业、精业、爱生、自律"作为师德的核心严格要求自己,增强教书育人的使命感和责任感,严格规范自身的言行,做诚实守信的典范。要对学生实行严格管理,平等、公正、民主地对待每一个学生。其次,要充分发挥课堂教学的主阵地作用,紧密联系大学生生活实际和社会实际,积极改进教学方法和内容。非"两课"老师要把德育工作贯穿于专业教学过程中,要善于抓住时机,结合教学内容和学生职业道德要求,将诚信教育有机地渗透到教育教

学活动之中,教会学生做人的道理,帮助学生养成老老实实的学习态度和一丝不苟、求真务实的行为习惯,培养大学生诚信的品质。

在学校教育的同时,保持学校家长联系制度,学校老师及时跟家长进行沟通、交流,让家长掌握学生在校情况,避免家长或学生的"学生在学校,教育靠老师"这种看法,利用家长特有的权威性、亲和力来加强对学生的约束,特别是学习考试方面的诚信行为,督促其养成良好的习惯。

总之,外部环境中学校及家庭在学生的诚信观形成过程中起到了非常重要的作用。学校及教职人员在教书育人的同时,需要强调大学生诚信观念的重要性,有利于促成文明良好的校园风气,真正有利于提高大学生的诚信道德水平。家庭与家长对学生诚信态度的形成具有潜移默化的作用,应在其三观形成过程中帮助塑造优良品质。

(四)完善并执行各项规章制度,充分发挥制度的约束作用

为加强对学生不诚信行为的约束,首先,是要完善高校规章制度,以诚信的制度约束学生。高校要注重校内规章制度的建设,包括各类评奖、评优、发展学生入党以及对违纪学生的处理。其次,在执行现行制度时,要努力做到公平、公正、公开,体现诚信的内涵。

随着高等教育的大发展,各高校的学生管理制度也越发完善,但是由于多方面的因素,在执行过程中往往会存在对某些学生不诚信行为的处理时"手软"的情况。有些学生明确表示:考试不及格不要紧,反正学校最终会给我毕业证的,我们上届的某某某就是这样。这种特例的存在给学生带来相当大的不良影响,降低了制度的严肃性,从而使规章制度的执行力和威慑力大打折扣。

所以,在制定好的制度的同时,必须加强管理,严格要求,及时制止学生中发生的不诚实、没信誉、不道德的行为。比如:严格考试纪律,防止学生考试作弊,对于作弊的学生要按照学校规定处理,绝不姑息;对于不符合毕业条件,不能顺利毕业的学生,在对其加强教育、督促的同时,严格控制标准,必要时杀一儆百。总之,要做到教育和规范相结合,引导和管理相辅相成,减少学生欺骗、违纪的行为,营造良好的学风,树立诚实守信的道德风尚。

(五)根据学生不同发展阶段,开展针对性的诚信教育活动

不同学校的学生诚信状况是有差异的,同一学校、不同年级的学生的道德状况也有所不同,这就决定了大学生的诚信教育不能千篇一律,必须针对不同学生群体的具体情况,采取针对性的教育。

拿高职类院校来说,这类院校的学生学制为三年,诚信教育也可以相应地分为三个阶段:一年级阶段,主要是认知和良好习惯的养成。此时,教师应引导学生稳定

专业思想,适应大学生活,诚实面对学校管理,诚实展现自我。二年级阶段,主要是正确的世界观、人生观、价值观的养成。教师应督促学生端正学习态度,倡导一种以诚相待的氛围,并提倡公平竞争,杜绝作弊,诚实面对人生,诚实评价自我,赋予学生责任感和使命感,逐步实现自我教育、自我管理、自我服务的一体化,让学生自信地选择适合自己的人生目标。三年级阶段,面临的是毕业和就业,主要是引导学生正确认识社会,认识自我,树立竞争有序的观念,讲信用,会合作,正确选择适合自己的就业岗位,诚信就业。

总之,只有不断完善教育制度,改进教育方式,全体教师齐心协力,师生同心同德,家校联手互动,才能真正建设自己的"诚信"文化品牌,为学校自身的长足发展奠定坚实的基础,为用人单位输送满意的人才,为社会经济建设贡献应有的力量。

当然,诚信教育非一日之功,而是一个细水长流的过程,诚信教育任重而道远。大学生特殊的年龄特征以及当今社会各种观念的冲击,决定了其价值观的多元化。大学生诚信行为的养成,高校大学生诚信教育体系建设与完善,不仅在理论教育层面需要加强高校思想道德建设与社会主义核心价值观的学习,而且在实践拓展层面也需要对大学生加深引导,促进其在行动中不断发展升华。

第九章　大学生诚信行为指引

诚信作为一种道德要求，意思是诚实守信，是人类社会千百年传承下来的道德传统，是人之为人的最重要的品德之一，是一个社会赖以生存和发展的重要条件，也是社会主义核心价值观的重要内容，它强调诚实劳动、信守承诺、诚恳待人。我国是礼仪之邦，历来崇尚"仁、义、礼、智、信""一诺千金"，然而近些年来，道德滑坡、诚信缺失的现象日益突出。在校园里，考试作弊、简历造假等失信现象已随处可见。我国教育学家蔡元培先生曾说过："要知道明天的社会，先看看今日的校园。"学校不仅是学生学习的场所，更是国家培养未来接班人的重要阵地。所以，针对当代大学生日益严重的诚信缺失的问题，开展多方位、深层次的研究已经刻不容缓。

一、当代大学生诚信现状

大学生作为整个社会中知识水平、认知能力和接受能力都较高的一个群体，相比较而言，诚实守信的水准应当比其他人要高。然而目前由于我国正处于社会转型时期，受种种不良因素的影响，使得大学校园并非"一方净土"。虽然客观上讲，我国当代大学生诚信道德状况的主流和总体水平是好的，绝大多数的同学在日常生活中可以把诚实守信当作为人处世的基本原则，但考试作弊、拖欠贷款、网络欺骗等不诚信现象已屡见不鲜。具体而言，大学生诚信缺失主要表现在以下几个方面：

（一）弄虚作假严重

一是考试作弊，屡禁不止。考试是检验教学效果的重要手段，也是大学教育的重要组成部分。尽管各高校对考试都做出了严格的要求和规定，但仍有少数学生心存侥幸，考试中夹带纸条、交头接耳、利用手机等高科技进行作弊，甚至有些学生出于老乡和"兄弟"情面等原因替考，以身试纪。考试作弊现象在高校仍屡禁不止，大学生考试作弊已经是一个普遍的不争的事实，而且作弊者队伍越来越庞大，手段也越来越先进，不少地方还出现了以赚钱、营利为目的的，有组织、有中介的"职业枪手"队伍，严重削弱了我国考试认证制度的权威性和相关证书的含金量。二是学术剽窃，司空见惯。抄袭作业、论文移花接木、假想实验数据等对于不少大学生来说是家常便饭。近年来这种学术抄袭甚至已经走向公开化、职业化。在社会上，有专门卖论文的职业人士，专门从事各种类型论文的倒卖交易。这种非正常化的职业的出现，正是学术剽窃之风"盛行"的"产物"。三是简历注水，花样百出。为了在双向选择的就业竞争中找到好的归宿,不少大学生在个人履历表上大做手脚。某部门在招聘时竟然发现,同一学校两个班的学生中有 15 个班长、10 个学生会主席前来应聘。四是投机取巧,追逐名利。在评奖评优上,在入党、竞选干部、保送研究生等问题上,一些大学生不是靠实力去争取,而是想方设法请客送礼,投机取巧拉关系。弄虚作假的直接后果是一方面严重挫伤努力学习的同学的积极性,另一方面是学生水平下降。而水平的下降直接影响到就业。在北京、上海、广东的人才市场,大多数用人单位不愿意要应届毕业生,认为他们有文凭没水平。

(二)人际关系淡漠

据报载,北京某大学在对 420 名学生的调查中发现,在"对他人的态度上",有近一半的受访者缺乏对他人的足够信任感和安全感。在对"与陌生人打交道时要小心"的回答中,表示完全赞同的高达 45.8%,而完全反对这一说法的只有 0.5%,完全同意"在这个竞争的年代里,如果不保持警惕,别人就可能占你便宜"的占 32.7%,部分同意的占 38.6%,完全不同意的只占 2.6%。由于缺乏真诚与信任,于是沉迷于网络虚拟世界,而不愿意在生活中与人交往者有之;背地造谣中伤,偷看他人日记,甚至盗窃财物者有之;为争夺恋人,抢夺升学、留学机会而不择手段者有之;逢场作戏,未婚同居,多角恋爱者有之,于是因恋爱不成而轻生自杀或是凶残报复的事件在高校时有发生。人际关系的淡漠,容易导致学生孤僻、冷漠、紧张、不合群、缺乏责任感,引发心理疾病,不利于学生健康人格的形成和发展,使学校的不稳定因素加大。

(三)信用意识缺乏

一是恶意欠费。恶意欠费现象在许多高校普遍存在,所欠金额每年都在递增,部分学生学费是拖而不交、欠而不还,目的为了省下学费能让自己在大学里"挥洒自如"。还有部分学生为了"多赚"几元电话费,手机频繁地欠费换号。二是骗贷逃贷。为了满足家庭经济困难的大学生顺利完成学业,从 2000 年开始,全国范围内全面推进国家助学贷款制度,所有普通高等学校均能申办国家助学贷款。大部分学生熟知贷款事宜,但是仍然有部分学生诚信意识缺乏,部分学生家庭经济并不困难,但为了获得经济上的利益,他们托关系、找门路拿到村委会、居委会、民政局等部门申请开具贫困证明,骗取助学贷款。少数学生在填写资料时就伪造了个人信息,他们认为自己毕业后天南海北,原借款银行根本无法追查,采取能拖则拖、能逃则逃的办法,拖欠银行贷款。这些有能力还贷的学生没有还贷,不仅给以后申请助学贷款的学生带来了不良影响,同时也阻碍了银行助学贷款的进一步发放,这对高校大学生资助工作造成了不小的负面影响。据调查,某银行到期应还贷款的800 多名学生中,逾期还款的竟占到 400 多人,甚至有些学生从未还过款。到期还款率只有 50％左右。① 部分大学生恶意欠费，套骗贷款，更有一些同学隐瞒真实情况，恶意申请，其目的就是利用在校期间低廉的利息占取便宜。由于坏账率过高，全国已有 100 多所高校被银行列入暂停发放助学贷款的"黑名单"。大学生助学贷款还款难问题让银行伤透了脑筋。三是肆意违约。某些大学生缺乏诚信意识，契约意识淡薄，面对日趋严峻的就业压力，很多大学生不认真分析自身条件和就业形势，几乎是"饥不择食"地与招聘单位签订就业协议。当发现自己的签约单位不如别人时，一些大学生便对自己当初的盲目与草率痛悔不已，一旦再遇到条件较好的招聘单位，就不惜背信弃义，撕毁协议，另谋高就。结果不仅使招聘单位的用人计划落空，造成经济损失，而且这种不负责任的失信行为，还严重影响了学校在社会上的形象和信誉。

二、当代大学生诚信缺失的危害性

诚信无价也有价。说它有价，就在于不讲诚信对社会、个人的危害极大。而大学生作为传承文明的主力军和时代的佼佼者，一旦诚信失范，其危害就更大，主要表现为：

（一）大学生诚信缺失不利于大学生自身成才

随着现代社会的不断发展，社会对人才的要求也在不断提高，一个合格的人才必须具备良好的身心素质、品德素质、智能素质和文化素质。在这众多素质之中，品德是人才的灵魂和统帅，它决定着人才发展的方向和动力，是个人成才的前提，也即俗话所说的"成才必先成人"之意。德是才之灵魂，诚又是德之根本，诚信是一切具体道德观念和道德规范的渊源，诚信是道德修养的基本范畴和最高境界。因此，对于正在成长中的大学生而言，诚信乃是其成人之本和成才之道。美国心理学家特尔曼对人才的研究的著名论断是："性格品质与成才具有密切相关性。"说明良好的道德品质是成才的必要条件，而这些道德品质中首要的就是诚实守信。诚信是个人必须具备的道德素质和品格。目前，部分大学生在平时的学习、生活中诚信缺失，弄虚作假，没有学到真正有用的知识，缺乏应有的素质与能力，必然难以胜任未来的工作，直接影响到大学生的顺利成才；在社会交往中，损人利己、言而无信，严重损害了人际关系的和谐，扭曲了人与人之间的真诚关系，导致人际关系的冷漠，团结合作意识的淡薄，这也必然影响自身的健康成长和成才。大学阶段是大学生形成比较稳定的世界观、人生观、价值观的关键时期，这个阶段所树立起来的理念、价值观和行为模式，将在其一生中产生十分深远的影响。如果大学生诚信缺失行为不能得到及时的矫正，首先受害的必将是自己。

---

① 李绍庆：《大学生助学贷款还款以银行伤透脑筋　只有一半学生还清》《济南时报》2006 年 7 月 24 日。

（二）大学生诚信缺失有损于高校教育教学质量的形象和信誉

高校是培养社会主义人才的基地，承担着把学生培养成社会主义事业建设者和接班人的重大任务。诚信作为公民道德的基本行为规范，理所当然的是高等院校教育的重要内容。在中共中央国务院下发的《关于进一步加强和改进大学生思想政治教育的意见》中明确提出："以基本道德规范为基础，深入进行公民道德教育，引导大学生自觉遵守爱国守法、明礼诚信、团结友善、勤俭自强、敬业奉献的基本道德规范，养成良好的道德品质和文明行为。"[①]诚信已经成为大学生最基本的素质要求，高校作为人才的"生产基地"，毕业生就是其向社会输出的"最终产品"。毕业生的综合素质如何是衡量进入院校教育目标实现程度和社会声望的重要评价标准。而在大学生的综合素质中，思想道德素质是首位的。良好的思想道德素质的形成是以诚信为基础的。因此，大学生是否养成诚信道德品质，是高校实现教育目标和提高社会声誉的关键因素。但是部分大学生受社会诚信危机的影响，诚信意识淡薄，契约观念不强，考试作弊、拖欠贷款、屡次毁约等失信行为频繁发生，这不仅极大地阻碍了高校教育目标的实现，同时也使得社会对"产品"的生产基地产生强烈的质疑，无形之中降低了学校的声望。

（三）大学生诚信缺失不利于社会主义市场经济体制的完善

市场经济是一种信用经济，它要求有相应的社会道德作为基础，诚实守信正是其道德基石。诚信是市场经济秩序的灵魂，它是社会主义市场经济条件下公平竞争的基础和必须遵循的道德准则，没有诚信，就没有秩序，市场经济就不能健康发展。高等院校的大学生群体，无论从素质还是数量上来看，都无疑是整个经济建设最具有潜力、最重要的人才。今天的大学生就是明天的积极参与经济建设的主力军，是市场经济的主要参与者，诚信自然是其必需的竞争资本。但是，部分大学生漠视公平原则，通过舞弊、欺诈和投机取巧的手段在竞争中获胜，而那些坚守诚信的学生却在竞争中利益受损，这种失信受益、诚信受损的反向淘汰机制会极大地动摇守信学生的道德信念，他们可能就此背离诚信，这将对社会主义市场经济形成强大的冲击，使市场经济秩序紊乱，加剧社会分配不公，给社会的稳定带来隐患和潜在的威胁。显然，大学生在校期间如果没有受到良好的诚信教育，没有自觉树立诚信观念、养成诚信为本的行为习惯，在未来的市场经济活动中，很有可能肆意践踏诚信，给社会主义市场经济进一步健康发展带来极为不利的影响。

（四）大学生诚信缺失不利于社会主义核心价值观的培育和践行

2012 年 11 月，党的十八大提出，倡导富强、民主、文明、和谐，倡导自由、平等、公

---

① 中共中央国务院：《关于进一步加强和改进大学生思想政治教育的意见》，《人民日报》2004 年 10 月 15 日。

正、法治,倡导爱国、敬业、诚信、友善,积极培育和践行社会主义核心价值观。富强、民主、文明、和谐是国家层面的价值目标,自由、平等、公正、法治是社会层面的价值取向,爱国、敬业、诚信、友善是公民个人层面的价值准则。诚信已经成为社会主义核心价值观的重要内容。诚信在古代就被许多先贤奉为修身处世的重要准则,并逐渐地积淀在伦理观念中,成为中华民族传统美德的核心内容之一。大学生作为一个有较高知识层次的人才圈,承担着传承民族优秀文化的历史重任,是一个国家核心价值观的主要传播者。如果大学生养成诚实守信的道德品质,就能促进整个社会优良美德的弘扬。反之,如果诚信观念在大学生群体中得不到弘扬甚至被漠视、违背,那么很难想象诚信这一传统美德会得到真正意义上的继承和发扬,必然对社会主义核心价值观的培育和践行产生消极影响。

三、大学生诚信缺失的原因分析

(一)大学生诚信缺失的外因

任何一种事物的出现都是内外因共同作用的结果,大学生诚信缺失的出现也不是偶然的,同样它有其产生的内在必然性和外在客观原因。大学生还处于成长阶段,其人生观和价值观还未成型,社会阅历浅,很容易受到周围环境的影响。因而相对于整个环境而言,每个学生毕竟是被影响、被作用的对象,个体对环境的作用是微弱的,而外在环境却随时随地地影响着个体的思维和行为。具体而言,外因又可以细分为社会大环境、学校小环境、家庭小环境三个部分。大环境决定小环境,但无论是大环境还是小环境都在潜移默化地影响一个人观念的形成。

1. 社会环境中的不利因素

改革开放后,我国从计划经济向市场经济逐步过渡,从温饱型社会向小康型社会转变,从片面追求经济发展向科学发展、和谐社会转化。在此影响下,中国传统的道德观念发生了历史性的变化。

一方面,传统的只讲国家、集体利益,不讲个人利益的价值观发生了极大变化,平等意识、主体意识、竞争意识逐渐成为大学生思想道德观念的主流。另一方面,市场经济带有一定功利性、竞争性的观念也渗透到了人们的社会生活中,在一定程度上又诱发出消极影响。如片面追求个人利益,拜金主义、实用主义等观念侵蚀着人们的心灵,再加上我国的社会主义市场经济体制还不完善,政治体制改革还有待进一步加强,新的道德体系还没有完全构建,这些因素共同作用的结果是社会道德失范现象盛行,而当社会道德规范对这些失信行为无特别的舆论压力,法律也并未对其有更多的制约时,不讲诚信这种失范现象就有了适时生长的土壤,并在一定程度上逐渐形成一股失信的文化氛围。社会上的不讲诚信的风气必然影响到大学校园和大学生,正如北师大葛岳静老师所言,学生诚信缺失,正是社会诚信问题在学校中的反映。

2. 学校教育中的不足

大学生诚信缺失行为如此广泛地发生,与高校教育有着不可分割的关系。学校德育工作没有随社会发展同步改进,是造成学生诚实守信品质缺失的主要原因。具体而言包括两个方面:

第一,学校教育缺乏实效性。长期以来,我国高校的道德教育存在着一定程度的抽象化、空洞化、形式化的弊端。这种道德教育片面地强调社会需要和社会价值,而无视大学生个体需要与个体价值,过分注重道德知识的掌握,而忽视了学生道德实践能力的培养。诚信教育没有被足够重视,实际教学中大多采取灌输和说教的方式,不能把诚信理论与实践联系起来,这样做的结果是:大家都把考试成绩作为评价诚信的指标,很多考高分的同学现实中的品行不一定合格。这种情况下,很难说课本里的知识能在多大程度上影响学生的人生观和价值观。

第二,部分高校教师本身诚信素质不高。应该说,现在的绝大多数教师都恪守教育者的职业道德修养,具有较高的业务素质,并在自己的实际工作中取得了显著的成绩。但是不得不承认,在新的社会条件下,高校教师队伍也受到社会上一些不良风气的侵袭,在教师队伍中也出现了一些缺乏诚信的失范行为。如通过钱学交易换取高学历或高职称,学术中存在造假、剽窃、抄袭等行为。教师对学生高标准、严要求,对自己却放松要求、降低标准,这些言行不一的认识和行为对青年大学生造成极大的消极影响。教育示范者没有加强自身的诚信修养,又怎么要求受教育者树立起良好的诚信形象呢?

3. 家庭教育中的误区

父母是孩子的第一任老师,父母的言传身教对子女有直接的影响作用。中国自古就有重视子女教育的传统,孟母三迁的故事成为教育孩子的典范。然而现实中许多父母在孩子的教育中存在误区,具体表现在:

第一,重视"智育",忽视"德育"。很多父母在物质上给予孩子最大程度的满足,绝不让孩子受半点委屈,让孩子养成了养尊处优的坏毛病。在竞争日益激烈的环境下,家长完全跟着高考这根指挥棒,只要孩子能考上大学,不惜采取一切手段,家长在对孩子的未来充满憧憬的同时忽略了培养孩子正确的人生观、价值观和世界观,更别说对培养孩子品行、意志等方面投入精力和财力了。家长这种失重的期望必然对孩子的成长造成不利影响。

第二,有些家长自身素质不高,直接对孩子造成了负面"示范"作用。有的家长直接将一些不诚信的行为或观念灌输给孩子,而有的家长虽对自己的孩子讲的是要诚实守信,而落实到自己的行动中,却往往反其道而行之,缺乏判断能力的孩子在碰到自己的"父母对孩子的要求和自己的行为不一致时"，他们更多选择的是"模仿父母的行为"。① 由于耳濡目染父母在日常行为中不道德、不诚信的信息和行为，孩子们已经接受了这些错误信息，当再向其教授正确的规范、准则时，他们的内心就会很困惑很迷茫，难以接受。

第三，部分家长在教育方式上存在不足。一些家长过分疼爱自己的孩子，从孩子小时就把他们当作宝贝捧着，想干什么就让干什么，无原则地满足孩子任何不合理的要求，偏袒他们的过失，以致孩子变得依赖性强、好逸恶劳、独立性差、意志力弱，没有吃苦精神，有的孩子更是我行我素，以自我为中心，不懂得顾及他人及社会的利益。

（二）大学生诚信缺失的内因

辩证唯物主义认为，外因是事物变化发展的条件，内因是事物变化发展的根据，外因通过内因起作用。所以，现实生活中大学生诚信问题的频繁出现，除了受外部因素的影响外，还与大学生自身有着密切的联系。这具体表现在：

1. 大学生自身诚信意识不强，责任意识淡薄，没有形成正确的价值观

卢梭说："青春期是一个狂风暴雨的危险时期。"意思是说，处于青春期的孩子虽然思维敏捷，易于接受新生事物，但由于阅历不深，心理还不成熟，世界观、人生观、价值观还没完全形成，缺乏自我约束能力。很多大学生不能确定哪些言行是符合道德标准的，哪些是不符合的，对同一件事每个人的观点不一样，出现对诚信认知的偏差。此外，大学生中还存在双重道德标准。一方面对他人失信行为比较反感，如果别人做了不诚信的事他们会极力谴责，另一方面对自己犯同样的错误往往会原谅。这反映出大学生缺乏一种同一的道德标准，其诚信观还处于比较低的层次。

2. 缺少诚信实践，以致诚信认知与诚信行为脱节

许多大学生谈起诚信问题来可谓口若悬河、头头是道，对作业抄袭、考试作弊等失信行为也多持反对态度，同时他们也承认失信行为就发生在自己或同学的身上。但是，正如上文所言，大学生中普遍存在双重道德标准，这种标准的直接后果就是：大学生的诚信意识与诚信行为不统一，他们的实际行为和心中坚持的准则有所出入。这是因为大学生涉世未深、阅历简单，反思辨析能力不足，常常把自己观察了解到的一些社会消极现象当作社会的本质，特别是那些思想道德修养不高、诚信意志薄弱、自我约束能力较差的大学生，面对名利的诱惑，做出见利忘义、弃守诚信的行为也就不足为怪了。如果诚信教育仅仅停留在课堂上的理论教学，那么其教育效果是有限的。因此必须把课堂上的理论教育有意识地渗透到大学生文明修

---

① 戚万学、杜时忠：《现代德育论》，山东人民出版社 1997 年版，第 312 页。

身和社会实践活动中,循序渐进、潜移默化地培养大学生的诚信观念,让大学生通过主题突出、形式多样、内容丰富的社会实践活动,了解社会政治经济生活中因诚实守信成功而不诚实守信失败的事例和教训,深刻认识到诚实守信对于一个人的重要性。通过丰富多彩的活动才能保证诚信观念在其思想深处的"固化"和教育效果的长久性。

四、当代大学生诚信行为指引

根据上述对于诚信缺失的分析,可以发现目前大学生诚信品质已面临前所未有的考验,甚至已经步入"诚信危机"之中。大学生失信严重已经成为制约高校道德教育发展的"瓶颈",这不仅是高校也是整个社会必须予以高度重视的问题。为此,建立一套科学合理的诚信教育体系,对大学生进行诚信行为指引,是培养高素质人才的必然选择。具体而言,可以从以下三个方面着手进行诚信指引:

(一)学习生活中坚定诚信信念

1. 诚信学习

大学生的首要任务是学习,而学习无疑是一个艰难、复杂、细致的脑力劳动过程。要想学有所成,必须刻苦努力、认真踏实,正所谓"天道酬勤",学习上没有任何"捷径"可循。可是目前有一部分学生心态浮躁,学习态度不端正,把大部分时间挥霍在网吧、迪厅、KTV、谈恋爱或者外出打工上。编造各种理由迟到、早退、旷课、抄袭作业,而且这种本末倒置的现象正在越来越多地充斥着整个校园。

从古代商鞅"立木取信"最终使秦国成为战国霸主到周幽王"烽火戏诸侯"而亡国的典故,我们知道,诚信一直是做人的根本、成功的基石。而诚恳、认真的学习态度,勤奋、踏实的求学精神正是每一个大学生所应该追求的。具体而言,当代大学生培育诚信美德应该从端正学习态度入手,课前认真准备,上课认真听讲,仔细做好笔记,课后独立完成作业,除此之外,还要给自己制订学习目标并说到做到,对学习上有困难的同学做到不歧视、不嫉妒,帮助解决学习中的问题,一起努力,共同进步。一个合格的大学生应当将诚信的美德深入学习的方方面面。

2. 诚信考试

考试既是检验学生学习效果的最好机会,也是展示学子优良学风的重要窗口。可是偏偏有某些学生平时不努力,上课不认真,考试的时候要小聪明,采取自以为是的各种作弊方式。有的同学考试时夹带小纸条、偷看书本、交头接耳,有的学生还制定了一套详密的作弊程序,使用高科技手段,利用手机短信、无线耳机等怪招选出,更有些学生为了过关,企图通过不正当手段找路子、托关系、打招呼,希望老师"放自己一马"。虽然近年来考试作弊已受到高校的普遍重视,但是大学生因为考试作弊被严厉处分的报道仍屡见不鲜，大学生的考试正面临严重的诚信危机。

诚信考试是学生的基本行为规范，也是学生应具有的基本道德素质。它能让学生正确评价自我，找出学习上的失误和不足，在求学的路上不断进步。考试作弊不仅是对自己能力的否定，更是对自身品格的亵渎，也是对中华民族传统美德的无情践踏。考试需要诚信，作弊是美好人生的一处败笔。一个合格的大学生应当以诚信的态度对待每一次考试，用真实的成绩证明自己的实力，展现自我的水平。

3. 诚信毕业

离校意味着大学生活的结束，大学生满载大学所学的学识，带着母校的期待开始踏上人生的旅途。几年的朝夕相处，分别时难免感慨万千。但是有些同学觉得自己在大学里没有什么收益，毕业时总想带走点什么，于是乎编造各种理由和借口向同学、老师借钱、借东西，有的甚至在学校周围超市、饭馆赊账消费，毕业一走了之。这些都是大学生毕业离校不诚信的表现，显然是不可取的。大学生必须认识到，毕业不是永别，而是扬帆远航；毕业不是终点，而是新生活的起点。高校是大学生成长、成才的地方。在这里，大多数学生从当年初出茅庐、不谙世事的"毛头小子"逐渐变成成熟稳重、满腹经纶的"大人"。因此，在离校的时候，应该以一种感恩的心态面对母校的老师和同学，为母校和同学做一些力所能及的事，为自己的大学生活画上一个完美的句号。不要让母校的老师和同学将来提及自己时总是皱起眉头，留下自己一生的遗憾。诚信文明离校，努力做到"今天你以母校为荣，将来母校以你为荣"，岂不是更好？

（二）经济交往中坚持诚实不欺

1. 诚信还贷

目前高校大学生欠费已经成为一个棘手的问题，国家规定大学生实行缴费上学，而昂贵的学费使得那些贫困的家庭陷入了两难境地。为了保证经济困难的大学生能顺利完成学业，国家采取了一系列的政策措施，其中国家助学贷款便是其中之一。但是其运行并不理想，部分大学生恶意欠费，套骗贷款，更有一些同学隐瞒真实情况，恶意申请，其目的就是利用在校期间低廉的利息占取便宜。大学生助学贷款还款难问题让银行伤透了脑筋。

在物欲横流的当今社会，大学生的诚信正面临严峻的考验。诚实守信是中国人的立身之本，更是中华民族的传统美德，也是个人将来在社会生存和发展的基石。国家助学贷款是建立在诚信基础之上的，不附加任何刚性的约束措施，体现了国家对学子的极大信任，实属难能可贵。但是，部分贷款的泥牛入海，让我们不得不拷问这些同学的良知，身处危难之时，国家助学贷款伸出援助之手，为他们的学业保驾护航。但是，当到达成功彼岸之后，这些受助的同学却不信守承诺，自行践踏信用，使国家助学贷款陷入尴尬的境地,这不能不让人心寒。古人云"滴水之恩当涌泉相报。"但是,他们,做到了吗?

中国上下五千年的文明史,诚实守信一直是中华民族引以为豪的品格。但是,随着市场经济的发展和深入,有些人的诚信正在逐渐消退,利益取代了美德,诚信让位于欺诈。大学生是时代的佼佼者,明礼诚信是必须具备的道德修养,也是高素质人才最起码的责任意识。直面现实,回归和重塑当代大学生的诚信之碑显得尤为必要。诚信是一种人的内心状态,作为一名大学生,要信守自己对环境、对社会、对他人的承诺——"三杯吐然诺,五岳倒为轻"。诚信升华的结果是道德的完善。国家助学贷款需要诚信,我们呼唤诚信,同学们——诚信还贷,成功起点;知恩图报,从我做起。

2. 诚信消费

大学生的攀比消费心理已经成为大学校园不争的事实,如今的消费市场,大学生作为一个特殊的消费群体,正越来越受到商家的青睐。时代在发展,需求在进步,作为天之骄子的现代大学生,在物质和精神上的需求当然也不甘落后。追逐潮流,追求时尚,虚荣心满足的背后,是父母沉重的经济负担。"再苦不能苦孩子,再穷不能穷教育",父母的观念与其说是呵护,倒不如说是纵容。大学生没有经济来源,经济独立性差,消费没有基础。经济的非独立性决定了大学生自主消费的经验较少,不能理性地对消费价值与成本进行衡量。大学生尚且没有形成完整的、稳定的消费观念,自控能力不强,多数消费都是受媒体宣传诱导或是受身边同学影响而产生的随机消费、冲动消费,他们追新求异,敏锐地把握时尚,唯恐落后于潮流。

中华民族自古崇尚节俭,反对铺张浪费,并把节俭当成是一种美德,提高到齐家治国平天下的高度。朱柏庐就曾经深情地说:"一粥一饭,当思来之不易;半丝半缕,恒念物力维艰。"先哲的古训,千百年来为人们所信守和称道。但是,古人的教导在当今大学生的消费理念面前却显得那么的苍白无力。大学是个小社会,必然受到"大社会"的影响,当某些大学生受到享乐主义、拜金主义和奢侈浪费等不良风气侵袭时,容易形成心理趋同的倾向,攀比心理油然而生。当学生所在家庭在经济上可以满足较高消费时,这些思想就会在他们的消费行为上充分地体现出来。更有甚者,一些家庭经济状况不允许高消费的学生,在虚荣心的驱使下不惜做出一些损人利己,甚至是丧失人格、法理不容的犯罪行为,这样的例子不胜枚举。

大学生还处于求学阶段,求知提能是最重要的任务,盲目地攀比只能是自欺欺人。当我们享受"潇洒"人生的时候,请想想我们日夜操劳的父亲,请想想我们含辛茹苦的母亲……作为一名大学生,应该从实际出发,着眼于经济的实用性,体谅父母,关注社会利益和长远发展,做到量力而行,诚信消费。不管你的家庭是富裕还是贫穷,都应该把每一分钱花在必需的地方,让每一分钱花得有价值、有意义。因为这里凝聚着父亲的汗水、母亲的期盼。作为新时代的大学生,真正要做的是静静地感激父母提供的物质条件,静静地恪守自己的本职工作,静静地用心去读每一本书,留下一行深深的足迹……

(三)日常生活中坚定信用意识

1. 诚信恋爱

当前,大学生谈恋爱现象十分普遍,大学校园里甚至流传着这样一句话:"如果大学不谈一次恋爱,那么这个大学就是不完整的。"大学是爱情的伊甸园,校园恋情固然美好,但由于大学生还处于各方面都不健全的成长时期,其谈恋爱的动机不一,有些人找男/女朋友是为了打发时间;有些人是看别人找了,所以自己也找。此外,大多数同学在找男/女朋友的时候最看重的还是外貌、身材等外在的东西。所有这些都导致毕业时分手的概率大大提高,有人说"毕业时即分手时",校园恋情也被称为"快餐爱情"。有些大学生不能够正确对待校园恋情,不是以真挚的情感为出发点,缺少责任心,甚至抱着一种游戏的态度,缺乏法律意识和道德修养。由于大学生还比较年轻,受到刺激的时候容易冲动,再加上缺乏正确的引导,导致生活中一些极端的事件时有发生。例如,经常有新闻报道大学生由于分手时发生纠纷,导致轻生或者一方被杀的消息。

可以说,大学生正处于心理和生理的特殊年龄阶段,所以目前大学校园里并不反对情窦初开的大学生寻找志趣相投的异性做朋友,但是态度必须端正,不能玩弄感情。另外,还必须控制自己的言行,做到有所为有所不为,对爱情的追求过于急迫,会使大学的爱情变得很廉价。谨慎负责地对待爱情,树立正确的恋爱观也是对自己负责、对社会负责的一种表现。

2. 诚信就业

近年来,随着高校扩招毕业生人数明显增多,大学生就业难已经成为人们讨论的重点话题,强大的就业压力又引发了一系列不诚信的现象,很多学生为了赢得用人单位的好感,使自己的简历看起来更具吸引力,对自己的简历进行了全方位的包装,篡改成绩、编造各种实习或实践经验、购买各种假证书,通过夸大或假造履历来拔高自己的"实力"。《北京青年报》登载,某单位人力资源部经理在整理毕业生简历时发现,某对口专业学校两个班的学生中有 15 个班长、10 个学生会主席前来应聘。在应聘者中,有超过 2/3 的学生获得了奖学金。

另外,很多学生诚信意识、契约意识淡薄。虽然签了就业协议,但是一旦遇到更好的机会就马上毁约,这让很多单位措手不及。还有一些同学为了户口等条件与用人单位签约,一旦得逞立刻解约,甚至不辞而别。这些现象一方面给用人单位带来了损失,另一方面也严重影响了学校的声誉,阻碍了大学生就业市场的健康发展。客观来说,出现这些问题的原因主要有以下几个方面:一方面,用人单位过于追求

"优秀生",对学生各方面的要求过于苛刻,例如,很多专业不需要用到英语,但是招聘的时候却要求一定要过四级或六级。还有,学生大部分都没有社会经验,但大多用人单位都要求一定的工作经验,所以很多学生为了获得工作机会不惜造假。另一方面,大学生心态浮躁,希望一毕业就能拿高薪、做高管,所以"这山望着那山高",不安心工作,不安于从基层做起,而是频繁跳槽。除此之外,毁约现象还有一个原因,大学生没有工作过,对自身没有准确的定位,所以希望能"货比三家",找到最合适自己的、最有发展前途的工作。对于大学生心中的顾虑我们可以理解,但是诚信就业是步入社会的道德通行证,就算以欺骗的方式得到了工作机会,实践中的能力也是无法伪装的。在一个竞争日益激烈的社会里,就业技巧很重要,就业本领更重要,而就业诚信更是不可或缺的。

就业是大学生正式接触社会的第一步,应该守住诚信,否则,当诚信的道德底线被突破时,最终将影响人的一生。作为一名当代大学生,我们应该意识到,诚信是大学生步入社会的道德通行证,是永不过期的民族美德。

3. 诚信上网

随着知识经济和信息社会的到来,作为信息传播工具之一的网络日益融入人们的学习和生活。但是,网络也是一把双刃剑,它在给人们带来大量资讯的同时,也给人们带来一些负面影响。相对于大学生而言,这种负面影响因其自律能力和辨析能力的不足尤显突出。由于网络交往时人们行为的符号化,传统道德关于诚信的制约机制被弱化。有些大学生利用网络的虚拟特性,在网上信口开河发布虚假信息、侮辱和诽谤他人、偷看他人邮件、发送电脑病毒、攻击计算机系统,甚至导致网络犯罪,给他人和社会造成了危害。

大部分学生利用网络聊天、打游戏、浏览各类网站、看电影、发微信、写博客等。这些都是网络的衍生品,本来无可厚非,但是近年来大学生沉迷于网络所导致的恶性事件已屡见不鲜,经常看见媒体上报道有学生因沉迷于网吧而留级或补考,更有甚者被校方退学,还有些人因过度疲劳而死亡。很多大学生上网时不使用真实资料,利用网络散布谣言、传播病毒、偷看别人邮件、浏览不健康网站、以虚假言行欺骗网友等。有些人这么做的目的是寻求刺激,放松自己;有些是为了发泄,展示自己在现实生活中被压抑的另一面;还有些是出于好奇心理,想要窥探别人的隐私。这说明大学生还没有处理好网络生活与现实生活的关系,网上与网下存在双重人格,将网络作为发泄阴暗面的途径。作为一名新时期的大学生,我们首先应该端正思想,寻找适当的减压方式,真诚面对网络。做到自身真诚的同时我们还必须提高警惕,谨防上当受骗,提高自身明辨是非的能力。

4. 诚信待人

《礼记》云:"诚者,物之始终,不诚无物,是为君子诚之为贵。"可见,待人真诚,信守诺言,乃是一种崇高的道德境界。古往今来,诚信作为我国传统文化中为人处世的基本准则,备受世人的推崇。孔子认为:"信则人任焉。"墨子把诚信作为一种处世的准则——"志不强者智不达,言不信者行不果。"凡此种种,都是向人们传达一种思想:诚信是为人处世的根本,失去了诚信,也就失去了安身立命的基础。

大学——这片崭新的天地,在这里,我们努力学习,增长知识;在这里,我们遭遇挫折,磨炼意志;在这里,我们奋勇拼搏,收获喜悦……但是在这里,我们更要学会诚信待人、慎思笃行、恪守诺言。

诚信待人,就是要做到至真至诚,笃实守信。付出真诚,收获信任。人生最大的敌人莫过于自己,怯懦、虚荣都是人生道路上的重重困难。与朋友交往,诚信是桥梁,待人要真心、诚心,做事要讲信用。朋友,请谨记:诚信待人,付出的是真诚和信任,赢得的是友谊和尊重。以诚待人,诚信就会像"随风潜入夜,润物细无声"的春雨,滋润我们的心田,坚持"以诚实守信为荣、以见利忘义为耻",做一个真正的诚实守信的大学生。

综上所述,"诚实守信"是中华民族的传统美德,也是社会主义核心价值观的重要内容。在新的时期下,诚信对于推动社会主义市场经济的深入发展和全面建设的和谐社会,具有重要的意义。当代中国大学生是知识精英群体,是未来社会各行各业的建设者,也是中国社会主义事业的接班人。社会、家庭、学校三方面都付出了代价来培养大学生,并对他们寄予了较高的社会期望。然而,在诚信缺失的社会背景下,大学生诚信道德观念和道德行为也存在令人担忧的各种表现,社会上出现的诚信问题在大学生群体中不同程度地存在。因此,可以说大学生诚信教育是一个紧迫而重要的任务。它不仅是一个历史问题,也是一个现实问题,不仅是大学教育面临的严峻挑战,更是中国社会和谐、健康发展面对的重大考验。

[参考文献]

[1] 康志杰,胡军.诚信,传统意义与现代价值[M].中国社会科学出版社,2004.

[2] 唐贤秋.道德的基石[M].北京:中国社会科学出版社,2004.

[3] 陈鑫.我国当代大学生诚信缺失原因及对策研究[J].合肥工业大学学报:社会科学版,2013(1).

[4] 高凤华.论大学生科学消费观的培育[J].中国集体经济,2007(5).

[5] 周立梅.关于当代大学生诚信价值观念建构的思考[J].青海民族大学学报:社会科学版,2013(1).

[6] 金理奏,林智秀.试论大学生个人信用制度的缺失及其体系的构建[J].兰州学刊,2002(4).

[7] 陈博.高校资助工作中大学生诚信缺失问题分析及对策研究[J].青年与社会,2014(7).

窃以为天地之所以不息,国之所以立,贤人之德业之所以可大可久,皆诚为之也。

——清·曾国藩《复贺耦庚中丞》

[8] 刘志坚.论高校毕业生择业过程中的诚信问题[J].湖南科技大学学报:社科版,2006(9).

[9] 王川.当代大学生诚信的培养[J].河北理工大学学报:社会科学版,2007(2).

[10] 蒋笃君.创新大学生诚信教育的探索[J].郑州大学学报:哲学社会科学版,2013(4).

[11] 王大德.网络状态下的大学生价值观[J].学术界,2005(4).

[12] 于海洋,张冕.由国家助学贷款引发的对大学生诚信问题的思考[J].科技信息,2008(4).

[13] 李箐.高校大学生的诚信教育探究[J].山西大同大学学报:社会科学版,2013(5).

[14] 齐颖."90"后经济管理类大学生诚信缺失的表现、成因与对策[J].教育探索,2014(2).

第十章　高校诚信文化建设的实践与启示

高等学校肩负着培养人才和传承文化的重任，是建设和弘扬诚信文化的主阵地。在全社会越来越重视诚信问题的今天，高校理应责无旁贷地以实际行动承担起光大诚信精神、培育诚信人格的使命。当前，相当一部分高等学校开展了丰富多彩并颇具深度的诚信文化建设活动，尤其是一些经济类院校和职业院校，站在人文素质和职业精神相统一的角度，结合自身学科和专业特色，大胆实践、努力探索，积累了众多切实可行的经验，形成了一整套高校诚信文化建设的思路，为进一步开展大学诚信教育提供了有益的借鉴。

一、浙江金融职业学院：以诚信文化铸金融学子之魂

浙江金融职业学院是一所立足金融行业，面向经济金融市场，培养适应现代金融业发展需求的高素质、高技能人才的国家示范性高职院校。办学以来，学院以"做学生欢迎之师、创社会满意之校、育时代有用之才"为基本价值理念，正确把握"传承行业优势、服务地方经济、培育实用人才"的办学定位，为全国金融系统输送了大批职业素质好、技能水平高的优秀金融人才，为地方经济的发展做出了诸多贡献，被誉为浙江金融界的"黄埔军校""行长摇篮"。

学院以"诚信文化、金融文化、校友文化"为基本架构，形成了鲜明特色的金院"三维文化"育人机制。尤其是根据高职教育发展趋势，结合学校办学定位和人才培养目标，突出开展诚信文化建设，以提升学生诚信素质为抓手，打造诚信文化品牌，取得了良好的育人效果，产生了积极的社会影响。

（一）诚信文化的建设思路

诚信是金融业的灵魂，是金融从业人员的基本职业操守。随着我国金融业的全面开放，国内外金融机构对金融从业人员的诚信品格和职业素养提出了比以往更高的要求，也为立足金融业办学的浙江金融职业学院指明了文化建设的方向。围绕高等教育"学会做人"的重要理念和加强大学生思想政治工作的要求，学院将育人的视点从关注道德规范本身逐渐转移到"人的全面发展"上，转移到关注学生的精神成长上，将诚实守信这一做人的基本准则和道德底线作为这所高职院校文化育人的关键和重点。

新世纪学院筹建之初，学校领导就在校友会年会上，与省内各家金融机构和部分企业的领导共同探讨学生素质问题，确立了诚信教育的重要性，达成了培养学生

诚信精神的共识。2002年1月，随着浙江金融职业学院正式建立，学院将学风清晰地定格为"诚信、明理、笃行"。结合"金融"的职业特性和"金融人才"的品质特性，"诚信"成为学院校园文化主题，诚信校园文化建设目标正式确立。

"诚信"即诚实无欺，讲求信用，学院的诚信文化建设紧紧围绕诚与信的规范和确立，通过组织保障、诚信活动、诚信研究等宣扬诚信文化，从价值观念、思想道德、行为规范上完善学生的诚信品格，提升学生的职业素养，实现文化的育人功效。学院诚信文化建设的目标就是，培育诚信职业人格和熟练职业技能兼具的金融人才。

诚信文化是浙江金融职业学院围绕自身办学特色，在正确认识学院办学定位、科学分析行业导向、积极探索高职人才培养模式的基础上提出的新理念，是对学校自身文化精神的深化与提炼，是高职院校校园文化建设的创新。

（二）诚信文化的实践推进

多年来，学院从组织机制、育人环境、活动开展等层面入手，广泛实践诚信理念，不断丰富文化内涵，让"诚信"理念入脑、入心、入行，推动诚信文化的建设发展。

1. 完善组织机制，保障诚信文化建设

为使诚信教育活动扎实、有效开展，学院围绕诚信内涵制定和完善学生管理制度，在信息技术系和国际商务系建立诚信评价机制，强化诚信学风建设。学院成立校园文化建设委员会，把诚信文化作为校园文化建设的重点，确定宣传部、基建办为诚信校园文化软、硬件建设的责任部门。

2002年，学院专门成立诚信教育与校园文化研究所（2005年更名为"诚信文化研究所"），为诚信文化建设和诚信教育提供智力支持。研究所由院党委书记任所长，党委宣传部、人文社科部、团委、浙江众诚评估公司等部门的负责人为研究所的成员，其构架的完整性既保证了党的领导和在学生中的宣传发动，也有利于整合各部门的优势，并通过企业的介入开展实打实的教育活动，为研究和推广诚信文化奠定了基础。

2. 加强诚信教育，丰富诚信文化内涵

（1）注重自我道德教育。2001年10月，组织师生认真学习新颁布的《公民道德建设实施纲要》，党委要求师生以二十字的公民基本道德规范为准绳加强自身修养，教师尤其要讲求"敬业奉献"，学生要注重弘扬"明礼诚信"。2003年学院推出《浙江金融职业学院学生诚信公约》和《学生诚信誓词》，2006年开始进行诚信还贷宣誓活动，不断强化学生的自我教育和约束能力。2012年，随着十八大报告首次明确二十四字社会主义核心价值观，学院的诚信教育愈加彰显出强大的价值导向作用。

（2）保持诚信文化育人的连贯性。将诚信教育贯穿于新生入学至学生毕业的各个阶段，在新生入学时扎实开展有关诚信方面的始业教育和典型示范教育，在学生毕业时进行诚信就业等教育;平时进行失信后果教育,发挥警示作用;每学期都对学生的诚信行为进行考评,作为评优、信贷、入党等的依据。

(3)创新德育课程建设。将思政理论课、素质教育课教学与诚信教育有机结合,强调诚信观念、诚信约束力和诚信意义的教育;安排德育课程教师集体备课,根据不同专业特点,融入诚信教育内容和重点。2003年,通过向全校师生征集素材的方式,编辑出版了超过12万字的《诚信读本》,全校学生人手一册,成为学校当时诚信教育的首先教材。2008年,学院正式编辑出版《大学生诚信文化理论与实践》,力求深化教育内容,增强学习效果,将诚信教育纳入全校"明理系列课程",使德育课具有极强的职业感召力。

3.研究诚信文化,拓展文化建设思路

在确定学院年度院级重点科研课题时,学院通常将类似"高职院校诚信教育方法与创新问题研究"的课题选入其中,进行重点扶持。近年来,校内及学院思政研究会每年的研究方向和专题论文中都有关于诚信校园文化建设的主题,成为学院科研领域的特色。不少研究论文提出了诚信文化建设的新理论、新途径和新方法,开阔了学院诚信文化建设的思路,为深入发展诚信校园文化、打造诚信文化品牌提供了有益的借鉴。

4.优化育人环境,渲染诚信文化氛围

(1)创设良好的舆论环境。学院倡导以人为本,积极开展"尊重式教育",真诚地尊重学生的个性,以诚信的作风取信于学生、家长和社会,做诚信表率。2006年学院扩招,部分新生不能就近住宿,当时劝说学生住到较远公寓的老师随口答应帮助解决交通(其实新住宿点也就三四百米开外),后来学校就给这105位同学每人配了一辆自行车,可谓"一诺千金"。

(2)营造诚信的校园环境。在下沙新校区环境建设中融入诚信文化因子,在学校正大门的左侧,设立一块两米多高、镌刻着一个古朴"诚"字的巨石,注有《礼记·中庸》的:"诚者,天之道也;诚之者,人之道也。"在正对学生公寓的三号门前嵌一块汉白玉,镌刻一个"信"字,侧注为"民无信不立(孔子语)"——诚石(实)、信玉(誉)直观地阐发了"诚信"的本意,是学院对于诚信教育的一个彻底的理念宣扬。新校区的大门口矗立着一座以我国古钱币代表——布币造型的主题雕塑"立",上有"不诚无物"几个大字,其侧面呈方鼎形状,蕴含"一言九鼎"之意,无形中昭示着"诚信"的理念,引导学生立德、立言、立人品。纵贯南北的主干道命名为"诚信大道",意味着走进浙江金融职业学院,就要在"诚信大道"上承担诚信之责。校园里的明理亭、笃行桥、精业馆、诚信讲学堂等建筑和场馆,都有对"诚信文化"的进一步演绎,园内的一些标志上也用名言警句、对联等反映"诚信、明理、笃行"的学风,使学生漫步校园间会不经意地得出某种警醒或启迪,发挥"润物细无声"的育人功效。

5.开展多种活动,彰显诚信文化特色

（1）创新诚信活动形式。形式多样的诚信活动是加强诚信文化建设、提升学生诚信品质的有力助推器。学院将诚信与传统文化的"慎独"相结合,举办无人监考的"诚信考场",检测和提升学生的诚信品质。2003 年 4 月推出"诚信伞、用后还,诚信指数大家看"活动,让学生在相对轻松的日常活动中领会诚信、实践诚信,用"诚信指数"对部分宿舍楼的学生进行"泛考评"。2010 年在校图书馆一楼设立以诚信为证、自由借阅的"诚信书架",方便同学读书学习。2005 年,学院会计系率先探索设立学生"诚信档案",内容包含学生的考勤率、品德操行、为人处世等内容,档案跟随学生毕业,成为衡量学生品质的重要杠杆,为诚信状况良好的学生获得了更多发展、就业和参与社会竞争的机会。

（2）院系两级广泛发动。学院每年召开诚信就业教育大会,积极开展诚信还贷宣誓仪式和签约活动;货币金融博览馆常年开展反假币主题教育;金融系以"诚信·学在金融"作为系部文化理念,推出"诚信·短信"、点评"十大不诚信"现象等特色活动;保险系"诚信报栏"活动,以个人诚信投币行为作为诚信品质的量化反映;信息技术系开展"书写诚信"书画大赛,抒发诚信理想和心声;会计系的"诚信"小品大赛、经营管理系的失信惩罚机制等都通过不同层次的立意,诠释和推广诚信文化,极好地印证了诚信文化的广泛性与参与度。

（三）诚信文化的建设成效

学院的诚信校园文化主题鲜明,经过多年的建设和发展,无论是体制、机制还是运行状况都较为稳定和规范,在彰显学校精神、强化育人效果等方面显示了初步成效,产生了积极的社会影响。2006 年 1 月,学院被省委教育工委、省教育厅授予"2005 年度浙江省高校宣传文化工作创新单位",2014 年被中共浙江省委授予劳动模范集体。

1.诚信理念广泛认同

通过诚信教育推动了学生诚信理念的形成和提高。2001 年,学院敏锐地抓住当时证券市场突显的诚信缺失问题,大力开展诚信教育,使学生对于"财务报表的完整""信息披露的真实"渐渐有了课本之外的道德层面和法律意义上的认识,对诚信有了专业上的认同。2002 年 1 月上百件应征学风用语的师生稿件中,绝大多数都选用了"诚信"（或"诚"）一词,显示了学院师生对"诚信"的高度认同和深刻感知。2003 年,我院学生积极参与《诚信读本》素材征集,亲身辨别诚信的本义、张力和处境,522名同学（占在校生人数的 28%）向学院提供了 580 篇关于"诚信"的素材,总字数达 40多万,从侧面展现了学生对诚信观念的重视和认可。

2.诚信风尚校园飘香

诚信言行成为学生的自觉行动,校园里处处开满诚信之花。首次"诚信考场"迎得 300 多名学生自愿报名,踊跃签订"诚信考试承诺书",最终 35 个班的 120 名同学参加 4 场诚信考试,考场黑板正中央"以自己的良知监督,以自己的人格承诺"的一行大字取代了监考老师,取得了零作弊率的效果。近年来,学生诚信考试成功率始终保持较高水平,学院选样 2006 级素质教育课两个试点班的期末考试,只发现两人有作弊嫌疑。同学们相互监督彼此言行,日常学习生活中始终保持诚信作风,"诚信书架""诚信伞"和"诚信报栏"等诚信指数均在 85 分以上。2009 年始,学院每年评出各方面表现突出的"十佳大学生",其中就有"诚信之星"。2012 年开学初,来自贫困家庭的国际商务系学生严晓静,正在为昂贵的学费而困扰,却意外发现自己的缴费账户突然多出来 7700 元。"肯定是哪位同学的家长误打了,这该有多着急啊!"严晓静第一时间竟忘了自己的困扰,专心为他人着急起来。她主动找到班主任老师说明情况,后又花了 77 元手续费,将钱全部取出,还给了误打钱的学生家长。

3. 诚信就业有口皆碑

诚信文化建设贴近办学实际,贴近学生思想,使学生诚信品质和职业素养不断提高,与学校开展产学合作的单位也日益增多。以"订单班"为例,订单班的班级数和学生数从 2003 届 1 个订单班、12 名学生发展到 2012 届的 45 个订单班和上千名学生,诚信就业率接近 100%。如"泰隆班"就业时,面对高职学生"走俏"中等城市的现状,12 位入选同学以"职业金融人"的操守坚定信念,诚信就业,无一临阵换岗。五年来,学院毕业生初次就业率始终保持在 95% 以上,部分专业学生还出现了"供不应求"的情况,这从一个侧面反映出学院诚信文化建设的突出成效。

4. 诚信校园愈加和谐

学生诚信品质的形成,诚信言行的履行让浙金院的校园活泼多彩,充满和谐,愈加稳定,为学生的学习生活、成长成才提供了更加有利的外部条件。校内平安有序,各类突发事件极少发生;师生间教学相长,关系融洽;同学间礼让谦和,共同成长。2005 年,学院顺利入选浙江省首批"平安校园",2007 年获得省心理健康教育示范单位。连续三届的金融理财博览会、多年的动漫节等大型活动中都能看到金院学生宣传诚信理念、提倡诚信人生的身影。同学们将诚信理念传播给家人、朋友,并在社会实践活动中自发地向市民群众进行宣传,教授反假币知识和技巧,弘扬诚信文化。

5. 诚信文化备受肯定

近年来,浙江金融职业学院诚信文化建设的成果、诚信教育的良好成效获得了全国、省、市各级各类媒体的关注和报道。《人民日报》《光明日报》《浙江日报》《浙江教育报》及浙江电视台、杭州电视台等多种新闻媒体从不同角度对学院创新育人机制、建设诚信文化给予了报道和评价,全面、客观地反映了诚信教育的优良成效,受到社会各界的充分肯定和赞誉。作为国家示范性高职院校建设单位,省内外许多兄弟院校在与学院交流经验的过程中,无不例外地都对学院诚信文化建设在理念教育、机制建设、环境布局、主题活动开展等方面的措施和成效,给予赞赏和好评。学院的"诚信文化"品牌荣获浙江省高校校园文化品牌称号。

(四)诚信文化的深入发展

诚信文化建设始终是浙江金融职业学院校园文化建设的重点,也是加强经济金融类大学生思想政治工作、提升学生职业素养的重要手段。自入选国家示范性高职院校建设行列以来,学院加大了诚信文化的建设力度,在保持原有建设构架和教育内容的同时,依托示范性院校建设平台之一——"金融职业素质养成基地"项目的建设,积极构建以诚信文化为基本特色的职业素质教育格局,不断提升诚信文化品质和水平。在示范性建设进程中,学院开始筹建"诚信指数观察站",利用信息化管理手段建立诚信评价系统,对学生的诚信意识、诚信行为等进行观测,形成浙金院诚信指数,便于学院在教育和管理上采取相应措施,加强学生诚信素质的培养。

2007年底,学院出台《全面构建"三维文化"育人体系的若干意见》,把坚持"诚信文化"育人作为"三维文化"育人体系的首要内容、文化之魂,而把培育职业能力的"金融文化"看作是学生的立身之本,营造工学交替、产学合作生态的"校友文化"作为开放办学之链。在此基础上,学院提出了弘扬诚信文化理念、加强诚信文化课程建设、完善学生职业人格、促进学生全面发展等方面的一系列举措和意见,尤其是2009年、2011年浙江金融职业学院教代会分别通过的《关于进一步加强学生素质教育的若干意见》和《关于加强文化与品牌建设的若干意见》等,为新阶段浙江金融职业学院诚信校园文化建设提出了新的目标要求,为学院人才培养的质量提升指出了新的方向。

二、浙江工商大学杭州商学院:以校训精神奠幸福人生之基

在商贸日新、服务业日盛、资本运作日强之今日,浙江工商大学杭州商学院顺应中国高等教育转型发展趋势,适应经济结构调整和产业升级要求,结合自身"以商见长"的办学优势,构建和实施"大商科"应用型人才培养体系。学院坚持开放办学,积极拓展国际交流与合作,鼓励学生个性化发展,着力培养学生诚信意识、责任意识、协作意识和竞争意识,助力学生"精神成人、专业成才"。

"学业以厚植为志,师生以精诚相待。"学院秉承百年商大"诚毅勤朴"的校训,贯彻"子女战略",竭诚为学子搭建平台、提供机会,不断提升学子的人文精神、职业素养、创新思维、国际视野和专业技能。"弘扬校训精神,追求幸福人生",已然成为学院校园文化中的标杆。

(一)"诚毅勤朴"的诚信内涵

"诚毅勤朴"四字校训言简意赅又意蕴深远,不仅是学校办学理念的价值预设和高度提炼,更是学校文化精神与文化传统的核心概括。对每一位杭商学子来说,校

训不仅是学子们在校期间为学、为人应遵循的准则，也是学子们走出校门后依然值得信守的人生信条，它会帮助学子们成就幸福的人生。

在四字校训中，"诚"居首位，说明了其重要性。长期以来，学院高度重视营造诚信教育的浓厚氛围。所谓"诚"，亦为诚实、诚信、真诚、纯真，就是要求师生员工能拥有诚实守信、襟怀坦荡之品格。从幼儿园甚至更早开始，老师与父母都教育孩子要诚实，但今天的社会不绝于耳的是对诚信缺失现象的指责与批评。虽然，我们身边不乏让我们真切感受到诚实守信、真诚善良这些优秀品质的人和事，就像我们身边从来不缺爱的感动一样，但诚信、真诚的缺失无疑是经常让人们痛心疾首的不良社会现象，即便是大学校园也难以幸免。到底是什么样的人缺失诚信，到底是什么销蚀了真诚与诚信应有的感召力？这个显得复杂而沉重的问题，向我们揭示了恪守"诚"字校训的重要性与现实意义。

常言道："时间就是金钱。"因为时间可以让我们创造价值。换一种角度，美国的大科学家、思想家本杰明·富兰克林说："诚信就是金钱""诚实和勤勉应该成为你永久的伴侣。"因为诚实、诚信可以成为学子们最终成功的信誉资本。所以，不管是在学校，还是在工作岗位上，学校都要求学子们不忘"诚"字校训，讲诚信、保真诚，并以此在道德品格上不断自我完善，始终不丧失人的良知。每个人都可以是社会不良现象的批评者，但每个人也都是社会道德的建设者。当我们每个人都在自己的职业行为中体现出以诚信为道德底蕴的敬业精神时，当我们每个人都对他人多几分真诚时，那么，我们大家的生活都将更美好。

（二）以"诚毅勤朴"校训精神为指引，创新大学生诚信教育实践

在实践中，学院以培养"诚信杭商人"为目标，以"诚信教育、诚信管理、诚信服务"为抓手，以"诚信行为、诚信制度、诚信文化"为内容，扎实推进诚信教育实践活动。

1. 诚信教育、诚信管理、诚信服务三位一体

学院在实施诚信教育过程中，不断提高广大师生对诚信内涵的理解水平以及诚实守信的自觉意识，进一步明确师生诚信要求。利用各类宣传阵地，开展以诚信为重点的主题教育活动。每年10月为学院诚信教育月，学院上下开展诚信签名仪式、千名师生诚信宣誓、诚信主题演讲比赛、主题征文以及主题报告会等多种形式活动，引导广大师生从身边小事做起，提高诚信素养，诚信育人、诚信立人。

学院坚持依法治校，建立现代学校管理制度，约束行为。学院引入信用管理，建立学生诚信电子档案和污点消除制度，记载学生的基本情况、特殊生理状况、心理健康指标、优秀事迹记载以及不良记录，并给出信用积分，培养学生的诚信品质，增强学生的自我教育和自我管理的意识和能力。同时，尝试教师契约管理，建立诚信档案，记载活动表现，实行末位待岗、竞争上岗。

学院自始至终严格规范办学，切实改进工作作风，要求学院上下办实事、说实话、求实效,不弄虚作假、不虚浮,规范办学,纯洁校风、教风和学风,创建诚信校园,取信于家长、取信于社会。总之,诚信教育、诚信管理、诚信服务三者有机结合,为打造诚信杭商打下良好的基础。

2.诚信行为、诚信制度、诚信文化循序渐进

学院循序渐进地对学生和教师提出了不同的要求,在学生的诚信行为层面,学院从四个层次提了要求,由易到难、由浅入深,小处入手、近处入手、实处入手,逐步养成诚实守信的品格和人格。对于教师,学院要求教师以诚立身、以诚立教。

几年来,学院陆续建立"诚信承诺制度""诚信评议制度""院务公开制度""教育申诉制度""诚信管理制度"等相关制度,用制度规范行为,从而促进诚信教育不断向纵深发展。

诚信作为学院办学理念,是学院文化的重要组成部分。学院充分利用校园网络、广播、院报院刊等,展示诚信文化。在学院办学指导思想、办学思路、办学规划以及办学实践中均引入诚信要求,诚信立业、诚信创业。

(三)"诚毅勤朴"视域下诚信教育的现实启示

1.注重人文关怀,以诚结诚之果

学院以关注广大师生的生存与发展为前提,以关心人、爱护人、尊重人为基础,推进创建诚信校园活动。一方面,学院营造良好的人文环境,鼓励教师和学生敢讲真话,敢于发表不同意见,有畅通的上下沟通、双向交流的渠道;另一方面,学院构建"和美杭商",学院上下情感上想通,心理上相容,相互信任、相互尊重,为诚信提供良好的感情基础;最后,学院坚持正面引导,善于发现师生员工的长处和优点,让思想的闪光成为闪光的思想。通过人文关怀,实现以诚信培育诚信,以诚信行为消除不诚信行为,在诚信校园的创建中培养诚信杭商人。

2.特色活动支撑,提升校园品位

诚信校园创建只有通过特色活动支撑,才能提升诚信校园的品位。学院在创建诚信校园活动中,呈现出了两类具有创新价值的特色活动:

一是诚信团日活动。每年10月的诚信教育月,所有团支部围绕诚信主题设计丰富多样的团日活动,通过"学、议、引、查、评"等环节,融情节性、戏剧性、教育性于一体,既有分组讨论、大会演讲,也有撰写心得体会,让学生真实感受到争做诚信杭商人的喜悦。

二是诚信体验活动。学院设置"诚信考场""诚信书架""诚信超市"等,让师生体验由自己诚信行为产生的被信任的一种崇高感。这种对生活、对环境乃至对细节的真实体验,更能深入人心。各种各样有特色、有创意的体验活动,使创建诚信校园活动充满了生机与活力。

三、山西财政税务专科学校：以"至诚至信"精神，推进诚信文化建设

山西省财政税务专科学校是一所培养财经应用型人才的国家示范性高等职业学校。办学以来，学校秉承"至诚至信，至善至美"的校训，坚持"立足专科，控制规模，强化实践，突出特色，打造精品，创建名校"的办学思路，遵循"能力本位，工学结合，校企合作，持续发展"的高等财经类职业教育理念，全面提升内在品质和社会影响，为全国财经行业输送了大批素质优、业务精、能力强的财经类专门人才，为山西地方经济的发展，全面建设和谐社会做出了积极贡献。

学校坚持育人为本，并积极根据高职教育发展趋势，结合学校办学定位和教育部对高职院校人才培养目标的要求，把德育工作放在首位，突出以诚信、敬业为重点的职业道德教育。开展诚信文化建设，以提升学生诚信素质为宗旨，打造诚信文化品牌，取得了良好的育人效果，产生了积极的社会影响。

（一）"至诚至信"是山西财专大学精神的体现

山西财专作为一所财经类院校，培养的学生主要是从事经济领域的工作。诚信，既是学生应有的基本道德准则，也是学生未来参与经济活动"最好的竞争手段"。"无信不立"是我国传统道德的核心，因此"志不强者智不达，言不信者行不果"，而信用也是市场经济的生命和灵魂，诚信为本是市场经济的基本准则。为此，学校将"至诚至信"作为山西财专大学精神的重要内容之一，通过诚信教育，使学生的道德情操达到"至诚至信，至善至美"的境界与高度，使学生求真务实，坚持诚信，诚信做人，诚信做事，以诚待人，以诚取胜，从而达到人生和事业的高峰。

（二）"至诚至信"渗透在山西财专的教育教学实践上

1. 山西财专的"至诚至信"表现在广大教师的职业操守与言传身教上

"至诚至信"是财专教师长久以来的追求与理念。第一任校长牛二红曾给校刊题词"求真务实"，第二任校长王世运也曾题词"诚信为本，认真做人，踏实做事"，现任校长申长平在学校的大会议室题写了对联"以才彰德，德如流，清流见底；携诚树信，信比峰，高峰入云"。因此，诚信是财专教师的座右铭，是财专教师的自觉传承，也是财专大学文化的核心内容。而"至诚至信"则是财专教师在职业情怀上自我要求的境界与高度。它一是体现了广大教师对职业的忠诚与热爱，对财经教育事业有高度的敬业精神；二是体现了广大教师具有高度的职业操守，信守职业要求，遵守职业道德。

在这种文化氛围与精神引导下，财专的教师忠诚财经教育，在做人上胸怀坦荡，诚信为本，以诚待人，携诚树信；学问上坚持真理，求真务实，不虚假，以诚求道；教学上诲人不倦，以诚解惑，"诲汝知之乎？知之为知之，不知为不知，是知也"。正是这

种对诚信的传承与坚持,使财专的广大教师能够将知识与品格完美地结合,知与行完美地统一,他们的"道德文章,堪为师表",也会潜移默化地影响大学生的健康成长,使学生在知识与品格上达到"至诚至信"的境界。

2. 山西财专的"至诚至信"表现在贯穿始终的教学实践中

"至诚至信"是山西财专教育教学中的重要一环。入学教育时,"做一个诚信的财专人"的主题教育会贯穿于学生的整个大学生涯;期末考试时,"诚信考试"的誓言会延续成学生参加各种考试的一种自我约束;一年一度的校园文化节,"会计呼唤诚信"是永恒的主题;课堂教学中,前总理朱镕基题写的上海国家会计学院的校训"不做假账",及对北京国家会计学院的题词"诚信为本,操守为重,遵循准则,不做假账"会成为所有财专学生的职业信仰;实训教学中,晋商文化的核心"诚信为本,纵横欧亚九千里;以义制利,称雄商场五百年",会深入学生的灵魂深处,成为财专学生的职业追求。正是这种无时不在、无处不有的诚信教育教学的环境,使财专的学生养成了诚信的品格,为未来参与经济活动锻炼了"最好的竞争手段"。

山西财专的诚信教育紧紧围绕诚与信的规范和确立,通过诚信教育教学实践,从价值观念、思想道德、行为规范上完善学生的诚信品格,提升学生的职业素养,实现文化的育人功效。

(三)"至诚至信"体现在山西财专的育人环境上

多年来,山西财专从建立诚信教育机制、设置诚信课程体系、营造诚信育人环境等方面入手,广泛实践诚信理念,不断丰富诚信教育内涵,让"诚信"教育从理论走向实践,推动诚信教育的蓬勃发展。

山西财专将诚信教育贯穿于新生入学至学生毕业的各个阶段,在新生入学伊始,学校就扎实开展有关诚信方面的始业教育和典型示范教育,开设诚信文化主题讲座。毕业时进行诚信就业等教育;平时进行失信后果教育,发挥警示作用;每学期都对学生的诚信行为进行考评,作为评优、信贷、入党等的依据。

同时,山西财专在校区环境建设中融入诚信文化因子,学校以"至诚至信、至善至美"为校训,在校歌《财专之歌》中也将诚信文化融入其中。校园里的建筑和场馆,都有对"诚信文化"的进一步演绎,园内的一些标志上也用名言警句、对联等反映"诚信、明理、笃行"的学风,使学生漫步校园间会不经意地得出某种警醒或启迪,发挥"润物细无声"的育人功效。正是对诚信文化的建设,山西财专的独特气质和精神风范才能够在众多的高职院校里独树一帜,引领风骚。

(四)"至诚至信"体现在山西财专丰富多彩的校园文化建设上

丰富多彩的校园文化建设,既体现了一个学校的办学特色,也是高职院校诚信教育的一个重要环节。因此,山西财专在校园文化建设上,不断打造诚信教育的品牌,创新诚信教育的内容与手段,提升学生参与校园文化激动的兴趣,从而提升诚信教育的效果。

形式多样的诚信活动是加强诚信文化建设、提升学生诚信品质的有力助推器。为进一步优化育人环境,彰显诚信文化特色,引导学生传承中华民族传统美德,自觉践行社会主义核心价值观,学校将每年的5月定为"文明修身、阳光暖身"的主题活动月。开展了形式多样、内容丰富的系列主题活动,以此引导学生参与到活动中来,自觉将诚信作为自己的品行修炼内容,牢固树立诚信思想,接受实践考验。

举办诚信教育大讲堂,开展"诚为本、信为先"宣传教育活动。帮助青年学生理解诚信的内涵和重要性,通过诚信宣传教育引导青年学生树立"说诚实话,办诚实事,做诚实人"的诚信观念,自觉加强诚信建设,从而营造风清气正的良好校园氛围。举办主题为"诚信优先还是效益优先"的辩论赛、"倡导诚信与感恩、争做文明大学生"大型主题书画展、"我与诚信"大型征文比赛、"诚信立学、诚信立身、诚信立业"专题教育等活动。活动由校团委、学生会统一部署,督促检查,将主题班会作为校园文化活动的一个重要内容。主题班会上,学生们畅所欲言,围绕诚信话题展开热烈讨论,一致认为诚信意识的培养应该从日常小事做起,要对自己负责,对父母负责,更是回报学校、回报社会的具体表现。通过研讨,大家找出了之前的不足,更加明确了诚信的具体要求,自我约束力大大增强,使同学更加有归属感和集体荣誉感。在学校举办的各种大型活动中都能看到财专学子宣传诚信理念、提倡诚信人生的身影。同学们将诚信理念传播给家人、朋友,并在社会实践活动中自发地向市民群众等进行宣传,弘扬诚信文化。

育人为本一直是山西财专秉承的办学理念,而诚信教育是其中不可或缺的重要环节。山西财专通过丰富多彩的校园文化活动,使全校学生从理论到实践、身体力行地体会诚信文化的感召力。通过校园文化的"至诚至信"的"文化浸润",使山西财专的学生具有"厚德载物"之心,达到"至善至美"的思想境界。

（五）山西财专诚信教育的思考与发展

山西财专的诚信教育,经过多年的探索、建设和发展,无论是体制、机制还是运行状况都较为稳定和规范,在彰显学校精神、强化育人效果等方面显示了初步成效,产生了积极的社会影响。多年来,学校先后被评为国家首批示范校、国家级依法治校示范校、山西省文明学校、山西省人才培养工作优秀单位。

诚信教育与诚信文化建设是山西财专当前和今后育人工作的重点,是加强学生思想政治工作、提升学生职业素养的重要手段。在未来,学校在保持原有建设构架和教育内容的同时,将加大诚信文化的建设力度,积极构建以诚信文化为基本特色的职业素质教育格局,不断提升诚信文化品质和水平。学校将继续利用信息化管理手段建立诚信档案,实行诚信评价考核制度,对学生的诚信意识、诚信行为等进行观测,加强学生诚信素质的培养。学校还将采用互联网等传播手段,加强网络诚信教育。利用当代最具社会影响力的传播方式,对诚信道德建设起到越来越重要的影响。同时,利用网上丰富的诚信教育资源塑造高校学子的诚信文化建设。

"路漫漫其修远兮,吾将上下而求索。"在今后的办学实践中,山西财专将秉承与坚持"至诚至信"的财专精神,不断创新诚信教育的方式、方法与手段,遵循高等职业教育的基本规律,坚持自己的办学理念,贯彻自己的办学思路,锐意改革,为中国的高等职业教育做出更大的贡献。

附录1:

公民道德建设实施纲要
二〇〇一年九月二十日

一、公民道德建设的重要性

1.社会主义道德建设是发展先进文化的重要内容。在新世纪全面建设小康社会,加快改革开放和现代化建设步伐,顺利实现第三步战略目标,必须在加强社会主义法制建设、依法治国的同时,切实加强社会主义道德建设、以德治国,把法制建设与道德建设、依法治国与以德治国紧密结合起来,通过公民道德建设的不断深化和拓展,逐步形成与发展社会主义市场经济相适应的社会主义道德体系。这是提高全民族素质的一项基础性工程,对弘扬民族精神和时代精神,形成良好的社会道德风尚,促进物质文明与精神文明协调发展,继续推进建设有中国特色社会主义伟大事业,具有十分重要的意义。

2.党的十一届三中全会特别是十四大以来,随着改革开放和现代化建设事业的深入发展,社会主义精神文明建设呈现出积极健康向上的良好态势,公民道德建设迈出了新的步伐。爱国主义、集体主义、社会主义思想日益深入人心,为人民服务精神不断发扬光大,崇尚先进、学习先进蔚然成风,追求科学、文明、健康生活方式已成为人民群众的自觉行动,社会道德风尚发生了可喜变化,中华民族的传统美德与体现时代要求的新的道德观念相融合,成为我国公民道德建设发展的主流。

但是,我国公民道德建设方面仍然存在着不少问题。社会的一些领域和一些地方道德失范,是非、善恶、美丑界限混淆,拜金主义、享乐主义、极端个人主义有所滋长,见利忘义、损公肥私行为时有发生,不讲信用、欺骗欺诈成为社会公害,以权谋私、腐化堕落现象严重存在。这些问题如果得不到及时有效的解决,必然损害正常的经济秩序和社会秩序,损害改革发展稳定的大局,应当引起全党全社会高度重视。

3.加强公民道德建设是一项长期而紧迫的任务。面对社会经济成分、组织形式、就业方式、利益关系和分配方式多样化的趋势,面对全面建设小康社会,人民群众的精神文化需求不断增长,面对世界范围各种思想文化的相互激荡,道德建设有许多新情况、新问题和新矛盾需要研究解决。必须适应形势发展的要求,抓住有利时机,巩固已有成果,加强薄弱环节,积极探索新形势下道德建设的特点和规律,在内容、形式、方法、手段、机制等方面努力改进和创新,把公民道德建设提高到一个新的水平。

心口如一,犹不失为光明磊落丈夫之行也。
——清·梁启超《新民说·附录》

二、公民道德建设的指导思想和方针原则

4.根据党在社会主义初级阶段的历史任务,当前和今后一个时期,我国公民道德建设的指导思想是:以马克思列宁主义、毛泽东思想、邓小平理论为指导,全面贯彻江泽民同志"三个代表"重要思想,坚持党的基本路线、基本纲领,重在建设、以人为本,在全民族牢固树立建设有中国特色社会主义的共同理想和正确的世界观、人生观、价值观,在全社会大力倡导"爱国守法、明礼诚信、团结友善、勤俭自强、敬业奉献"的基本道德规范,努力提高公民道德素质,促进人的全面发展,培养一代又一代有理想、有道德、有文化、有纪律的社会主义公民。

5.坚持社会主义道德建设与社会主义市场经济相适应。要充分发挥社会主义市场经济机制的积极作用,不断增强人们的自立意识、竞争意识、效率意识、民主法制意识和开拓创新精神。正确运用物质利益原则,反对只讲金钱、不讲道德的错误倾向,在实践中确立与社会主义市场经济相适应的道德观念和道德规范,为改革开放和现代化建设提供强大精神动力与思想保证。

6.坚持继承优良传统与弘扬时代精神相结合。要继承中华民族几千年形成的传统美德,发扬我们党领导人民在长期革命斗争与建设实践中形成的优良传统道德,积极借鉴世界各国道德建设的成功经验和先进文明成果,在全社会大力宣传和弘扬解放思想、实事求是,与时俱进、勇于创新,知难而进、一往无前,艰苦奋斗、务求实效,淡泊名利、无私奉献的时代精神,使公民道德建设既体现优良传统,又反映时代特点,始终充满生机与活力。

7.坚持尊重个人合法权益与承担社会责任相统一。要保障公民依法享有政治、经济、文化、社会生活等各方面的民主权利,鼓励人们通过诚实劳动和合法经营获取正当物质利益。引导每个公民自觉履行宪法和法律规定的各项义务,积极承担自己应尽的社会责任。把权利与义务结合起来,树立把国家和人民利益放在首位而又充分尊重公民个人合法利益的社会主义义利观。

8.坚持注重效率与维护社会公平相协调。要把效率与公平的统一作为社会主义道德建设的重要目标,在全社会形成注重效率、维护公平的价值观念。把效率与公平结合起来,使每个公民既有平等参与机会又能充分发挥自身潜力,促进经济发展,保持社会稳定。

9.坚持把先进性要求与广泛性要求结合起来。要从实际出发,区分层次,着眼多数,鼓励先进,循序渐进。积极鼓励一切有利于国家统一、民族团结、经济发展、社会进步的思想道德,大力倡导共产党员和各级干部带头实践社会主义、共产主义道德,引导人们在遵守基本道德规范的基础上,不断追求更高层次的道德目标。

10.坚持道德教育与社会管理相配合。要广泛进行道德教育,普及道德知识和

道德规范,帮助人们加强道德修养。建立健全有关法律法规和制度,把公民道德建设融于科学有效的社会管理之中。逐步完善道德教育与社会管理、自律与他律相互补充和促进的运行机制,综合运用教育、法律、行政、舆论等手段,更有效地引导人们的思想,规范人们的行为。

三、公民道德建设的主要内容

11.从我国历史和现实的国情出发,社会主义道德建设要坚持以为人民服务为核心,以集体主义为原则,以爱祖国、爱人民、爱劳动、爱科学、爱社会主义为基本要求,以社会公德、职业道德、家庭美德为着力点。在公民道德建设中,应当把这些主要内容具体化、规范化,使之成为全体公民普遍认同和自觉遵守的行为准则。

12.为人民服务作为公民道德建设的核心,是社会主义道德区别和优越于其他社会形态道德的显著标志。它不仅是对共产党员和领导干部的要求,也是对广大群众的要求。每个公民不论社会分工如何、能力大小,都能够在本职岗位,通过不同形式做到为人民服务。在新的形势下,必须继续大张旗鼓地倡导为人民服务的道德观,把为人民服务的思想贯穿于各种具体道德规范之中。要引导人们正确处理个人与社会、竞争与协作、先富与共富、经济效益与社会效益等关系,提倡尊重人、理解人、关心人,发扬社会主义人道主义精神,为人民为社会多做好事,反对拜金主义、享乐主义和极端个人主义,形成体现社会主义制度优越性、促进社会主义市场经济健康有序发展的良好道德风尚。

13.集体主义作为公民道德建设的原则,是社会主义经济、政治和文化建设的必然要求。在社会主义社会,人民当家做主,国家利益、集体利益和个人利益根本上的一致,使集体主义成为调节三者利益关系的重要原则。要把集体主义精神渗入社会生产和生活的各个层面,引导人们正确认识和处理国家、集体、个人的利益关系,提倡个人利益服从集体利益、局部利益服从整体利益、当前利益服从长远利益,反对小团体主义、本位主义和损公肥私、损人利己,把个人的理想与奋斗融入广大人民的共同理想和奋斗之中。

14.爱祖国、爱人民、爱劳动、爱科学、爱社会主义作为公民道德建设的基本要求,是每个公民都应当承担的法律义务和道德责任。必须把这些基本要求与具体道德规范融为一体,贯穿公民道德建设的全过程。要引导人们发扬爱国主义精神,提高民族自尊心、自信心和自豪感,以热爱祖国、报效人民为最大光荣,以损害祖国利益、民族尊严为最大耻辱,提倡学习科学知识、科学思想、科学精神、科学方法,艰苦创业、勤奋工作,反对封建迷信、好逸恶劳,积极投身于建设有中国特色社会主义的伟大事业。

15.社会公德是全体公民在社会交往和公共生活中应该遵循的行为准则,涵盖了人与人、人与社会、人与自然之间的关系。在现代社会,公共生活领域不断扩大,人们相互交往日益频繁,社会公德在维护公众利益、公共秩序,保持社会稳定方面的作用更加突出,成为公民个人道德修养和社会文明程度的重要表现。要大力倡导以文明礼貌、助人为乐、爱护公物、保护环境、遵纪守法为主要内容的社会公德,鼓励人们在社会上做一个好公民。

16.职业道德是所有从业人员在职业活动中应该遵循的行为准则,涵盖了从业人员与服务对象、职业与职工、职业与职业之间的关系。随着现代社会分工的发展和专业化程度的增强,市场竞争日趋激烈,整个社会对从业人员职业观念、职业态度、职业技能、职业纪律和职业作风的要求越来越高。要大力倡导以爱岗敬业、诚实守信、办事公道、服务群众、奉献社会为主要内容的职业道德,鼓励人们在工作中做一个好建设者。

17.家庭美德是每个公民在家庭生活中应该遵循的行为准则,涵盖了夫妻、长幼、邻里之间的关系。家庭生活与社会生活有着密切的联系,正确对待和处理家庭问题,共同培养和发展夫妻爱情、长幼亲情、邻里友情,不仅关系到每个家庭的美满幸福,也有利于社会的安定和谐。要大力倡导以尊老爱幼、男女平等、夫妻和睦、勤俭持家、邻里团结为主要内容的家庭美德,鼓励人们在家庭里做一个好成员。

四、大力加强基层公民道德教育

18.提高公民道德素质,教育是基础。要紧紧抓住影响人们道德观念形成和发展的重要环节,通过家庭、学校、机关、企事业单位和社会各方面,坚持不懈地在全体公民中进行道德教育,把建设有中国特色社会主义的思想观念和道德要求,不断灌注到全体党员和干部群众的头脑之中,使人们懂得什么是对的,什么是错的,什么是可以做的,什么是不应该做的,什么是必须提倡的,什么是坚决反对的。

19.家庭是人们接受道德教育最早的地方。高尚品德必须从小开始培养,从娃娃抓起。要在孩子懂事的时候,深入浅出地进行道德启蒙教育;要在孩子成长的过程中,循循善诱,以事明理,引导其分清是非、辨别善恶。要在家庭生活中,通过每个成员良好的言行举止,相互影响,共同提高,形成好的家风。

20.学校是进行系统道德教育的重要阵地。各级各类学校必须认真贯彻党的教育方针,全面推进素质教育,把教书与育人紧密结合起来。要科学规划不同年龄学生及各学习阶段道德教育的具体内容,坚持贯彻学生日常行为规范,加强校纪校风建设。要发挥教师为人师表的作用,把道德教育渗透到学校教育的各个环节。要组织学生参加适当的生产劳动和社会实践活动,帮助他们认识社会,了解国情,增强社会责任感。

21.机关、企事业单位是对公民进行道德教育的重要场所。各类机关、企事业单位应当从自己的实际出发,有计划、有重点地抓好道德教育。要把道德特别是职业道德作为岗前和岗位培训的重要内容,帮助从业人员熟悉和了解与本职工作相关的道德规范,培养敬业精神。要把遵守职业道德的情况作为考核、奖惩的重要指标,促使从业人员养成良好职业习惯,树立行业新风。

22.社会是进行公民道德教育的大课堂。党政各部门、社会各方面以及城市社区、农村基层组织在公民道德教育中,有着义不容辞的责任。要结合各自的工作职能,运用多种形式和手段,大力宣传基本道德知识、道德规范和必要礼仪,使之家喻户晓、人人皆知。要积极开发优秀民族道德教育资源,利用各种爱国主义教育基地,进行历史和革命传统教育。要不断充实富有时代特色的道德教育内容,推广群众易于接受的各种教育方式。各类市民学校、职工学校、民工学校、农民夜校、家政学校等,要通过编写和运用通俗易懂的简明教材,对公民进行道德教育。

23.家庭、学校、机关、企事业单位和社会在公民道德教育方面各有侧重、各有特点,是相互衔接、密不可分的统一整体。必须把家庭教育、学校教育、单位教育和社会教育紧密结合起来,相互配合,相互促进。要突出加强社会教育,巩固家庭教育、学校教育、单位教育的成果,促进公民道德教育的深化。

五、深入开展群众性的公民道德实践活动

24.道德建设的过程,是教育和实践相结合的过程。以活动为载体,吸引群众普遍参与,是新形势下加强公民道德建设的重要途径。每个公民既是道德建设过程的参与者,也是道德建设成果的受益者,要坚持在各种类型的群众性精神文明创建活动中突出思想内涵,强化道德要求,使人们在自觉参与中思想感情得到熏陶,精神生活得到充实,道德境界得到升华。

25.以"讲文明、树新风"为主题的创建文明城市、文明村镇、文明行业活动,各级党政机关开展的创先争优、依法行政、公正执法、做人民满意公务员活动,以及社会各界组织的"希望工程""送温暖""志愿者""手拉手""幸福工程""春蕾计划""扶残助残"等公益活动,覆盖面广、参与人数多,对公民道德建设有着深刻的影响。要在各项创建活动中充分体现社会公德、职业道德、家庭美德的内容,明确具体标准,制定落实措施,力求取得实效。

26.新中国成立以来特别是改革开放和社会主义现代化建设中涌现出来的先进集体、先进人物,是实践社会主义道德的榜样。要广泛开展向先进典型学习的活动,善于发现和运用先进典型,树立可亲、可敬、可信、可学的道德楷模,让广大群众学有榜样、赶有目标、见贤思齐,从先进典型的感人事迹和优秀品质中受到鼓舞、汲取力量,使先进典型的高尚情操成为社会的共同财富。

27.各种重要节日、纪念日,蕴藏着宝贵的道德教育资源。要利用"五四""七一"

"八一""十一"等革命节日,"三八""五一""六一"等国际性节日,以及民间传统节日和重大历史事件、历史人物纪念日等,举行形式多样的群众性庆祝、纪念活动,使人们在集体聚会、合家团圆的同时,增强对祖国、对家乡、对自然、对生活的热爱,陶冶道德情操。

28.开展必要的礼仪、礼节、礼貌活动,对规范人们的言行举止,有着重要的作用。要提倡在重要场所和重大活动中升国旗、唱国歌,开展入队、入团、入党宣誓、成人仪式以及各种形式的重礼节、讲礼貌、告别不文明言行等活动,引导公民增强礼仪、礼节、礼貌意识,不断提高自身道德修养。

29.各种道德实践活动源于基层、扎根群众,反映了人民群众对美好生活的向往和追求,有着强大的生命力。要因势利导,发挥基层组织和群众团体的骨干作用、先进典型和先进单位的带动作用、广大群众的主体作用,坚持从具体事情做起、从群众最关心的事情抓起,使道德实践活动与各项业务工作紧密结合,贴近基层、贴近群众、贴近生活,防止和克服形式主义,促进公民道德建设稳步向前发展。

六、积极营造有利于公民道德建设的社会氛围

30.大众传媒、文学艺术以及体育活动,对公民道德建设有着特殊的渗透力和影响力。一切思想文化阵地、一切精神文化产品,都要宣传科学理论、传播先进文化、塑造美好心灵、弘扬社会正气、倡导科学精神,大力宣传体现时代精神的道德行为和高尚品质,激励人们积极向上,追求真善美。坚决批评各种不道德行为和错误观念,帮助人们辨别是非,抵制假恶丑,为推进公民道德建设创造良好的舆论文化氛围。

31.广播、电视、报纸、刊物等大众媒体,要坚持团结稳定鼓劲、正面宣传为主,牢牢把握正确舆论导向,满腔热情地宣传两个文明建设中涌现出来的、反映新时期道德要求的新事物、新典型。要利用群众喜爱的名牌栏目,加强对社会普遍关注的道德热点问题的引导。要积极开展舆论监督,有力地批评背离社会主义道德的错误言行和丑恶现象。要发动群众参与,对具有典型意义的人和事展开讨论。计算机互联网作为开放式信息传播和交流工具,是思想道德建设的新阵地。要加大网上正面宣传和管理工作的力度,鼓励发布进步、健康、有益的信息,防止反动、迷信、淫秽、庸俗等不良内容通过网络传播。要引导网络机构和广大网民增强网络道德意识,共同建设网络文明。

32.电影、电视剧、戏曲、音乐、舞蹈、美术、摄影、小说、诗歌、散文、报告文学等各类文艺作品的创作,要积极反映改革开放和现代化建设的火热生活,热情讴歌人民群众的开拓进取精神和良好道德风貌,以其独特形式和艺术魅力,给人以鼓舞、启迪和美的享受。要在各种文艺评论、评介、评奖中,把是否合乎社会主义道德作为一条重要标准。要加强对人们审美观念的引导,提倡高雅、健康的审美情趣。要坚决制

止出版、播映、演出格调低下的作品和节目,依法打击反动、淫秽及各种非法出版物,让健康的文化产品占领思想文化阵地。要切实加强对娱乐服务场所的监督管理,严厉打击卖淫嫖娼、赌博、吸毒等社会丑恶现象。各种类型的商业性广告,要注意文化艺术品位,不得出现有损道德、有伤风化的内容。要大力提倡各种形式的社会公益广告,净化人们心灵,优化人文环境。各种类型的体育活动,要精心组织、加强引导,吸引群众参与,以健康向上、团结拼搏的氛围,激发人们的团队精神和爱国热情。

七、努力为公民道德建设提供法律支持和政策保障

33.公民道德建设是一个复杂的社会系统工程,要靠教育,也要靠法律、政策和规章制度。必须综合运用各种手段,把提倡与反对、引导与约束结合起来,通过严格科学的管理,培养文明行为,抵制消极现象,促进扶正祛邪、扬善惩恶社会风气的形成、巩固和发展。

34.加强社会主义法制,是公民道德建设健康发展的重要保证。要按照建设社会主义法治国家的要求,把道德建设与法制建设紧密结合起来。在认真抓好全民法制宣传教育的同时,加大执法力度,严厉打击危害社会的各种违法犯罪活动,维护正常经济秩序、公共秩序、生活秩序,为公民道德建设提供强有力的法律支持。

35.各项经济、社会政策,对人们的价值取向、道德行为有着直接影响。各地区、各部门在制定政策时,不仅要注重经济和社会事业发展的需要,而且要体现社会主义精神文明和公民道德建设的要求。既要保护和支持所有通过正当、合法手段获取个人和团体利益的行为,又要提倡和奖励多为他人和社会做奉献、道德高尚的行为,防止和避免因具体政策的不当或失误给社会带来消极后果,为公民道德建设提供正确的政策导向。

36.公民良好道德习惯的养成是一个长期、渐进的过程,离不开严明的规章制度。各地区、各部门、各行业和各基层单位在建立健全规章制度时,要充分体现相关的道德规范和具体要求。要把思想引导与利益调节、精神鼓励与物质奖励统一起来,加强督促检查,严格考核奖惩,确保各种行政规章以及道德守则和公约在实践中得到落实,为公民道德建设提供有效的制度保障。

八、切实加强对公民道德建设的领导

37.各地区、各部门必须始终不渝地坚持"两手抓、两手都要硬"的方针,充分认识新形势下加强公民道德建设的重要性、艰巨性、长期性和紧迫性,把它作为一项十分重要的工作,放在突出位置,提供有利条件,下决心狠狠地抓,一天不放松地抓,从具体事情抓起。

38.加强公民道德建设,共产党员和领导干部的模范带头作用十分重要。广大

党员特别是各级领导干部要讲学习、讲政治、讲正气,牢记党的根本宗旨,努力改造主观世界,加强道德修养,自重、自省、自警、自励。要严格遵守党员领导干部廉洁从政的有关规定,清正廉洁,勤政为民,要求群众做到的自己首先做到,要求群众不做的自己坚决不做。要教育好自己的配偶和子女,管好身边的工作人员,自觉接受党组织和群众的监督,用良好的道德形象取信于民,带动广大群众进一步做好工作。

39. 推进公民道德建设,需要社会各方面的共同努力。各级宣传、教育、文化、科技、组织人事、纪检监察等党政部门,工会、共青团、妇联等群众团体以及社会各界,都应当在党委的统一领导下,各尽其责,相互配合,把道德建设与业务工作紧密结合起来,纳入目标管理责任制,制定规划,完善措施,扎实推进。要充分发挥各民主党派和工商联在公民道德建设中的作用。

40. 各级文明委和党委宣传部,在公民道德建设中担负着指导、协调、组织的具体职责。要深入实际,调查研究,了解新情况,分析新问题,及时发现、总结和推广群众创造的新鲜经验,探索道德建设规律,改进方式方法,指导面上工作。要在一定时期内,集中力量抓好若干社会影响大、示范作用强、受群众欢迎的实事,促进一些难点问题的解决。

附录2：

银行业从业人员职业操守

二○○七年二月九日

第一章 总 则

第一条 ［宗旨］

为规范银行业从业人员职业行为，提高中国银行业从业人员整体素质和职业道德水准，建立健康的银行业企业文化和信用文化，维护银行业良好信誉，促进银行业的健康发展，制定本职业操守。

第二条 ［从业人员］

本职业操守所称银行业从业人员是指在中国境内设立的银行业金融机构工作的人员。

第三条 ［适用］

银行业从业人员应当遵守本职业操守，并接受所在机构、银行业自律组织、监管机构和社会公众的监督。

第二章 从业基本准则

第四条 ［诚实信用］

银行业从业人员应当以高标准职业道德规范行事，品行正直，恪守诚实信用。

第五条 ［守法合规］

银行业从业人员应当遵守法律法规、行业自律规范以及所在机构的规章制度。

第六条 ［专业胜任］

银行业从业人员应当具备岗位所需的专业知识、资格与能力。

第七条 ［勤勉尽职］

银行业从业人员应当勤勉谨慎，对所在机构负有诚实信用义务，切实履行岗位职责，维护所在机构商业信誉。

第八条 ［保护商业秘密与客户隐私］

银行业从业人员应当保守所在机构的商业秘密，保护客户信息和隐私。

第九条 ［公平竞争］

银行业从业人员应当尊重同业人员，公平竞争，禁止商业贿赂。

第三章　银行业从业人员与客户

第十条　[熟知业务]

银行业从业人员应当加强学习,不断提高业务知识水平,熟知向客户推荐的金融产品的特性、收益、风险、法律关系、业务处理流程及风险控制框架。

第十一条　[监管规避]

银行业从业人员在业务活动中,应当树立依法合规意识,不得向客户明示或暗示诱导客户规避金融、外汇监管规定。

第十二条　[岗位职责]

银行业从业人员应当遵守业务操作指引,遵循银行岗位职责划分和风险隔离的操作规程,确保客户交易的安全,做到:

(一)不打听与自身工作无关的信息;

(二)除非经内部职责调整或经过适当批准,不为其他岗位人员代为履行职责或将本人工作委托他人代为履行;

(三)不得违反内部交易流程及岗位职责管理规定将自己保管的印章、重要凭证、交易密码和钥匙等与自身职责有关的物品或信息交与或告知其他人员。

第十三条　[信息保密]

银行业从业人员应当妥善保存客户资料及其交易信息档案。在受雇期间及离职后,均不得违反法律法规和所在机构关于客户隐私保护的规定,透露任何客户资料和交易信息。

第十四条　[利益冲突]

银行业从业人员应当坚持诚实守信、公平合理、客户利益至上的原则,正确处理业务开拓与客户利益保护之间的关系,并按照以下原则处理潜在利益冲突:

(一)在存在潜在冲突的情形下,应当向所在机构管理层主动说明利益冲突的情况,以及处理利益冲突的建议;

(二)银行业从业人员本人及其亲属购买其所在机构销售或代理的金融产品,或接受其所在机构提供的服务之时,应当明确区分所在机构利益与个人利益。不得利用本职工作的便利,以明显优于或低于普通金融消费者的条件与其所在机构进行交易。

第十五条　[内幕交易]

银行业从业人员在业务活动中应当遵守有关禁止内幕交易的规定,不得将内幕信息以明示或暗示的形式告知法律和所在机构允许范围以外的人员,不得利用内幕信息获取个人利益,也不得基于内幕信息为他人提供理财或投资方面的建议。

第十六条　[了解客户]

银行业从业人员应当履行对客户尽职调查的义务,了解客户账户开立、资金调拨的用途以及账户是否会被第三方控制使用等情况。同时,应当根据风险控制要求,了解客户的财务状况、业务状况、业务单据及客户的风险承受能力。

第十七条 ［反洗钱］

银行业从业人员应当遵守反洗钱有关规定,熟知银行承担的反洗钱义务,在严守客户隐私的同时,及时按照所在机构的要求,报告大额和可疑交易。

第十八条 ［礼貌服务］

银行业从业人员在接洽业务过程中,应当衣着得体、态度稳重、礼貌周到。对客户提出的合理要求尽量满足,对暂时无法满足或明显不合理的要求,应当耐心说明情况,取得理解和谅解。

第十九条 ［公平对待］

银行业从业人员应当公平对待所有客户,不得因客户的国籍、肤色、民族、性别、年龄、宗教信仰、健康或残障及业务的繁简程度和金额大小等方面的差异而歧视客户。

对残障者或语言存在障碍的客户,银行业从业人员应当尽可能为其提供便利。

但根据所在机构与客户之间的契约而产生的服务方式、费率等方面的差异,不应视为歧视。

第二十条 ［风险提示］

向客户推荐产品或提供服务时,银行业从业人员应当根据监管规定要求,对所推荐的产品及服务涉及的法律风险、政策风险以及市场风险等进行充分的提示,对客户提出的问题应当本着诚实信用的原则答复,不得为达成交易而隐瞒风险或进行虚假或误导性陈述,并不得向客户做出不符合有关法律法规及所在机构有关规章制度的承诺或保证。

第二十一条 ［信息披露］

银行业从业人员应当明确区分其所在机构代理销售的产品和由其所在机构自担风险的产品,对所在机构代理销售的产品必须以明确的、足以让客户注意的方式向其提示被代理人的名称、产品性质、产品风险和产品的最终责任承担者、本银行在本产品销售过程中的责任和义务等必要的信息。

第二十二条 ［授信尽职］

银行业从业人员应当根据监管规定和所在机构风险控制的要求,对客户所在区域的信用环境、所处行业情况以及财务状况、经营状况、担保物的情况、信用记录等进行尽职调查、审查和授信后管理。

第二十三条 ［协助执行］

银行业从业人员应当熟知银行承担的依法协助执行的义务,在严格保守客户隐私的同时,了解有权对客户信息进行查询、对客户资产进行冻结和扣划的国家机关,按法定程序积极协助执法机关的执法活动,不泄露执法活动信息,不协助客户隐匿、转移资产。

第二十四条 ［礼物收送］

在政策法律及商业习惯允许范围内的礼物收、送,应当确保其价值不超过法规和所在机构规定允许的范围,且遵循以下原则:

（一）不得是现金、贵金属、消费卡、有价证券等违反商业习惯的礼物;

（二）礼物收、送将不会影响是否与礼物提供方建立业务联系的决定,或使礼物接受方产生交易的义务感;

（三）礼物收、送将不会使客户获得不适当的价格或服务上的优惠。

第二十五条 ［娱乐及便利］

银行业从业人员邀请客户或应客户邀请进行娱乐活动或提供交通工具、旅行等其他方面的便利时应当遵循以下原则:

（一）属于政策法规允许的范围以内,并且在第三方看来,这些活动属于行业惯例;

（二）不会让接受人因此产生对交易的义务感;

（三）根据行业惯例,这些娱乐活动不显得频繁,且价值在政策法规和所在机构允许的范围以内;

（四）这些活动一旦被公开将不至于影响所在机构的声誉。

第二十六条 ［客户投诉］

银行业从业人员应当耐心、礼貌、认真处理客户的投诉,并遵循以下原则:

（一）坚持客户至上、客观公正原则,不轻慢任何投诉和建议;

（二）所在机构有明确的客户投诉反馈时限,应当在反馈时限内答复客户;

（三）所在机构没有明确的投诉反馈时限,应当遵循行业惯例或口头承诺的时限向客户反馈情况;

（四）在投诉反馈时限内无法拿出意见,应当在反馈时限内告知客户现在投诉处理的情况,并提前告知下一个反馈时限。

第四章　银行业从业人员与同事

第二十七条 ［尊重同事］

银行业从业人员应当尊重同事,不得因同事的国籍、肤色、民族、年龄、性别、宗教信仰、婚姻状况或身体健康或残障而进行任何形式的骚扰和侵害。禁止带有任何歧视性的语言和行为。

尊重同事的个人隐私。工作中接触到同事个人隐私的,不得擅自向他人透露。

尊重同事的工作方式和工作成果,不得不当引用、剽窃同事的工作成果,不得以任何方式予以贬低、攻击、诋毁。

第二十八条 ［团结合作］

银行业从业人员在工作中应当树立理解、信任、合作的团队精神,共同创造,共同进步,分享专业知识和工作经验。

第二十九条 [互相监督]

对同事在工作中违反法律、内部规章制度的行为应当予以提示、制止,并视情况向所在机构,或行业自律组织、监管部门、司法机关报告。

第五章 银行业从业人员与所在机构

第三十条 [忠于职守]

银行业从业人员应当自觉遵守法律法规、行业自律规范和所在机构的各种规章制度,保护所在机构的商业秘密、知识产权和专有技术,自觉维护所在机构的形象和声誉。

第三十一条 [争议处理]

银行业从业人员对所在机构的纪律处分有异议时,应当按照正常渠道反映和申诉。

第三十二条 [离职交接]

银行业从业人员离职时,应当按照规定妥善交接工作,不得擅自带走所在机构的财物、工作资料和客户资源。在离职后,仍应恪守诚信,保守原所在机构的商业秘密和客户隐私。

第三十三条 [兼职]

银行业从业人员应当遵守法律法规以及所在机构有关兼职的规定。

在允许的兼职范围内,应当妥善处理兼职岗位与本职工作之间的关系,不得利用兼职岗位为本人、本职机构或利用本职为本人、兼职机构谋取不当利益。

第三十四条 [爱护机构财产]

银行业从业人员应当妥善保护和使用所在机构财产。遵守工作场所安全保障制度,保护所在机构财产,合理、有效运用所在机构财产,不得将公共财产用于个人用途,禁止以任何方式损害、浪费、侵占、挪用、滥用所在机构的财产。

第三十五条 [费用报销]

银行业从业人员在外出工作时应当节俭支出并诚实记录,不得向所在机构申报不实费用。

第三十六条 [电子设备使用]

银行业从业人员应当遵守法律法规及所在机构关于电子信息技术设备使用的规定以及有关安全规定,并做到:

(一)按照有关规定安装使用各类安全防护系统,不在电子设备上安装盗版软件和其他未经安全检测的软件;

(二)不得利用本机构的电子信息技术设备浏览不健康网页,下载不安全的、有害于本机构信息设备的软件;

（三）不得实施其他有害于本机构电子信息技术设备的行为。

第三十七条　［媒体采访］

银行业从业人员应当遵守所在机构关于接受媒体采访的规定，不擅自代表所在机构接受新闻媒体采访，或擅自代表所在机构对外发布信息。

第三十八条　［举报违法行为］

银行业从业人员对所在机构违反法律法规、行业公约的行为，有责任予以揭露，同时有权利、义务向上级机构或所在机构的监督管理部门直至国家司法机关举报。

第六章　银行业从业人员与同业人员

第三十九条　［互相尊重］

银行业从业人员之间应当互相尊重，不得发表贬低、诋毁、损害同业人员及同业人员所在机构声誉的言论，不得捏造、传播有关同业人员及同业人员所在机构的谣言，或对同业人员进行侮辱、恐吓和诽谤。

第四十条　［交流合作］

银行业从业人员之间应通过日常信息交流、参加学术研讨会、召开专题协调会、参加同业联席会议以及银行业自律组织等多种途径和方式，促进行业内信息交流与合作。

第四十一条　［同业竞争］

银行业从业人员应当坚持同业间公平、有序竞争原则，在业务宣传、办理业务过程中，不得使用不正当竞争手段。

第四十二条　［商业保密与知识产权保护］

银行业从业人员与同业人员接触时，不得泄露本机构客户信息和本机构尚未公开的财务数据、重大战略决策以及新的产品研发等重大内部信息或商业秘密。

银行业从业人员与同业人员接触时，不得以不正当手段刺探、窃取同业人员所在机构尚未公开的财务数据、重大战略决策和产品研发等重大内部信息或商业秘密。

银行业从业人员与同业人员接触时，不得窃取、侵害同业人员所在机构的知识产权和专有技术。

第七章　银行业从业人员与监管者

第四十三条　［接受监管］

银行业从业人员应当严格遵守法律法规，对监管机构坦诚和诚实，与监管部门建立并保持良好的关系，接受银行业监管部门的监管。

第四十四条　［配合现场检查］

银行业从业人员应当积极配合监管人员的现场检查工作，及时、如实、全面地提供资料信息，不得拒绝或无故推诿，不得转移、隐匿或者毁损有关证明材料。

第四十五条　［配合非现场监管］

银行业从业人员应当按监管部门要求的报送方式、报送内容、报送频率和保密级别报送非现场监管需要的数据和非数据信息，并建立重大事项报告制度。

银行业从业人员应当保证所提供数据、信息完整、真实、准确。

第四十六条　［禁止贿赂及不当便利］

银行从业人员不得向监管人员行贿或介绍贿赂，不得以任何方式向监管人员提供或许诺提供任何不当利益、便利或优惠。

第八章　附　则

第四十七条　［惩戒措施］

对违反本职业操守的银行业从业人员，所在机构应当视情况给予相应惩戒，情节严重的，应通报同业。

第四十八条　［解释机构］

本职业操守由中国银行业协会负责解释。

第四十九条　［生效日期］

本职业操守自中国银行业协会第六次会员大会审议通过之日起生效。

◎ 信用就像一面镜子，只要有了裂缝就不能像原来那样连成一片。
——（瑞士）阿米尔 ◎

关于诚信问题的调查问卷

学校＿＿＿＿＿＿＿＿＿＿＿＿ 专业：＿＿＿＿＿＿＿＿＿＿＿＿

年级：＿＿＿＿＿ 性别：＿＿＿＿＿ 籍贯：＿＿＿＿＿ 年龄：＿＿＿＿＿

独生子女：是（ ） 否（ ）

请在以下各题的（ ）内填上你的选项。

1. 你对诚信问题：（ ）
　　A. 很重视　　　　B. 一般关心　　　　C. 觉得无所谓　　D. 逃避谈论这类问题
2. 你认为我们大学生的总体诚信状况：（ ）
　　A. 很好　　　　　B. 一般　　　　　　C. 较差　　　　　D. 很差
3. 你认为诚信在中国传统文化中所占的地位：（ ）
　　A. 很重要　　　　B. 比较重要　　　　C. 一般　　　　　D. 无足轻重
4. 你认为在构建诚信社会的过程中，法律和道德舆论约束作用哪个更大？（ ）
　　A. 法律　　　　　B. 道德　　　　　　C. 说不清楚　　　D. 一样大
5. 你认为当前我们的诚信教育有效吗？（ ）
　　A. 很有效　　　　B. 比较有效　　　　C. 效果一般　　　D. 几乎没有什么效果
6. 你认为当今我国社会，国民的总体诚信情况：（ ）
　　A. 很好　　　　　B. 一般好　　　　　C. 较差　　　　　D. 很差
7. 你认为中国距离诚信社会还有多远？（ ）
　　A. 10年以内　　　B. 20年以上　　　　C. 50年以上　　　D. 说不清楚
8. 要防止"毒面粉""大学生高考枪手"事件频发，最主要的手段应当是：（ ）
　　A. 诚信教育　　　B. 舆论监督　　　　C. 政府管理　　　D. 法律法规
9. 你认为大学生考试作弊的人数占所有人数的：（ ）
　　A. 很大一部分　　B. 较多　　　　　　C. 少数人这样　　D. 极少
10. 你认为当代大学生在就业方面的诚信：（ ）
　　A. 很好　　　　　B. 一般　　　　　　C. 较差　　　　　D. 很差
11. 你认为不少大学生诚信缺失的主要原因是什么？（ ）
　　A. 社会大环境中的不诚信影响　　　　B. 家长、老师、朋友的影响

C. 高校教育体制(如考试、评价等)不合理

D. 中小学教育不够

12. 你认为诚信给自己带来的最大益处是什么?(　　)

A. 使自己得到别人的认可　　　　　B. 提高自己的道德修养

C. 为拓宽交友面起到巨大的推动作用 D. 没有益处

13. (多选)你认为对你诚信观念形成影响最大的是:(　　)

A. 传统文化中道德观念的影响　　　B. 家庭成员的影响

C. 学校教育的影响　　　　　　　　D. 学校的氛围以及校园文化的影响

E. 电视、报纸等传统媒介形式的影响 F. 网络的影响

G. 朋友的影响　　　　　　　　　　H. 法律制约

I. 社会风气的影响　　　　　　　　J. 所学专业的影响

K. 制度约束　　　　　　　　　　　L. 其他_____

14. 你认为自己在哪些问题上做到诚信最困难:(　　)

A. 谎言可以保护自身利益时　　　　B. 指出他人缺点时

C. 涉及自己或他人的隐私问题　　　D. 其他

15. "志不强者智不达,言不信者行不果",从古至今诚信是每一个社会人必备的优秀品质,亦是社会主义核心价值观的重要内容。作为当代大学生,你认为改善周围缺乏"诚信"局面最有效的途径是:(　　)

A. 建立健全完善的个人诚信档案

B. 加强思想道德素质建设

C. 完善法规法律体系建设,做到有法可依、违法必究

D. 加大行政部门的监督管理力度

E. 随着社会的发展自然会解决

16. 你对朋友"诚信"要求的底线是:(　　)

A. 凡事言必信,行必果

B. 对别人如何无所谓,但对自己要讲信用

C. 允许其在特殊情况时有失信行为

D. 无所谓,大不了尔虞我诈

17. 考试时,你的好友坐你后面,要抄你的答案,你会:(　　)

A. 很乐意给他看

B. 不太愿意,但碍于朋友面子,只好给他看

C. 只会给他看一次,下不为例

D. 为了教育帮助他,不给他看

18. 如果你要申请减免学杂费或困难补助,你会对你的家庭情况:(　　)

A. 如实说　　　　　　　　　　　　B. 基本上照实说,稍微有点渲染

C. 按照申请要求加以渲染　　　　D. 大肆渲染

19. 你在毕业择业时,如果看到别人写假履历,做假证书、奖状等而找到了一份比较好的工作。这时你的做法是:(　　)

A. 别人作假找到了好工作,我实事求是说不定还要碰壁,所以也作假

B. 作假迟早会被用人单位发现,不是长久之计,所以一般不会作假

C. 诚信是做人的根本,绝不作假

D. 我自己有能力,但作假可以锦上添花

20. 若你是企业领导者,你能否接受大学毕业生在择业时的违约行为:(　　)

A. 一般不能接受,因为造成了企业的损失

B. 可以接受,理解年轻人希望选择更好的职业

C. 年轻人不成熟的表现,视具体情况而定

D. 深恶痛绝,无论如何都不原谅

21. 据了解,在一些学校,特别是外语类大学、外语院系、法律院系,当替考"枪手"已经成为一些学生的兼职。另外有一些学生则经营起校园"中介"来,即针对不同的需求找到合适的人选。对于一些学校里出现的"枪手""枪手中介",你认为:(　　)

A. 有需要就有供给,这很自然,符合市场规律

B. 这也是"靠能力吃饭"嘛,可以接受,很正常

C. 这涉及一个人的道德问题,应该大力禁止

D. 无所谓,反正我既不会充当"枪手",也不会请"枪手"

22. 从图书馆借阅书籍已成为我们学习的一种重要的途径,可是我们也发现一些同学延期不还或借书不还,还有一些同学在所借的书籍上批注、涂改。对于这种现象,你认为:(　　)

A. 这完全是由于图书馆管理不严格造成的

B. 这也是学生获取知识、占有知识的一种体现,可以理解

C. 我向来都是按期归还,爱护书籍,其他人就不管了

D. 只为自己的方便,而不考虑别人,不遵守图书馆的规章,不可取

23. 国家助学贷款是国家运用金融手段,由银行面向普通高等学校中家庭经济确实困难的学生发放的,用于支付其在校期间的学费、生活费,并由国家财政支付绝大部分利息的人民币信誉贷款。可不少学生贷款后并不按期归还款项,使国家蒙受损失。对于这一现象,你认为:(　　)

A. 这是个人信用问题,有借必有还,应该加强大学生的诚信意识教育

B. 既然是国家发放帮助贫困生的,不还也可以理解

C. 不太清楚,我没申请过

D. 还有这种事,没听说过,早知道我就申请了

24. 下面是一些描述人们品质的词语,请你对它们进行排序:_____
    A. 正直,做事有原则   B. 诚实守信
    C. 待人友善,乐于助人   D. 聪明机灵,随机应变
    E. 彬彬有礼   F. 乐观豁达
    G. 意志坚强

25. 你对构建诚信社会有信心吗?(   )
    A. 有   B. 有时有,有时没有
    C. 没有   D. 不关心这个问题

附录4：

诚信誓词集萃

一、上海诚信誓词

诚实守信,立身之本;人人诚信,道德日兴;社会诚信,和谐文明。

我将遵守国家的法律法规,恪守诚信的道德规范,以至诚之心,待人处世;以至诚之德,律言律行,树立和维护上海的诚信形象,建立和完善我国的诚信体系。立身先于立业,诚信伴随人生。内诚于心,外信于人! 内诚于心,外信于人!

二、公证业诚信誓词

立处为公、以人为本

爱岗敬业、办证为民

尊重事实、忠于法律

拓展业务、规范服务

刻苦钻研、素质过硬

公平公正、不徇私情

同业互助、坚守诚信

恪守道德、廉洁自律

三、黑龙江海林公务员诚信誓词

海林市国家公务员向全市人民宣誓:

服从中国共产党领导,忠实践行"三个代表",忠于党,忠于人民,忠于国家,忠于海林,遵纪守法,恪尽职守,刻苦钻研,精益求精,积极工作,服务热情,注重信誉,遵守承诺,以诚信为荣,视党和政府的公信力为生命,坚决做到情为民所系,利为民所谋,权为民所用。

四、寿险职员诚信服务誓词

我郑重承诺:

做一名合格的寿险从业人员,

严守客户至上的服务准则，

诚实守信，

切实履行七大服务承诺，

竭我所能为客户提供五星服务，

让每个家庭拥享平安。

五、中国民生银行诚信誓词

我自愿成为中国民生银行的员工，

我热爱中国民生银行并向她承诺：

我热情对待客户，

我勤奋对待工作，

我友善对待同事，

我诚实对待业务，

我绝不弄虚作假，

绝不违规违纪，

绝不背弃民生银行。

六、广东省注册会计师执业宣誓誓词

我自愿申请成为中国注册会计师；

牢记社会责任，努力塑造行业良好形象；

遵守职业道德，履行注册会计师义务；

恪守独立、客观、公正原则，诚信服务；

坚持执业准则，严谨工作；

遵纪守法，严格自律，共建和谐广东；

拥护社会主义制度，维护社会经济秩序；

热爱祖国，努力为人民服务。

七、重庆涪陵窗口行业誓词

面对庄严的誓旗，我们宣誓：

积极参加构建"诚信涪陵"活动，做到爱岗敬业、诚实守信、依法经营、诚信纳税、精通业务、快捷规范、杜绝伪劣、反对欺诈、公平竞争、接受监督、树立形象、优质服务，为"加快工业化、建设大城市、全面奔小康"而努力奋斗！

◎无疑地，从来最有能力的人都是有坦白直爽的行为，信实不欺的名誉的。——（英）弗朗西斯·培根◎

八、天津"六大品牌房产中介诚信宣言"誓词

我们房地产经纪机构、房地产经纪人员在从事房地产经纪活动中遵守法律法规,遵循平等、自愿、公平和诚实信用的原则。勤勉尽责,以向委托人提供规范、优质、高效的专业服务为宗旨,以促成合法、安全、公平的房地产交易为使命。

我们在执行代理业务时,在合法、诚信的前提下,应当维护委托人的最大权益;在执行居间业务时,公平正直,不偏袒任何一方。

我们六家房地产中介机构严格遵守国家规定的房地产中介收费标准,不谋取委托协议约定以外的非法收益,不以低价购进、高价售出等方式赚取差价,不利用虚假信息谋取中介费、服务费、看房费等费用。

我们严格遵守房地产交易资金监管规定,保障房地产交易资金安全,不压房款、不吃差价、不做收购,接受社会统一监督。

九、庐山诚信服务誓词

我们庄严地向中外游客进行诚信服务宣誓:

诚信是庐山发展的命脉,环境是庐山最大的品牌。我们把游客的满意,当作最大的幸福。我们追求安全第一,质量为先,明码标价,优质服务;决不生硬,决不自傲,决不宰客;热忱为中外朋友服务。坚持科学发展,和谐创业。努力做求新思变、开明开放、诚实守信、善谋实干的庐山人。

十、浙江金融职业学院学生诚信誓词

树立诚信理念,牢记职业操守,弘扬公民道德,践行诚信学风。

尊重他人成果,杜绝抄袭作弊,按期归还贷款,抵制单方毁约。

在学习、生活、工作中,诚实做人,信用处事,

为创建诚信校园、诚信社会而挥洒青春、奉献人生!